D0869882

TOUS WINNERS

Clés DES Champs

Malcolm Gladwell

TOUS WINNERS

Comprendre les logiques du succès

Traduit de l'anglais (États-Unis)
par Michel Saint-Germain

Clés DES Champs

© Malcolm Gladwell, 2008.
Tous droits réservés.
L'ouvrage original est paru
aux éditions Little, Brown and Company, États-Unis, 2008,
sous le titre *Outliers : The Story of Success*.
Traduction française © Les Éditions Transcontinental,
Québec, 2009,
sous le titre *Les Prodiges : pourquoi les qualités personnelles
et le talent ne suffisent pas à expliquer le succès.*
© Flammarion, 2014, 2018, pour l'édition en « Champs ».
ISBN : 978-2-0814-3393-9

Pour Daisy

INTRODUCTION

Le mystère Roseto

« Ces gens mouraient de vieillesse, et de rien d'autre. »

Hors (prép.) : [*Le subst. introd. par la prép. désigne une norme, une catégorie ; la loc. adj. exprime le dépassement, la supériorité, le caractère exceptionnel*] En dehors de.

Norme (subst. fém.) : [*P. réf. à une moyenne statistique, gén. sans jugement de valeur : la norme se définit par rapport à une fréquence*] État habituel, régulier, conforme à la majorité des cas.

(*Le Trésor de la langue française*)

1.

La commune de Roseto Valfortore se trouve à environ cent soixante kilomètres au sud-est de Rome, au cœur des Apennins, dans la province italienne de Foggia. Cette petite ville est aménagée autour d'une vaste place centrale, à la façon des villages médiévaux. Sur cette place se trouve le Palazzo Marchesale, le palais de la famille Saggese, qui possédait ces terres à l'époque. Une arcade latérale mène à une église, la Madonna del Carmine – Notre-Dame-du-Mont-Carmel. Un étroit escalier de pierre grimpe le flanc de la colline, flanqué de maisons de pierre à deux étages, collées les unes aux autres et coiffées de toits de tuiles rouges.

Pendant des siècles, les habitants de Roseto ont travaillé dans les carrières de marbre des montagnes avoisinantes, ou cultivé les champs dans la vallée aménagée plus bas, descendant à pied sur six ou huit kilomètres au petit matin, pour refaire à rebours ce long parcours en soirée. La vie était dure. Presque illettrés et désespérément pauvres, les habitants de la commune avaient peu d'espoir d'améliorer leur situation économique, jusqu'à ce que parvienne à Roseto, à la fin du XIXe siècle, la rumeur de l'existence d'une terre d'avenir de l'autre côté de l'océan.

En janvier 1882, un groupe de onze Rosetanis – dix hommes et un garçon – appareilla pour New York. Ils passèrent leur première nuit en Amérique couchés sur le sol d'une taverne de la rue Mulberry, dans le quartier de Little Italy, à Manhattan. Ils s'aventurèrent ensuite vers l'ouest, et finirent par trouver du travail dans une carrière d'ardoise située à cent cinquante kilomètres à l'ouest de la ville, près de Bangor, en Pennsylvanie.

L'année suivante, quinze Rosetanis quittèrent l'Italie pour l'Amérique, parmi lesquels plusieurs rejoignirent leurs compatriotes à la carrière d'ardoise de Bangor. À leur tour, ces immigrants envoyèrent à Roseto des nouvelles des promesses que recelait ce Nouveau Monde et, bientôt, groupe après groupe, d'autres Rosetanis firent leurs bagages et partirent à leur tour pour la Pennsylvanie, jusqu'à ce que le premier courant d'immigrants se transforme en déluge. Au cours de la seule année 1894, près de mille deux cents Rosetanis firent une demande de passeport pour les États-Unis, désertant des rues entières de leur ancien village.

Les Rosetanis achetèrent d'abord des terres sur un versant rocheux relié à Bangor par un vieux chemin de fer escarpé. Ils construisirent des maisons de pierre à deux étages et aux toits d'ardoise dans les rues étroites qui montaient et descendaient la montagne. Ils bâtirent une église, qu'ils appelèrent Madonna del Carmine. Celle-ci se trouvait sur l'artère principale, qu'ils baptisèrent avenue Garibaldi, en souvenir du grand héros de l'unification italienne. Au début, leur petite ville s'appelait New Italy. Mais ils la rebaptisèrent bientôt Roseto, légitimement, puisqu'ils venaient presque tous du même village italien.

En 1896, un jeune prêtre dynamique, le père Pasquale de Nisco, eut la charge de Madonna del Carmine. De Nisco fonda des sociétés spirituelles et organisa des festivals. Il encouragea les résidents à défricher le sol pour y faire pousser des oignons, des haricots, des pommes de terre, des melons et des arbres fruitiers dans les grandes cours à l'arrière de leurs maisons. Il distribua des graines et des bulbes. La ville prit vie. Les Rosetanis se mirent à élever des cochons dans leur jardin et à faire pousser des vignes pour faire du vin maison. On construisit des écoles, un parc, un couvent et un cimetière. De petites échoppes et des boulangeries, des restaurants et des bars ouvrirent leurs portes avenue Garibaldi. Plus d'une douzaine de manufactures jaillirent de terre, où l'on fabriquait des chemisiers pour l'industrie du vêtement.

À Bangor, toute proche, on rencontrait surtout des Gallois et des Anglais, tandis que la population de la ville suivante comptait une majorité écrasante d'Allemands. Ainsi – étant donné les relations tendues entre les Anglais, les Allemands et les Italiens à cette époque – Roseto était-elle un endroit strictement réservé aux Rosetanis. Si vous vous étiez baladé dans les rues de Roseto, Pennsylvanie, au début du XXe siècle, vous n'auriez entendu parler que l'italien – non pas l'italien courant, mais l'exact dialecte de la région de Foggia, en usage dans le Roseto d'Italie. Le Roseto de Pennsylvanie formait son propre microcosme autosuffisant – à peu près ignoré par la société qui l'entourait –, et il aurait pu demeurer ainsi, sans l'intervention d'un homme appelé Stewart Wolf.

Wolf était médecin. Il avait étudié la digestion et le fonctionnement de l'estomac, et il enseignait à l'école de médecine de l'université d'Oklahoma. Il passait ses étés dans une ferme en Pennsylvanie, non loin de Roseto – mais bien sûr, cela ne signifiait pas grand-chose, Roseto étant si repliée sur elle-même qu'on aurait pu vivre dans la ville voisine en ignorant pratiquement tout d'elle.

« Au cours d'un été que nous passions dans la région – on devait être à la fin des années 1950 –, la société médicale locale m'avait invité à donner une conférence, raconte Wolf en entretien des années plus tard. Après la conférence, l'un des médecins de l'endroit m'a invité à prendre une bière. Alors que nous buvions notre verre, il me dit : "Tu sais, ça fait dix-sept ans que j'exerce. Mes patients viennent de partout, mais je ne rencontre pratiquement jamais de Rosetani de moins de 65 ans qui ait un problème de cœur." »

Wolf était déconcerté. On était dans les années 1950, bien longtemps avant l'avènement des médicaments anti-cholestérol et des mesures de préventions draconiennes contre les maladies cardio-vasculaires. Les crises cardiaques atteignaient des proportions épidémiques aux États-Unis. Elles constituaient la principale cause de décès chez les hommes de moins de 65 ans. Il était impossible, disait la sagesse populaire, d'être médecin et de ne jamais ausculter de cœur malade.

Wolf a décidé de mener l'enquête. Il a demandé le soutien de quelques étudiants et collègues de l'université d'Oklahoma. Ils ont rassemblé les certificats de décès des résidents de la ville, remontant le plus loin possible dans le temps. Ils ont analysé les dossiers médicaux. Ils ont retracé les antécédents médicaux des patients et dressé leur arbre généalogique.

« C'était très prenant, et nous avons décidé de procéder à une étude préliminaire, raconte Wolf. Nous avons commencé en 1961. Le maire nous a dit : "Toutes mes sœurs sont prêtes à vous aider." Il avait quatre sœurs. Il a ajouté : "Vous pouvez utiliser la salle du conseil municipal." Je lui ai demandé : "Mais où allez-vous tenir les réunions du conseil municipal ?" Il m'a répondu : "Eh bien, nous les reporterons pendant un moment." Les dames nous apportaient le déjeuner. Nous disposions de petites cabines où nous pouvions effectuer des prélèvements sanguins ou des électrocardiogrammes. Nous y avons passé quatre semaines. Et puis je me suis adressé aux dirigeants de la ville. Ils nous ont prêté l'école pour l'été. Nous avons invité la population entière de Roseto à venir passer des tests. »

Les résultats ont été sidérants. À Roseto, aucune personne de moins de 55 ans n'était morte de crise cardiaque ou ne présentait de symptômes de maladie cardiaque. Chez les hommes de plus de 65 ans, le taux de mortalité par crise cardiaque ne représentait que la moitié de celui de l'ensemble des États-Unis. En fait, à Roseto, le taux de mortalité, toutes causes confondues, était de 30 % à 35 % inférieur au résultat attendu.

Wolf a demandé à un de ses amis, un sociologue de l'Oklahoma appelé John Bruhn, de venir l'aider. « J'ai embauché des étudiants en médecine et des diplômés de sociologie pour mener des entretiens. Nous sommes allés, en porte-à-porte, parler avec tous les Rosetanis de plus de 21 ans », se rappelle Bruhn. Même cinquante ans plus tard, l'étonnement est encore palpable dans la voix de Bruhn quand il se remémore leurs découvertes. « Il n'y avait ni suicide, ni alcoolisme, ni toxicomanie, et très peu de criminalité. Personne n'avait recours à l'aide sociale. Nous nous sommes ensuite intéressés aux ulcères de l'estomac. Il n'y en avait aucun non plus. Ces gens mouraient de vieillesse, et de rien d'autre. »

Dans le métier de Wolf, on avait un nom pour les endroits comme Roseto : c'était un lieu à l'écart de l'expérience quotidienne, un lieu où les règles normales ne s'appliquaient pas. Roseto était *hors norme*.

2.

Wolf a d'abord pensé que les Rosetanis avaient dû conserver des habitudes alimentaires issues du Vieux Continent, qui les avaient maintenus en meilleure santé que les autres Américains. Mais il s'est rapidement rendu compte que ce n'était pas le cas. Les Rosetanis cuisinaient au lard plutôt qu'à l'huile d'olive, beaucoup plus saine, qu'ils utilisaient autrefois en Italie. La pizza qu'ils mangeaient en Italie était composée d'une pâte mince légèrement salée, avec de l'huile et peut-être un peu de tomates, d'anchois ou d'oignons. Celle qu'ils mangeaient en Pennsylvanie était faite de pâte à pain à laquelle s'ajoutaient de la saucisse, du pepperoni, du salami, du jambon et même parfois des œufs. Les sucreries telles que les *biscotti* et les *taralli* étaient autrefois réservées à Noël et à Pâques ; à Roseto, on en mangeait toute l'année.

Lorsque Wolf a demandé à des diététiciens d'analyser les habitudes alimentaires typiques des Rosetanis, ils ont découvert que 41 % de leurs calories provenaient de matières grasses, ce qui est énorme. Et ce n'était pas une ville où les gens se levaient à l'aurore pour faire du yoga ou courir dix kilomètres. Les Rosetanis de Pennsylvanie fumaient beaucoup, et un certain nombre bataillaient contre l'obésité.

Si le régime et l'exercice n'expliquaient pas ces résultats, *quid* de la génétique ? Les Rosetanis formaient une communauté unie, originaire de la même région d'Italie ; Wolf s'est demandé s'ils n'étaient pas tous issus d'une souche robuste qui les aurait protégés des maladies. Il a donc pisté des parents de Rosetanis habitant d'autres régions des États-Unis, pour voir si eux aussi jouissaient d'une santé aussi remarquable que leurs cousins de Pennsylvanie. Ce n'était pas le cas.

Wolf s'est ensuite intéressé à la région où vivaient les Rosetanis. Était-ce le fait d'habiter au pied des montagnes de l'est de la Pennsylvanie qui était si bon pour leur santé ? Les deux villes les plus proches de Roseto étaient Bangor, en contrebas, et Nazareth, à quelques kilomètres de là. Toutes deux d'une taille similaire à celle de Roseto, elles étaient peuplées du même genre d'immigrants européens très travailleurs. Wolf a passé en revue les dossiers médicaux des habitants de ces deux villes. Chez les hommes de plus de 65 ans, le taux de mortalité cardio-vasculaire, à Nazareth et à Bangor, était le triple de celui de Roseto. Une autre fausse piste.

Ce que Wolf commençait à saisir, c'est que le secret de Roseto n'était ni le régime, ni l'exercice, ni les gènes, ni l'emplacement. *Ce devait donc être Roseto en tant que tel.* En déambulant dans les rues de la ville, Bruhn et Wolf ont enfin compris pourquoi.

Ils ont vu les Rosetanis se rendre visite mutuellement, s'arrêtant dans la rue pour un brin de causette en italien, par exemple, ou cuisinant pour les uns les autres dans leur jardin. Ils ont appris que les clans familiaux formaient la structure sous-jacente de la ville. Ils ont constaté que dans plusieurs maisons se côtoyaient trois générations, et combien on respectait les grands-parents. Ils ont assisté à la messe à la Madonna del Carmine et observé l'effet rassembleur et apaisant qu'avait l'église.

Dans une ville de moins de deux mille habitants, ils ont dénombré vingt-deux organismes communautaires. Ils ont découvert en outre l'esprit égalitaire qui animait cette communauté, qui dissuadait les plus riches d'étaler leurs succès et aidait les plus démunis à dissimuler leurs échecs.

En transplantant la culture des *paesani* du sud de l'Italie dans les montagnes de l'est de la Pennsylvanie, les Rosetanis avaient créé une structure sociale forte et protectrice, capable de les préserver des pressions du monde moderne.

Si les Rosetanis jouissaient d'une bonne santé, c'était grâce à leur lieu d'origine et à ce monde qu'ils avaient créé pour eux-mêmes dans cette toute petite ville juchée dans les montagnes.

« Je me souviens de ma première visite à Roseto, raconte Bruhn. C'étaient des repas de famille regroupant trois générations, plein de boulangeries, des gens déambulant dans les rues ou assis sur leur porche à discuter, des manufactures de chemisiers où les femmes travaillaient la journée, tandis que les hommes étaient employés dans les carrières d'ardoise. C'était magique. »

Vous pouvez imaginer le scepticisme auquel Bruhn et Wolf se sont heurtés lorsqu'ils ont présenté pour la première fois leurs découvertes à la communauté médicale. Ils assistaient à des conférences où leurs confrères énuméraient de longues séries de données regroupées dans des tableaux complexes et renvoyant à telle forme de gène ou tel processus biologique, tandis qu'eux évoquaient les bienfaits mystérieux et magiques d'une discussion en pleine rue ou d'une cohabitation de trois générations.

Avoir une longue vie, disait la sagesse populaire de l'époque, dépendait en grande partie de la personne que nous étions – des gènes, autrement dit. Cela dépendait aussi de nos choix : ce que nous décidions de manger, l'exercice que nous choisissions de faire, ainsi que l'efficacité des traitements offerts par le système médical. Nul n'aurait alors songé à considérer la santé comme une affaire de *communauté*.

Wolf et Bruhn devaient convaincre l'institution médicale d'envisager les problèmes et les crises cardiaques sous un tout nouveau jour : ils devaient lui faire voir qu'il serait impossible de comprendre pourquoi une personne était en bonne santé si on isolait ses choix ou ses actions. Ils devaient regarder *par-delà* l'individu ; s'intéresser à la culture de cette personne, à ses amis et à sa famille, à sa ville d'origine ; comprendre que les valeurs de l'univers dans lequel nous évoluons et que les gens dont nous nous entourons ont une profonde influence sur la personne que nous devenons.

Je veux que cet ouvrage soit à la compréhension de la réussite l'équivalent de ce que Stewart Wolf a apporté à la compréhension de la santé.

I

L'OCCASION

Chapitre premier

L'EFFET MATTHIEU

> « Car à tout homme qui a, l'on don-
> nera et il sera dans la surabondance ;
> mais à celui qui n'a pas, même ce qu'il
> a lui sera retiré. » Mt 25.29

1.

Par une chaude journée printanière, en mai 2007, les Tigers de Medicine Hat et les Giants de Vancouver s'affrontèrent pour les championnats de hockey de la coupe Memorial, à Vancouver, en Colombie-Britannique. Les Tigers et les Giants étaient les deux meilleures équipes de la Ligue canadienne de hockey, elle-même la meilleure ligue de hockey junior du monde. C'étaient les futures vedettes du sport – des gars de 17, 18 et 19 ans qui patinaient et maniaient le palet depuis leur plus jeune âge.

Le match était diffusé sur le réseau national de télévision. Des bannières aux couleurs de la coupe Memorial ornaient les lampadaires du centre-ville de Vancouver. La patinoire était bondée. On avait déroulé un long tapis rouge sur la glace, et l'animateur présenta les dignitaires venus assister au match. Tout d'abord, le Premier ministre de la Colombie-Britannique, Gordon Campbell. Puis, au milieu d'une salve d'applaudissements, apparut Gordie Howe, un joueur légendaire. « Mesdames et messieurs, annonça le présentateur d'une voix retentissante, M. Hockey ! »

Pendant les soixante minutes qui suivirent, les deux équipes disputèrent un match fougueux et offensif. Au début de la deuxième période, Vancouver marqua le premier but, sur un rebond de Mario Bliznak. Vers la fin de la deuxième période, ce fut le tour de l'équipe de Medicine Hat, dont le meneur, Darren Helm, effectua un lancer rapide derrière le gardien de but de Vancouver, Tyson Sexsmith. Vancouver riposta à la troisième période, marquant le but décisif de la partie, puis, quand en désespoir de cause Medicine Hat retira son gardien, Vancouver marqua un troisième but.

Après le match, les joueurs et leurs familles, ainsi que des journalistes sportifs de tout le pays, s'entassèrent dans le vestiaire de l'équipe gagnante. La fumée de cigare se mêlait aux odeurs de champagne et de transpiration. Sur le mur était accrochée une bannière peinte à la main : « Fonce au combat. » Au centre de la salle se tenait l'entraîneur des Giants, Don Hay, l'œil humide. « Je suis tellement fier de ces gars-là, dit-il. Regardez dans tout le vestiaire : il n'y en a pas un seul ici qui ne s'est pas donné à fond. »

Le hockey canadien est une méritocratie. Avant même d'entrer à la maternelle, des milliers de jeunes Canadiens commencent à jouer à l'échelon des débutants. À partir de là, il existe des ligues pour chaque tranche d'âge, et à chacun de ces échelons, les joueurs sont passés en revue, triés et évalués ; on extrait du lot les plus talentueux, que l'on prépare pour le niveau supérieur. Vers le milieu de l'adolescence, les meilleurs joueurs sont canalisés vers une ligue d'élite appelée « junior majeure », tout en haut de la pyramide. Et si votre équipe junior majeure joue pour la coupe Memorial, vous êtes au sommet du sommet de cette pyramide.

C'est ainsi que, dans la plupart des sports, on choisit les futures vedettes. C'est ainsi qu'est organisé le football en Europe et en Amérique du Sud, et c'est ainsi que l'on sélectionne les athlètes olympiques. D'ailleurs, c'est d'une façon assez semblable que le monde de la musique classique détermine ses futurs virtuoses, le monde du ballet ses futures étoiles, ou notre système éducatif ses futurs scientifiques et intellectuels.

On ne peut recourir à la corruption pour entrer dans une ligue de hockey junior majeure. Peu importe le statut des parents ou du grand-père, ou la nature de l'entreprise familiale. Peu importe, aussi, si on habite dans le coin le plus reculé de la province la plus septen- trionale du Canada. Si vous avez les aptitudes néces- saires, le vaste réseau d'éclaireurs du hockey et de découvreurs de futurs grands joueurs vous trouvera, et si vous êtes prêt à travailler pour développer ce talent, le système vous récompensera. Le succès au hockey est fondé sur le *mérite individuel* – les deux mots sont importants. Les joueurs sont jugés d'après leur propre performance, et non celle d'un autre, et sur la base de leur talent, et non d'un quelconque autre fait arbitraire.

Mais est-ce bien vrai ?

2.

Ce livre s'intéresse aux phénomènes d'exception, aux hommes et aux femmes qui font des choses hors de l'ordinaire. Au cours des chapitres suivants, je vous pré- senterai plusieurs sortes de phénomènes d'exception : des génies, des magnats de l'industrie, des stars du rock et des programmeurs de logiciels. Vous découvrirez les secrets d'un avocat remarquable, verrez ce qui distingue les meilleurs pilotes de ceux dont l'avion s'est écrasé, et essaierez de trouver pourquoi les Asiatiques sont si forts en mathématiques. Et en examinant la vie des plus remarquables d'entre nous – ceux qui sont habiles, talentueux et motivés –, j'avancerai l'idée que quelque chose cloche profondément dans notre façon d'envisager le succès.

Quelle est la question que nous posons toujours à propos des gens qui réussissent ? Nous voulons savoir à quoi ils ressemblent – leur type de personnalité ou d'intelligence, leur mode de vie, ou les talents particuliers qu'ils avaient peut-être à la naissance. Et nous tenons pour acquis que ces qualités personnelles suffisent à expliquer comment un individu a atteint le sommet.

Parmi les autobiographies publiées chaque année, celles des milliardaires, des entrepreneurs, des stars du rock ou des célébrités ont toutes la même structure de récit : notre héros naît dans des circonstances modestes et, à force de cran et de talent, se fraie un chemin vers la grandeur. Dans la Bible, Joseph (fils de Jacob) est chassé par ses frères et vendu en esclavage, puis s'élève jusqu'à devenir le bras droit du pharaon, grâce à son ingéniosité et à son esprit pénétrant.

Dans les romans d'Horatio Alger, célèbres au XIXe siècle, aux États-Unis, de jeunes garçons nés pauvres parviennent à la richesse grâce à un mélange de courage et d'initiative. « Tout bien considéré, je crois que c'est un désavantage », confia un jour Jeb Bush à propos du rôle que joua, pour sa carrière dans les affaires, le fait d'être le fils d'un président américain, le frère d'un autre président américain, et le petit-fils d'un sénateur et riche banquier de Wall Street. Au cours de sa campagne pour le poste de gouverneur de la Floride, il se présenta à maintes reprises comme *self-made-man*, et le fait que peu de gens aient sourcillé en entendant cette description indique à quel point nous associons le succès aux efforts individuels.

« Levez la tête », demanda Robert Winthrop, il y a long-temps, à la foule venue assister au dévoilement d'une statue du grand héros de l'indépendance américaine, Benjamin Franklin, « et contemplez l'image d'un homme qui s'est élevé à partir de rien, qui ne devait rien à ses parents ni à un mécène, à qui une éducation rudimentaire n'a conféré aucun avantage qui ne vous soit accessible au centuple, qui a accompli les tâches les plus humbles dans les entreprises auxquelles sa jeunesse a été vouée, mais qui est parvenu à s'adresser à des rois, et est mort en laissant un nom que le monde n'oubliera jamais. »

Dans ce livre, je veux vous convaincre que ce genre d'explication personnelle du succès ne tient pas debout. Les gens ne s'élèvent pas à partir de rien. Nous devons quelque chose à nos parents et au parrainage de notre entourage. Les gens qui s'adressent à des rois ont peut-être l'air d'avoir tout réussi par eux-mêmes, mais en fait, ils sont invariablement les bénéficiaires d'avantages cachés, d'occasions extraordinaires et d'héritages culturels qui leur permettent d'apprendre, de travailler dur et d'interpréter le monde différemment. Le lieu et l'époque où nous grandissons font une différence. La culture à laquelle nous appartenons et les héritages que nous ont transmis nos ancêtres modèlent de façon inimaginable les scénarios de notre réussite.

Autrement dit, il ne suffit pas de se demander à quoi ressemblent les gens prospères. Ce n'est qu'en se demandant *d'où* ils viennent que nous pouvons démêler la logique qui fait que certains réussissent et d'autres pas.

Les biologistes parlent souvent de l'« écologie » d'un organisme : tel chêne est le plus élevé de la forêt parce qu'il a poussé à partir du gland le plus robuste ; c'est aussi le plus grand parce qu'aucun autre arbre ne lui a fait ombrage, qu'il a grandi dans un sol profond et riche, qu'aucun lapin n'a grignoté son écorce lorsqu'il était un arbrisseau, et qu'aucun bûcheron ne l'a coupé avant qu'il n'atteigne sa maturité.

Nous savons tous que les gens qui réussissent se sont développés à partir de graines robustes. Mais en savons-nous suffisamment sur la lumière qui les a réchauffés, le sol dans lequel ils ont planté leurs racines, et les lapins et bûcherons qu'ils ont eu la chance d'éviter ? Ce livre ne traite pas des grands arbres. C'est un livre sur les forêts – et le hockey est un bon point de départ, car expliquer comment on arrive au sommet du monde du hockey est beaucoup plus intéressant et compliqué qu'il n'y paraît. En fait, c'est même franchement curieux.

3.

Voici le tableau des joueurs des Tigers de Medicine Hat en 2007. Examinez-le bien et voyez si vous y repérez une bizarrerie.

N°	Nom	Pos.	G/ D	Taille (cm)	Poids (kg)	Date de naissance	Ville
9	Brennan Bosch	C	D	173	78,47	14 février 1988	Martensville, SK
11	Scott Wasden	C	D	185	85,27	4 janvier 1988	Westbank, CB
12	Colton Grant	AG	G	175	80,29	20 mars 1989	Standard, AB
14	Darren Helm	AG	G	183	82,55	21 janvier 1987	St Andrews, MB
15	Derek Dorsett	AD	G	180	80,74	20 décembre 1986	Kindersley, SK

16	Daine Todd	C	D	178	78,47	10 janvier 1987	Red Deer, AB
17	Tyler Swystun	AD	D	180	83,91	15 janvier 1988	Cochrane, AB
19	Matt Lowry	C	D	193	84,37	2 mars 1988	Neepawa, MB
20	Kevin Undershute	AG	G	193	80,74	12 avril 1987	Medicine Hat, AB
21	Jerrid Sauer	AD	D	178	88,90	12 septembre 1987	Medicine Hat, AB
22	Tyler Ennis	C	G	175	72,57	6 octobre 1989	Edmonton, AB
23	Jordan Hickmott	C	D	193	83,01	11 avril 1990	Mission, CB
25	Jakub Rumpel	AD	D	173	75,03	27 janvier 1987	Hrnciarovce, SLO
28	Bretton Cameron	C	D	180	76,20	26 janvier 1989	Didsbury, AB
36	Chris Stevens	AG	G	178	89,36	20 août 1986	Dawson Creek, CB
3	Gord Baldwin	D	G	196	92,99	1er mars 1987	Winnipeg, MB
4	David Schlemko	D	G	185	88,45	7 mai 1987	Edmonton, AB
5	Trever Glass	D	G	193	86,18	22 janvier 1988	Cochrane, AB
10	Kris Russell	D	G	178	80,29	2 mai 1987	Caroline, AB
18	Michael Sauer	D	D	191	92,99	7 août 1987	Sartell, MN
24	Mark Isherwood	D	D	193	83,01	31 janvier 1989	Abbotsford, CB

27	Shayne Brown	D	G	185	89,81	20 février 1989	Stony Plain, AB
29	Jordan Bendfeld	D	D	191	104,33	9 février 1988	Leduc, AB
31	Ryan Holfeld	G	G	180	75,30	29 juin 1989	LeRoy, SK
33	Matt Keetley	G	G	188	85,73	27 avril 1986	Medicine Hat, AB

La voyez-vous ? Ne vous en faites pas si ce n'est pas le cas, car des années durant, personne dans le monde du hockey ne s'en est aperçu. Ce n'est qu'au milieu des années 1980, en fait, qu'un psychologue canadien nommé Roger Barnsley a pour la première fois attiré l'attention sur le phénomène de l'âge relatif.

Barnsley assistait à une partie de hockey des Broncos de Lethbridge, dans le sud de l'Alberta, une équipe qui jouait dans la même ligue junior majeure que les Giants de Vancouver et les Tigers de Medicine Hat. Il se trouvait là avec sa femme, Paula, et leurs deux garçons. En lisant le programme, sa femme est tombée sur un tableau des joueurs semblable à celui que vous venez d'étudier.

« Roger, sais-tu quand ces jeunes hommes sont nés ? » demanda-t-elle.

Barnsley répondit : « Oui, ils ont tous entre 16 et 20 ans ; ils sont donc nés à la fin des années 1960.

Non, non, poursuivit Paula. Quel *mois* ? »

« J'ai cru qu'elle était devenue folle, se rappelle Barnsley. Mais j'ai parcouru le tableau, et ce qu'elle disait m'a tout simplement sauté aux yeux. Pour une raison quelconque, un nombre incroyable d'entre eux étaient nés en janvier, en février et en mars. »

En rentrant, ce soir-là, Barnsley vérifia les dates de naissance d'autant de joueurs de hockey professionnels qu'il put en trouver. Il observa le même schéma. Barnsley, sa femme et un collègue, A. H. Thompson, rassemblèrent ensuite les statistiques de tous les joueurs de la ligue de hockey junior de l'Ontario. C'était la même histoire. Le plus grand nombre de joueurs étaient nés en janvier. Le deuxième mois de naissance le plus fréquent ? Février. Le troisième ? Mars. Barnsley a découvert que parmi les joueurs de la Ligue de hockey junior de l'Ontario, il en était né presque cinq fois plus en janvier qu'en novembre. Il a examiné les équipes de vedettes de jeunes âgés de 11 et 13 ans – les jeunes joueurs choisis pour des équipes d'élite itinérantes. Même histoire. Il s'est penché sur la composition de la Ligue nationale de hockey. Pareil.

Plus il regardait, plus Barnsley en arrivait à croire que ce qu'il voyait n'était pas aléatoire, mais obligatoire dans le hockey canadien : dans tout groupe d'élite de joueurs de hockey – la crème de la crème –, 40 % des joueurs seront nés entre janvier et mars, 30 % entre avril et juin, 20 % entre juillet et septembre, et 10 % entre octobre et décembre.

« Pendant toutes mes années de psychologie, je n'ai jamais constaté d'effet aussi prépondérant, dit Barnsley. Il n'est même pas nécessaire d'effectuer une analyse statistique. Il n'y a qu'à regarder. »

Retournez au tableau des joueurs de Medicine Hat. Voyez-vous, maintenant ? Dix-sept des vingt-cinq joueurs de l'équipe sont nés en janvier, en février, en mars ou en avril.

Voici le suivi des deux premiers buts marqués durant la finale de la coupe Memorial, mais cette fois, j'ai remplacé le nom des joueurs par leur date de naissance. Cela ne ressemble plus au championnat de hockey junior canadien, mais à un étrange rituel sportif pour des adolescents nés sous le signe du Capricorne, du Verseau et des Poissons.

11 mars s'élance du côté du filet des Tigers, laissant le palet à son coéquipier 4 janvier, qui le passe à 22 janvier, qui le remet à 12 mars, qui lance à bout portant au gardien de but des Tigers, 27 avril. 27 avril bloque le palet, mais il rebondit grâce à 6 mars, de Vancouver. Il tire ! Les défenseurs de Medicine Hat, 9 février et 14 février, s'élancent pour bloquer le palet, sans que 10 janvier puisse intervenir. 6 mars marque !

Passons maintenant à la deuxième période.

Au tour de Medicine Hat. Le meneur des Tigers, 21 janvier, fonce du côté droit de la patinoire. Il s'arrête et tourne sur lui-même, échappant au défenseur de Vancouver, 15 février. 21 janvier passe habilement le palet à son coéquipier 20 décembre – Wow ! Qu'est-ce qu'il peut bien faire là ?! – qui se débarrasse du défenseur 17 mai qui arrive à toute allure, et repasse le palet à 21 janvier, de l'autre côté de la zone des buts. Il tire ! Le défenseur de Vancouver 12 mars plonge, tentant de bloquer le tir ; 19 mars, le gardien de but de Vancouver, plonge désespérément. 21 janvier marque ! Il lève les mains en signe de triomphe. Son coéquipier 2 mai, de joie, lui saute sur le dos.

4.

L'explication en est fort simple. Elle n'a rien à voir avec l'astrologie, ni avec une quelconque magie des trois premiers mois de l'année. C'est tout simplement que, au Canada, la date limite d'admissibilité au hockey par tranche d'âge est le 1er janvier. Un garçon qui a 10 ans le 2 janvier peut alors jouer aux côtés de quelqu'un qui n'atteindra pas cet âge avant la fin de l'année – et à cet âge, dans la préadolescence, un écart d'âge de douze mois représente une énorme différence sur le plan de la maturité physique.

Comme c'est le Canada, le pays le plus fou de hockey, les entraîneurs commencent à sélectionner les joueurs pour l'équipe itinérante « représentante » – les équipes de vedettes – à l'âge de 9 ou 10 ans, et bien sûr, ils sont plus susceptibles de juger talentueux les joueurs les plus grands, aux mouvements les mieux coordonnés, et avantagés par des mois de maturité supplémentaires décisifs.

Et que se passe-t-il lorsqu'un joueur est choisi pour une équipe représentante ? Il reçoit un meilleur entraînement, ses coéquipiers sont meilleurs, il joue de cinquante à soixante-quinze parties par saison, au lieu de vingt comme ceux qui restent derrière dans la ligue « maison », et il s'exerce deux ou même trois fois plus qu'en des circonstances normales. Au début, son avantage n'est pas tant d'être meilleur en soi, mais seulement un peu plus vieux. Toutefois, dès l'âge de 13 ou 14 ans, avec l'avantage d'un meilleur entraînement et de tout ce supplément d'exercices, il est *vraiment* meilleur : c'est donc lui qui a le plus de chances de se rendre à la ligue junior majeure, et de là, dans les grandes ligues [1].

D'après Barnsley, ce genre de distribution inégale des âges apparaît chaque fois que les trois conditions suivantes sont réunies : la sélection, la répartition par

---

1. La façon dont les Canadiens choisissent les joueurs de hockey est un exemple magnifique de ce que le sociologue Robert K. Merton a appelé une « prophétie autoréalisatrice » : une situation où « une fausse définition, au début, […] évoque un nouveau comportement qui fait en sorte que la fausseté initiale devient "vraie" ». Les Canadiens partent d'une fausse définition des meilleurs joueurs de hockey de 9 et 10 ans. Ils n'ont qu'à choisir les plus vieux, chaque année. Mais la façon dont ils traitent ces « vedettes » finit par donner une allure de vérité à leur faux jugement original. Comme le dit Merton, « cette validité spécieuse de la prophétie autoréalisatrice perpétue un règne de l'erreur. Car le prophète citera le cours réel des événements comme preuve qu'il avait raison dès le tout début. »

niveaux et l'expérience différenciée. Si vous déterminez qui est bon et qui ne l'est pas à un jeune âge, si vous séparez les « talentueux » des « sans talent », et si vous faites bénéficier les « talentueux » d'une expérience supérieure, vous finirez par donner un avantage immense à ce petit groupe de joueurs nés plus près de la date limite.

Aux États-Unis, le football américain et le basket-ball ne procèdent pas à une sélection, une répartition et une différenciation aussi radicales. Par conséquent, même si un enfant a un peu de retard physique dans ces sports, il peut tout de même jouer autant que ses pairs plus mûrs [1].

Pour le baseball, c'est différent. La date limite, pour presque toutes les ligues de baseball non scolaires des États-Unis, est le 31 juillet : ainsi, dans les ligues majeures, il y a plus de joueurs nés en août que dans tout autre mois. (Les chiffres sont frappants : en 2005, parmi les Américains d'une ligue de baseball majeure, cinq cent cinq étaient nés en août, contre trois cent treize en juillet.)

De même, le football européen est organisé comme le hockey et le baseball – là aussi, la distribution des dates de naissance dans ce sport est fort inégale. En Angleterre, la date d'admissibilité est le 1er septembre, et dans la première ligue de l'association de football, à un moment donné dans les années 1990, deux cent quatre-vingt-huit joueurs étaient nés entre septembre et novembre, contre seulement cent trente-six entre juin et août. Au football

---

1. Dans une ville américaine, un joueur de basket-ball qui n'a pas atteint son plein développement physique jouera probablement autant d'heures de basket-ball en une année qu'un enfant plus vieux que lui, vu le grand nombre de terrains de basket-ball et de joueurs potentiels. Ce n'est pas comme au hockey sur glace, où l'on a besoin d'une patinoire. L'avantage du basket-ball est son accessibilité et son omniprésence.

international, la date limite a longtemps été le 1er août, et dans un récent tournoi de championnat du monde junior, cent trente-cinq joueurs étaient nés dans les trois mois qui suivent le 1er août, et seulement vingt-deux en mai, juin et juillet. Aujourd'hui, la date limite au football junior international est le 1er janvier.

Jetez un coup d'œil au tableau de l'équipe nationale de football junior de 2007 en République tchèque, qui s'est rendue aux finales de la Coupe du monde junior.

N°	Joueur	Date de naissance	Position
1	Marcel Gecov	1er janvier 1988	Milieu de terrain
2	Ludek Frydrych	3 janvier 1987	Gardien de but
3	Petr Janda	5 janvier 1987	Milieu de terrain
4	Jakub Dohnalek	12 janvier 1988	Défenseur
5	Jakub Mares	26 janvier 1987	Milieu de terrain
6	Michal Held	27 janvier 1987	Défenseur
7	Marek Strestik	1er février 1987	Attaquant
8	Jiri Valenta	14 février 1988	Milieu de terrain
9	Jan Simunek	20 février 1987	Défenseur
10	Tomas Oklestek	21 février 1987	Milieu de terrain
11	Radek Petr	24 février 1987	Gardien de but
12	Ondrej Mazuch	15 mars 1989	Défenseur
13	Ondrej Kudela	26 mars 1987	Milieu de terrain
14	Marek Suchy	29 mars 1988	Défenseur
15	Martin Fenin	16 avril 1987	Attaquant

16	Lubos Kalouda	20 mai 1987	Milieu de terrain
17	Tomas Pekhart	26 mai 1989	Attaquant
18	Lukas Kuban	22 juin 1987	Défenseur
19	Tomas Cihlar	24 juin 1987	Défenseur
20	Tomas Frystak	18 août 1987	Gardien de but
21	Tomas Micola	26 septembre 1988	Milieu de terrain

Aux épreuves de sélection de l'équipe nationale, les entraîneurs de football tchèques auraient bien pu dire à tous ceux qui étaient nés après le début de l'été de faire leurs bagages et de rentrer chez eux.

Le hockey et le football ne sont que des jeux, bien entendu, qui impliquent quelques privilégiés. Mais exactement les mêmes préjugés apparaissent dans des domaines beaucoup plus déterminants, comme l'éducation. Les parents d'un enfant né à la fin de l'année civile se demandent souvent s'ils doivent retarder son entrée en maternelle : il est difficile pour un enfant de 5 ans d'en suivre un autre né plusieurs mois plus tôt. Mais la plupart des parents, on le suppose, estiment que l'éventuel désavantage initial qu'affronte un jeune enfant en maternelle finira par s'atténuer et disparaître. Or ce n'est pas le cas. C'est exactement comme au hockey. L'enfant né en début d'année conservera toujours ce petit avantage initial sur celui né à la fin de l'année. Cela enferme les enfants dans des schémas de sur- et sous-performance, d'encouragement et de découragement, qui se poursuivront pendant des années et des années.

Récemment, deux économistes – Kelly Bedard et Elizabeth Dhuey – ont examiné la relation entre le mois de naissance et les scores obtenus dans ce qu'on appelle l'enquête TIMMS (pour *Trends in International Mathematics and*

Science Study, ou Tendances internationales de l'étude des mathématiques et des sciences), qui s'intéresse aux performances scolaires en mathématiques et en sciences, par le biais de tests administrés tous les quatre ans à des enfants de nombreux pays du monde.

Parmi les élèves du CM1, elles ont découvert que les plus âgés d'entre eux avaient des résultats supérieurs à ceux des plus jeunes – en moyenne de 4 à 12 points de pourcentage. Comme l'explique Elizabeth Dhuey, c'est une « énorme différence ». Cela signifie que si on prend deux élèves de CM1 d'une capacité intellectuelle équivalente, mais dont les dates de naissance sont aux extrémités opposées de la date limite, l'élève plus vieux pourrait obtenir une note de 80 %, et le plus jeune de 68 % – la différence qui permettrait à l'un d'intégrer un programme pour surdoués et à l'autre non.

« C'est exactement comme dans le sport, dit Dhuey. Les groupes de niveaux commencent dès le début de l'enfance. Ainsi, il y a des groupes de niveau supérieur en lecture, des groupes de niveau supérieur en mathématiques, etc. Mais au début, avec les jeunes enfants, en maternelle et en CP, les enseignants confondent maturité et capacité. Ils mettent les enfants plus âgés dans le groupe de niveau supérieur, où ils développeront de meilleures aptitudes ; et l'année suivante, parce qu'ils seront encore dans les groupes supérieurs, leurs résultats seront encore meilleurs ; rebelote l'année suivante, et une fois de plus, la différence se sera encore creusée, et ainsi de suite. Le seul pays à échapper à cette tendance est le Danemark. Leur politique nationale interdit le groupement par niveaux avant l'âge de 10 ans. » Avant de procéder à des sélections, le Danemark attend que se soient aplanies les différences de maturité selon l'âge.

Dhuey et Bedard ont refait la même analyse, cette fois en examinant les universités. Qu'ont-elles constaté ?

Dans les collèges universitaires américains offrant un programme de quatre ans – c'est-à-dire le plus haut niveau d'études supérieures de premier cycle –, les étudiants les plus jeunes de leur tranche d'âge sont sous-représentés d'environ 11,6 %. Cette différence initiale de maturité ne disparaît pas avec le temps. Elle persiste. Et pour des milliers d'élèves, ce désavantage initial détermine s'ils iront ou non jusqu'à l'université – et s'ils ont vraiment une chance d'accéder à la classe moyenne [1].

« C'est ridicule, affirme Dhuey. Il est grotesque que notre choix arbitraire de dates limites provoque ces effets durables, et personne ne semble s'en préoccuper ! »

5.

Songez un instant à ce que ce lien entre le hockey et les dates de naissance révèle sur la réussite.

Il signifie que l'idée reçue selon laquelle ce sont les meilleurs des meilleurs qui atteignent le sommet sans effort est simpliste. Oui, les joueurs de hockey qui s'élèvent jusqu'au rang professionnel sont plus talentueux que vous et moi. Mais ils disposent également d'une bonne longueur d'avance, d'une occasion qu'ils n'ont pas méritée. Et cette occasion a joué un rôle crucial dans leur réussite.

Le sociologue Robert K. Merton a appelé ce phénomène l'« effet Matthieu », d'après ce verset de l'Évangile

---

1. Bien d'autres phénomènes sociaux peuvent être liés à l'âge relatif. Par exemple, Barnsley et deux collègues ont un jour découvert que les étudiants qui tentent de se suicider sont également plus susceptibles d'être nés dans la seconde moitié de l'année scolaire. Leur explication est que des résultats scolaires médiocres peuvent mener à la dépression. Cependant, le lien entre l'âge relatif et le suicide est loin d'être aussi prononcé que la corrélation entre la date de naissance et la réussite athlétique.

selon saint Matthieu : « Car à tout homme qui a, l'on donnera et il sera dans la surabondance ; mais à celui qui n'a pas, même ce qu'il a lui sera retiré. » Autrement dit, ceux qui réussissent sont les plus susceptibles de recevoir le genre d'occasions particulières qui mènent à d'autres réussites. Ce sont les riches qui obtiennent les plus grandes réductions d'impôt. Ce sont les meilleurs élèves qui reçoivent le meilleur enseignement et le plus d'attention. Et c'est aux plus grands enfants de 8 et 9 ans qu'on accorde le plus de séances d'entraînement.

La réussite est le résultat de ce que les sociologues aiment appeler l'« avantage cumulatif ». Le joueur de hockey professionnel connaît un début légèrement meilleur que ses pairs. Et cette petite différence mène à une occasion qui la creuse davantage, et cette marge, à son tour, mène à une autre occasion, ce qui augmente encore la différence initialement petite – et ainsi de suite, jusqu'à ce que le joueur de hockey soit réellement *hors norme*. Mais il ne l'était pas au départ. Il a juste connu un meilleur début.

La seconde implication de l'exemple tiré du hockey, c'est que les systèmes par lesquels nous déterminons qui est en avance ne sont pas particulièrement efficaces. Nous croyons que le fait de former le plus tôt possible des ligues de vedettes et des programmes pour surdoués est la meilleure façon de nous assurer qu'aucun talent ne nous échappe. Mais regardez de nouveau le tableau de l'équipe de football tchèque, présenté précédemment. Aucun des joueurs n'est né en juillet, en octobre, en novembre, ou en décembre, et un seul est né en août, et un en septembre. Ceux nés dans la seconde moitié de l'année ont tous été découragés, négligés ou écartés du sport. *Le talent d'environ la moitié de la population sportive tchèque a été gaspillé.*

Alors, que faire si vous êtes un jeune athlète tchèque et que vous avez la malchance d'être né dans la dernière partie de l'année ? Vous ne *pouvez pas* jouer au football. Tout est contre vous. Vous pourriez peut-être choisir l'autre sport qui obsède les Tchèques, le hockey ? Non, attendez. (Je crois que vous me voyez venir.) Voici le tableau de l'équipe de hockey junior de la République tchèque de 2007, qui a terminé cinquième aux championnats du monde.

N°	Joueur	Date de naissance	Position
1	David Kveton	3 janvier 1988	Avant
2	Jiri Suchy	3 janvier 1988	Défenseur
3	Michael Kolarz	12 janvier 1987	Défenseur
4	Jakub Vojta	8 février 1987	Défenseur
5	Jakub Kindl	10 février 1987	Défenseur
6	Michael Frolik	17 février 1988	Avant
7	Martin Hanzal	20 février 1987	Avant
8	Tomas Svoboda	24 février 1987	Avant
9	Jakub Cerny	5 mars 1987	Avant
10	Tomas Kudelka	10 mars 1987	Défenseur
11	Jaroslav Barton	26 mars 1987	Défenseur
12	H.O. Pozivil	22 avril 1987	Défenseur
13	Daniel Rakos	25 mai 1987	Avant
14	David Kuchejda	12 juin 1987	Avant
15	Vladimir Sobotka	2 juillet 1987	Avant
16	Jakub Kovar	19 juillet 1988	Gardien de but
17	Lukas Vantuch	20 juillet 1987	Avant
18	Jakub Voracek	15 août 1989	Avant
19	Tomas Pospisil	25 août 1987	Avant
20	Ondrej Pavelec	31 août 1987	Gardien de but
21	Tomas Kana	29 novembre 1987	Avant
22	Michal Repik	31 décembre 1988	Avant

Ceux qui sont nés au dernier semestre de l'année feraient bien d'abandonner aussi le hockey.

Voyez-vous les conséquences de notre façon de considérer la réussite ? À force de personnaliser le succès, nous ratons des occasions de pousser les autres jusqu'en haut de l'échelle. Nous créons des règles qui contrecarrent la réussite. Nous décidons prématurément que certaines personnes ne feront rien de bon. Nous sommes trop admiratifs devant ceux qui réussissent et beaucoup trop enclins à écarter ceux qui échouent. Et par-dessus tout, nous devenons beaucoup trop passifs. Nous négligeons le fait que notre rôle est considérable – et par « nous », j'entends la société – lorsque nous déterminons qui réussit et qui échoue.

Si nous le voulions, nous pourrions reconnaître l'importance des dates limites. Nous pourrions établir deux ou même trois ligues de hockey, selon les mois de naissance. Laisser les joueurs se développer sur des trajectoires distinctes, puis choisir les équipes de vedettes. Si on donnait une chance égale à tous les athlètes tchèques et canadiens nés à la fin de l'année, les équipes nationales tchèques et canadiennes auraient tout à coup un choix deux fois plus grand.

Les écoles pourraient faire de même. Les écoles primaires et secondaires pourraient placer les élèves nés de janvier à avril dans une tranche, ceux nés de mai à août dans une autre, et ceux nés de septembre à décembre dans la troisième. On pourrait laisser les élèves apprendre et entrer en compétition avec d'autres élèves du même degré de maturité. Ce serait un peu plus compliqué du point de vue administratif, mais ce ne serait pas nécessairement coûteux, et cela égaliserait le terrain de jeu pour ceux qui – sans en être responsables – ont été fortement désavantagés par le système éducatif.

Autrement dit, nous pourrions aisément prendre le contrôle de la machinerie de la réussite – non seulement dans le sport, mais aussi, comme nous le verrons, dans d'autres domaines plus déterminants. Mais nous ne le ferons pas. Pourquoi donc ? Parce que nous nous accrochons à l'idée que le succès est une simple fonction du mérite individuel, et que le monde dans lequel nous grandissons tous et les règles que nous choisissons de promulguer en tant que société n'ont aucune importance.

6.

Avant le match final de la coupe Memorial, Gord Wasden – le père d'un des Tigers de Medicine Hat –, debout à côté de la patinoire, discutait de son fils Scott. Il portait une casquette et un tee-shirt noir, tous deux aux couleurs de l'équipe. « Lorsqu'il avait 4 ou 5 ans, se rappelait Wasden, et que son petit frère était dans un youpala, il lui fourrait une crosse de hockey dans la main, et tous deux jouaient sur le plancher de la cuisine, du matin au soir.

« Scott a toujours eu une passion pour ça. Il a joué dans des équipes représentantes pendant toute sa carrière dans la ligue mineure. Il était toujours accepté dans les équipes AAA [1]. En première année pee-wee ou bantam [2], il jouait toujours dans la plus forte équipe représentante. » Wasden était manifestement nerveux : son fils

---

1. Le niveau AAA ou Triple-A est, dans le baseball nord-américain, le plus haut niveau de baseball professionnel après les ligues majeures de baseball, et le plus haut niveau des ligues mineures de baseball.

2. Nom de deux divisions de hockey mineur, correspondant à des catégories d'âge. La division pee-wee regroupe les joueurs ayant entre 11 et 13 ans au 31 décembre de la saison en cours ; la division bantam, ceux entre 13 et 15 ans.

était sur le point de disputer le match le plus important de sa vie. « Il a eu à travailler très dur pour en arriver là. Je suis très fier de lui. »

Tels étaient les ingrédients de la réussite au plus haut niveau : de la passion, du talent et du travail ardu. Mais il y en avait un autre. Quand Wasden a-t-il senti pour la première fois que son fils était hors du commun ? « Vous savez, il a toujours été grand pour son âge. Il était fort, et très tôt, il a eu le don de marquer des buts. Et il a toujours été un peu exceptionnel pour son âge, un capitaine de son équipe… »

Grand pour son âge ? Bien sûr qu'il était grand pour son âge ! Scott Wasden est né un 4 janvier, à trois jours de la date de naissance absolument parfaite pour un joueur de hockey d'élite. Il a eu de la chance. Si la date d'admissibilité au hockey canadien avait été plus tard dans l'année, il aurait peut-être regardé le championnat de la coupe Memorial depuis les gradins, au lieu de jouer sur la glace.

Chapitre 2

LA RÈGLE DES DIX MILLE HEURES

« À Hambourg, il fallait jouer pendant huit heures. »

1.

L'université du Michigan a ouvert son nouveau centre informatique en 1971, avenue Beal, à Ann Arbor, dans un pavillon tout neuf en brique beige, avec une façade de verre teinté. Les énormes ordinateurs de l'institution, au milieu d'une vaste pièce blanche, ressemblaient, se rappelle un enseignant, « à l'une des dernières scènes du film *2001 : l'Odyssée de l'espace* ». D'un côté trônaient des dizaines de perforatrices à clavier – les terminaux de l'époque. En 1971, c'était le dernier cri. L'université du Michigan avait l'un des programmes d'informatique les plus avancés du monde, et depuis les débuts du centre informatique, des milliers d'étudiants sont passés par cette pièce blanche, dont le plus célèbre était un adolescent pataud du nom de Bill Joy.

Joy est arrivé à l'université du Michigan l'année où le centre informatique a ouvert ses portes. Il avait 16 ans. Il était grand et très mince, avec une tignasse en bataille. Ses camarades de terminale du lycée North Farmington, près de Detroit, l'avait élu « élève le plus studieux » – ce qui signifiait, selon ses propres termes, qu'il était un

« binoclard sans copine ». Il avait pensé devenir biolo-
giste ou mathématicien. Mais vers la fin de sa première
année d'université, il est tombé sur le centre informatique – et il a été mordu sur-le-champ.

À partir de ce moment, le centre informatique devint
sa vie. Joy programmait le plus souvent possible. Il
décrocha un poste auprès d'un professeur d'informatique
afin de pouvoir faire de la programmation durant l'été.
En 1975, il s'inscrivit en troisième cycle à l'université
de Californie, à Berkeley. Là, il se plongea encore plus
profondément dans le monde du logiciel. Au cours de ses
oraux de doctorat, il inventa au pied levé un algorithme
particulièrement compliqué qui, comme l'écrivit l'un de
ses nombreux admirateurs, « a tellement abasourdi ses
examinateurs, que l'un d'eux a plus tard comparé l'expérience à celle de "Jésus dialoguant au Temple avec les
docteurs de la Loi" ».

Travaillant en collaboration avec un petit groupe de
programmeurs, Joy entreprit la vaste tâche de réécrire
Unix, un système d'exploitation développé par AT&T
pour les gros ordinateurs. La version de Joy était très
bonne. Si bonne, en fait, qu'elle est devenue – et reste –
le système qui fait fonctionner littéralement des millions
d'ordinateurs dans le monde. « Quand je fais défiler à
l'écran le code interne d'un Mac, dit Joy, je vois des
choses que je me rappelle avoir tapé il y a vingt-cinq
ans. » Et savez-vous qui a écrit une grande partie du logiciel d'accès à Internet ? Bill Joy.

Une fois diplômé de Berkeley, Joy cofonda Sun Microsystems, une entreprise de la Silicon Valley, et l'un des
protagonistes les plus cruciaux de la révolution informatique. C'est là qu'il réécrivit un autre langage informatique – Java – et que sa légende prit encore plus
d'ampleur. Les initiés de la Silicon Valley parlent de Joy
avec autant d'admiration que de quelqu'un comme Bill

Gates, de Microsoft. On l'appelle parfois l'Edison d'Internet. Comme le dit David Gelernter, un professeur d'informatique de l'université Yale, « Bill Joy est l'un des personnages les plus influents de l'histoire moderne de l'informatique ».

L'histoire du génie de Bill Joy a été racontée bien des fois, et la leçon est toujours la même. Ce monde était, à l'époque, une pure méritocratie. La programmation informatique ne fonctionnait pas comme un réseau d'anciens élèves, où l'on avance grâce à l'argent ou aux relations. C'était un domaine grand ouvert, où tous les participants étaient jugés uniquement sur leur talent et leurs réalisations. Dans ce monde-là, les meilleurs gagnaient vraiment, et Joy était clairement l'un d'eux.

Il serait plus facile d'accepter cette version des événements, si toutefois nous ne venions pas de voir le cas des joueurs de hockey et de football. Eux aussi étaient censés appartenir à une pure méritocratie. Sauf que ce n'était pas le cas. Leur cas nous a appris, au contraire, comment les personnes hors norme dans tel ou tel domaine atteignent cette belle hauteur par un savant mélange de talent personnel, d'occasions saisies, et d'un avantage absolument arbitraire.

Le même scénario d'opportunités particulières s'appliquerait-il aussi dans le monde réel ? Pour en avoir le cœur net, ré-examinons l'histoire de Bill Joy.

2.

Depuis près d'une génération, les psychologues du monde entier débattent avec acharnement d'une question que la plupart d'entre nous croyaient réglée depuis des années. Cette question, c'est : le talent inné existe-t-il ? La réponse évidente est oui. Tous les hockeyeurs nés en janvier ne finissent pas joueurs professionnels. Seuls quelques-uns y parviennent : ceux qui ont un talent inné. Le succès, c'est talent + préparation. Le problème de cette vision des choses, c'est qu'en réalité, plus les psychologues se penchent sur la carrière des surdoués, moins il semble que le talent inné ait d'importance et plus la préparation compte.

Première pièce à conviction dans le débat sur le talent : une étude menée au début des années 1990 par le psychologue K. Anders Ericsson et deux de ses collègues de la prestigieuse académie de musique Hanns-Eisler de Berlin. Avec l'aide des professeurs de l'académie, ils ont divisé les violonistes de l'école en trois groupes. Dans le premier se trouvaient les virtuoses en herbe, des élèves qui avaient le potentiel de devenir des solistes de calibre international. Le deuxième comprenait ceux qu'on jugeait tout simplement « bons ». Dans le troisième, on a placé les élèves peu susceptibles de jouer professionnellement, et qui avaient l'intention d'enseigner la musique dans le système scolaire public.

On a alors posé la même question à tous les violonistes : « Pendant toute votre carrière, depuis la première fois que vous avez tenu un archet, combien d'heures d'exercices avez-vous accumulées ? »

Tous, dans les trois groupes, avaient commencé à jouer à peu près au même âge, vers 5 ans. Au cours de ces premières années, tous s'entraînaient presque aussi longtemps, environ deux ou trois heures par semaine. Mais vers l'âge de 8 ans, des différences réelles ont surgi. Les élèves qui allaient devenir les meilleurs de leur classe se sont mis à s'exercer plus que tous les autres : six heures par semaine dès l'âge de 9 ans, huit heures à 12 ans, seize heures à 14 ans, et ainsi de suite en augmentant, si bien qu'à l'âge de 20 ans, ils s'exerçaient – c'est-à-dire qu'ils se consacraient à leur instrument délibérément et obstinément, avec la claire intention de progresser – plus de trente heures par semaine.

En fait, arrivés à 20 ans, les interprètes d'élite avaient chacun cumulé dix mille heures d'exercices. Par contraste, les élèves seulement « bons » avaient cumulé huit mille heures, et les futurs professeurs de musique à peine un peu plus de quatre mille heures au total.

Ericsson et ses collègues ont ensuite comparé les pianistes amateurs aux pianistes professionnels. Le même schéma est apparu. Les amateurs n'avaient jamais répété plus de trois heures par semaine durant leur enfance et, à l'âge de 20 ans, leur expérience totalisait deux mille heures de pratique. Les professionnels, eux, avaient régulièrement augmenté leur temps d'exercices chaque année, jusqu'à ce que, vers l'âge de 20 ans, comme les violonistes, ils aient atteint dix mille heures.

Ce qui est frappant, dans l'étude d'Ericsson, c'est que ses collègues et lui ne trouvèrent aucun « musicien né », arrivé sans effort au sommet en s'exerçant beaucoup moins longtemps que ses pairs. Ils n'ont pas trouvé non plus de « bûcheur », quelqu'un qui aurait travaillé plus que tous les autres, mais qui n'aurait tout simplement pas ce qu'il faut pour accéder aux échelons supérieurs. Leur recherche révèle que, parmi tous les musiciens assez bons pour entrer dans une école de musique prestigieuse, ce qui distingue un interprète d'un autre, c'est la somme de travail. C'est tout. Qui plus est, les gens arrivés au sommet ne travaillent pas seulement plus, ni même beaucoup plus que tous les autres. Ils travaillent beaucoup, *beaucoup* plus.

L'idée que l'excellence dans l'accomplissement d'une tâche complexe exige un minimum crucial de temps d'exercices refait constamment surface dans les études sur l'expertise. En fait, les chercheurs se sont entendus sur ce qu'ils croient être le nombre magique d'une véritable expertise : dix mille heures.

« L'image qui émerge de ces études, c'est qu'il faut dix mille heures d'entraînement pour atteindre le degré de maîtrise associé à une expertise de calibre mondial – en quoi que ce soit, écrit le neurologue Daniel Levitin. Dans toutes les études menées sur des compositeurs, des basketteurs, des romanciers, des patineurs, des pianistes de concert, des joueurs d'échecs, des criminels passés maîtres, et tout ce que vous voulez, ce nombre revient constamment.

« Bien sûr, cela ne nous dit pas pourquoi certaines personnes retirent davantage que d'autres de leurs séances d'exercices. Mais personne n'a encore trouvé de cas dans lequel on avait atteint en moins de temps une véritable expertise de rang mondial. Il semble que le cerveau ait besoin d'autant de temps pour assimiler tout ce qu'il a à connaître pour atteindre la véritable maîtrise. »

C'est même vrai des gens que nous considérons comme des prodiges. Mozart, par exemple, a commencé, c'est bien connu, à composer à 6 ans. Mais voici l'explication qu'en fournit le psychologue Michael Howe dans son livre *Genius Explained* :

> « Selon les normes des compositeurs ayant atteint leur pleine maturité, les premières œuvres de Mozart ne sont pas remarquables. Les premières pièces étaient probablement toutes transcrites par son père, et peut-être améliorées en cours de traitement. Plusieurs des compositions d'enfance de Wolfgang, comme ses sept premiers concertos pour piano et orchestre, sont largement des arrangements d'œuvres d'autres compositeurs. Parmi les concertos qui ne contiennent que de la musique originale de Mozart, le premier qui soit maintenant considéré comme un chef-d'œuvre (le numéro 9, K. 271), il ne l'a composé qu'à 21 ans : à ce moment, Mozart composait déjà des concertos depuis dix ans. »

Le critique musical Harold C. Schonberg va plus loin : Mozart, affirme-t-il, s'est en fait « développé sur le tard », car il n'a produit sa plus grande œuvre qu'après plus de vingt années de composition.

Devenir un grand maître aux échecs semble également exiger une dizaine d'années. (Seul le légendaire Bobby Fischer est parvenu à ce stade prestigieux en moins de temps : il lui a fallu neuf ans.) Et qu'est-ce que c'est, dix ans ? Eh bien, c'est grosso modo le temps qu'il faut pour consacrer dix mille heures à des exercices ardus. Dix mille heures, c'est le nombre magique de la réussite.

Voilà qui explique ce qu'il y avait de si déconcertant dans les tableaux des équipes nationales tchèques et canadiennes. Presque personne, dans ces équipes, n'est né après le 1er septembre, ce qui semble n'avoir aucun sens. Spontanément, on se dit qu'il devrait y avoir un bon nombre de prodiges tchèques du hockey ou du football, nés vers la fin de l'année, qui seraient *tellement* talentueux qu'ils auraient atteint les échelons supérieurs au début de l'âge adulte, malgré leur date de naissance.

Mais pour Ericsson et ceux qui réfutent la primauté du talent, ce n'est pas du tout étonnant. Ce prodige né sur le tard n'est pas choisi à 8 ans pour jouer dans l'équipe de vedettes : il est trop petit. Il n'a donc pas droit à ce supplément d'exercices. Et sans ce supplément d'exercices, il n'a aucune chance d'avoir atteint les dix mille heures au moment où les équipes de hockey professionnel commencent à chercher des joueurs. Et faute d'avoir accompli ces dix mille heures, il ne maîtrisera jamais les compétences nécessaires pour jouer au plus haut niveau.

Même Mozart – le plus grand prodige musical de tous les temps – n'a pu trouver son rythme de croisière avant d'avoir terminé ses dix mille heures. Les exercices, ce n'est pas ce qu'on fait une fois qu'on est adroit. C'est ce qu'on fait *pour* devenir adroit.

L'autre aspect intéressant de ces dix mille heures, bien sûr, c'est que dix mille heures, c'est énorme. Il est presque impossible d'atteindre ce nombre par soi-même avant l'âge adulte. Il faut avoir des parents qui prodiguent encouragements et soutien. Il ne faut pas être pauvre, car avec un emploi à temps partiel pour aider à boucler le budget, on n'aura pas de temps dans la journée pour s'exercer suffisamment. En fait, la plupart des gens ne peuvent atteindre ce nombre qu'en entrant dans quelque programme spécial – comme une équipe de vedettes au hockey – ou grâce à une occasion extraordinaire qui leur permettra de s'y consacrer toutes ces heures.

3.

Revenons donc à Bill Joy. Nous sommes en 1971. Il est grand et pataud, et il a 16 ans. C'est un génie des mathématiques, le genre d'étudiant que des écoles comme le MIT, Caltech et l'université de Waterloo, au Canada, attirent par centaines. « Durant son enfance, Bill voulait tout savoir sur tout, bien avant d'être censé savoir qu'il voulait le savoir, raconte son père, William. On lui répondait quand on pouvait. Autrement, on se contentait de lui offrir un livre. » Lorsque est venu le temps de s'inscrire à l'université, Joy a obtenu un score parfait dans l'épreuve de mathématiques du SAT [1]. « Ce n'était pas particulièrement difficile, dit-il d'un ton

---

1. Test d'aptitude scolaire de fin de secondaire aux États-Unis, équivalent du baccalauréat en France.

désinvolte. On avait pas mal de temps pour tout revérifier. »

Il a du talent à revendre. Mais ce n'est pas la seule explication – ça ne l'est jamais. La clef de son essor, c'est la chance d'être tombé sur le banal édifice de l'avenue Beal.

Au début des années 1970, alors que Joy apprenait la programmation, un seul ordinateur remplissait toute une pièce. Une machine (qui avait peut-être moins de puissance et de mémoire que votre four à micro-ondes actuel) pouvait coûter jusqu'à un million de dollars – et c'est en dollars des années 1970. Les ordinateurs étaient rares. Si on en trouvait un, il était difficile d'y avoir accès ; si on y parvenait, sa location coûtait une fortune.

De plus, la programmation était en soi une chose extraordinairement ennuyeuse. C'était l'époque où les programmes d'ordinateurs étaient créés avec des cartes perforées. Chaque ligne de code était inscrite sur une carte au moyen d'une perforatrice. Un programme complexe pouvait comprendre des centaines, voire des milliers de ces cartes empilées. Lorsqu'un programme était prêt, on se rendait jusqu'au gros ordinateur auquel on avait accès, et on donnait ses piles de cartes à une opératrice. Puisque les ordinateurs ne pouvaient traiter qu'une tâche à la fois, l'opératrice plaçait votre programme dans la liste d'attente, et selon le nombre de personnes qui vous précédaient, vous pouviez ne pas revoir vos cartes pendant des heures ou même une journée. Et si vous faisiez une seule erreur – ne serait-ce qu'une coquille – dans votre programme, vous deviez reprendre les cartes, corriger l'erreur et recommencer tout le processus.

Dans ces circonstances, il était extrêmement difficile pour quiconque de devenir un expert en programmation. En tous les cas, en devenir un dès le début de la vingtaine était pratiquement impossible. Lorsque vous ne pouvez programmer que pendant quelques minutes sur l'heure passée en salle d'informatique, comment parviendrez-vous à dix mille heures d'exercices ? « Programmer avec des cartes, se rappelle un informaticien de cette époque, ça ne vous enseignait pas la programmation, mais la patience et la correction d'épreuves. »

Ce n'est qu'au milieu des années 1960 qu'est apparue une solution aux problèmes de la programmation. Les ordinateurs étaient enfin suffisamment puissants pour traiter plus d'un « rendez-vous » à la fois. En réécrivant le système d'exploitation de l'ordinateur, s'étaient aperçus les informaticiens, on pouvait partager le temps de la machine : on pouvait utiliser l'ordinateur pour traiter des centaines de tâches à la fois. En retour, cela voulait dire que les programmeurs n'avaient plus à tendre physiquement leurs piles de cartes à l'opératrice. On pouvait construire des dizaines de terminaux, tous reliés au gros ordinateur par une ligne téléphonique, et chacun pouvait travailler – en ligne – en même temps.

Voici comment on décrit l'arrivée du travail en temps partagé :

> « Ce n'était pas seulement une révolution, mais une révélation. Oubliez l'opératrice, les piles de cartes, l'attente. Avec le temps partagé, on pouvait s'asseoir au terminal Télétype, taper quelques commandes et obtenir sur-le-champ une réponse. Le temps partagé était interactif : un programme pouvait vous demander une réponse, attendre que vous la tapiez, la traiter pendant que vous attendiez, et vous montrer le résultat, tout cela en "temps réel". »

C'est alors que l'université du Michigan est entrée en scène : c'était l'une des premières universités du monde à passer au temps partagé. Dès 1967, un prototype du système était en fonction. Dès le début des années 1970, l'université avait suffisamment de puissance informatique

pour que cent personnes puissent programmer simultané-
ment au centre informatique. « À la fin des années 1960,
au début des années 1970, je ne pense pas qu'il y ait eu
d'endroit comparable à l'université du Michigan, com-
mente Mike Alexander, l'un des pionniers du système
informatique de cette institution. Peut-être le MIT. Peut-
être Carnegie Mellon. Peut-être Dartmouth. Je ne crois
pas qu'il y en ait eu d'autres. »

Voici donc l'opportunité qui a tendu les bras à Bill
Joy à son arrivée sur le campus d'Ann Arbor à
l'automne 1971. Il n'avait pas choisi cette université en
raison de ses ordinateurs ; il n'avait jamais rien fait avec
des ordinateurs au lycée. Il s'intéressait aux mathématiques et à l'ingénierie. Mais lorsqu'il est devenu un
mordu de la programmation au cours de sa première
année, il se trouvait – par le plus heureux des hasards –
dans l'un des rares endroits du monde où un jeune de
17 ans pouvait programmer autant qu'il le voulait.

« Savez-vous la différence entre les cartes perforées et
le temps partagé ? demande Joy. C'est la différence entre
jouer aux échecs par la poste et un blitz. » Programmer
n'était plus un exercice frustrant, mais un *plaisir*.

« J'habitais sur le campus nord, là où était situé le
centre informatique, poursuit Joy. Combien de temps
ai-je passé là ? Oh, une quantité d'heures phénoménale.
Il était ouvert jour et nuit. J'y passais la nuit, et au matin,
je revenais chez moi à pied. En moyenne, à l'époque, je
passais plus de temps chaque semaine au centre informatique que dans les salles de cours. Nous faisions tous
ce cauchemar récurrent : oublier complètement de nous
présenter en classe, oublier même que nous étions
inscrits.

« La difficulté, c'était qu'on accordait à tous les étudiants un nombre d'heures fixe, et alors, le temps venait

à manquer. Lorsqu'on entrait dans le système, on inscrivait combien de temps on voulait passer à l'ordinateur. On vous donnait, disons, une heure. C'était tout. Mais quelqu'un a découvert qu'en inscrivant une lettre plutôt qu'un nombre après *"time equals"*, comme, par exemple, t = k, on n'était pas facturé, se rappelle-t-il en rigolant. C'était un bug du programme. En inscrivant t = k, on pouvait rester là indéfiniment. »

Voyez seulement la série d'occasions qui se sont présentées à Bill Joy. Parce qu'il se trouvait à fréquenter une école d'avant-garde comme l'université du Michigan, il a pu s'exercer sur un système de temps partagé, au lieu d'avoir affaire à des cartes perforées ; parce que le système de cette université affichait un bug, il pouvait programmer autant qu'il le voulait ; parce que l'université était prête à consacrer les sommes nécessaires pour garder le centre informatique ouvert jour et nuit, il pouvait passer la nuit debout ; et parce qu'il avait pu y consacrer autant d'heures, lorsqu'on lui a présenté la possibilité de réécrire Unix, il était à la hauteur. Bill Joy était brillant. Il voulait apprendre. Cela comptait pour beaucoup. Mais avant de devenir un expert, il lui a fallu l'occasion d'apprendre *comment*.

« À l'université du Michigan, je programmais probablement huit ou dix heures par jour, poursuit-il. Puis, à Berkeley, c'était jour et nuit. J'avais un terminal chez moi. Je veillais jusqu'à 2 ou 3 heures du matin, à regarder de vieux films et à programmer. Parfois, je m'endormais sur le clavier » – il mime la chute de sa tête sur le clavier – « et vous savez, quand une touche est enfoncée jusqu'à la fin, ça fait bip, bip, bip… Au bout de trois fois, il faut aller au lit. J'étais encore relativement incompétent, même en arrivant à Berkeley. C'est au cours de ma deuxième année là-bas que j'ai commencé à être expérimenté. C'est là que j'ai écrit des programmes qui sont encore en usage aujourd'hui, trente ans plus tard. » Il fait une pause pour calculer mentalement – ce qui, pour quelqu'un comme Bill Joy, ne prend pas beaucoup de temps. Le Michigan en 1971. La programmation sérieuse en deuxième année. Ajoutons les étés, puis les jours et les nuits de sa première année à Berkeley. « Alors, disons, peut-être… dix mille heures ? Oui… À peu près ça. »

<h2 style="text-align:center">4.</h2>

La règle des dix mille heures est-elle une règle générale de réussite ? Si nous grattons sous la surface de tout grand succès, trouvons-nous toujours l'équivalent du centre informatique de l'université du Michigan, ou de l'équipe de vedettes de hockey – une occasion particulière de s'entraîner, en quelque sorte ?

Évaluons cette idée au moyen de deux exemples, et pour simplifier, choisissons-les aussi familiers que possible : les Beatles, l'un des groupes de rock les plus célèbres de l'histoire, et Bill Gates, l'un des hommes les plus riches du monde.

Les Beatles – John Lennon, Paul McCartney, George Harrison et Ringo Starr – sont arrivés aux États-Unis en 1964, ont inauguré ce qu'on a appelé l'invasion britannique de la scène musicale américaine, et leur série de disques à succès a changé la face de la musique populaire.

Ce qui nous intéresse chez les Beatles, c'est d'abord le temps qu'ils avaient déjà passé ensemble à leur arrivée aux États-Unis. Lennon et McCartney avaient commencé à jouer en duo en 1957, sept ans avant d'atterrir en Amérique. (Accessoirement, entre leur fondation et leurs plus grands succès artistiques – *Sgt. Pepper's Lonely Hearts Club Band* et *The Beatles* [l'album blanc] –, se

sont écoulés dix ans.) Et si vous examinez d'encore plus
près ces longues années de préparation, vous trouverez
une expérience qui, après les joueurs de hockey, Bill Joy
et les violonistes de calibre mondial, vous semblera étonnamment familière. En 1960, alors qu'ils n'étaient qu'un
groupe de rock sans le sou, ils ont été invités à jouer à
Hambourg, en Allemagne.

« Hambourg, à l'époque, n'avait pas de boîtes de
rock'n'roll, mais des boîtes de strip-tease, explique Philip
Norman, l'auteur de *Shout !*, une biographie des Beatles.
Il y avait un propriétaire notamment, nommé Bruno, à
l'origine un forain, qui a eu l'idée d'inviter des groupes
de rock à jouer dans divers établissements. Il y avait une
formule. C'était un immense spectacle ininterrompu, qui
durait des heures, et des tas de gens entraient et sortaient
en titubant. Et les groupes jouaient continuellement
pour retenir cette circulation. En Amérique, dans un
quartier à prostituées, on appellerait ça un strip-tease
ininterrompu.

« Un grand nombre des groupes qui jouaient à Hambourg venaient de Liverpool, poursuit Norman. C'était
par hasard. Bruno était allé à Londres pour y dénicher
des groupes, mais il a rencontré à Soho un entrepreneur
de Liverpool, descendu à Londres par pur hasard. Et il a
fait envoyer quelques groupes à Hambourg. C'est ainsi
que le rapport s'est établi. Et les Beatles ont fini par se
lier non seulement avec Bruno, mais avec d'autres propriétaires de boîtes. Ils ont continué d'y aller parce qu'ils
y trouvaient beaucoup d'alcool et de sexe. »

Et qu'y avait-il de si particulier à Hambourg ? Ce
n'était pas qu'ils étaient bien payés – ils l'étaient mal. Ni
que l'acoustique était formidable – elle ne l'était pas. Ni
que les auditoires étaient calés et à même de les apprécier
– ils étaient tout sauf cela. C'était purement le temps
pendant lequel ils étaient obligés de jouer.

Laissons John Lennon nous parler, dans cette inter-view datant d'après la séparation des Beatles, des spec-tacles du groupe dans une boîte de strip-tease de Hambourg, appelée l'Indra :

« Nous avons progressé et avons pris confiance en nous. C'était inévitable, à jouer toute la soirée. Devant des étran-gers, ça nous convenait : nous devions faire encore plus d'efforts, y mettre tout notre cœur et toute notre âme, nous dépasser.

« À Liverpool, nous n'avions jamais fait que des sessions d'une demi-heure, et nous nous contentions de nos meilleurs morceaux, chaque fois les mêmes. À Hambourg, pour rester en scène pendant huit heures, il fallait vraiment trouver une nouvelle façon de jouer. »

Huit heures ?

Pete Best, le batteur des Beatles à l'époque, le confirme : « Lorsque la nouvelle se répandait que nous étions sur le point de donner un spectacle, la boîte com-mençait à se remplir. Nous jouions sept soirs sur sept. Au départ, presque sans arrêt jusqu'à minuit trente, jus-qu'à la fermeture, mais à mesure que nous nous amélio-rions, les foules restaient la plupart du temps jusqu'à 2 heures du matin. »

Sept jours sur sept ?

Les Beatles sont donc allés à Hambourg cinq fois, de 1960 à la fin de 1962. Au cours de leur premier voyage, ils ont joué pendant cent six soirées, à raison d'au moins cinq heures chacune. À leur deuxième voyage, ils ont joué quatre-vingt-douze fois. À leur troi-sième, ils ont joué quarante-huit fois, soit pendant cent soixante-douze heures en scène. Au cours de leurs deux derniers séjours à Hambourg, en novembre et en décembre 1962, ils ont donné encore quatre-vingt-dix heures de spectacle. En tout, ils ont joué pendant deux cent soixante-dix soirées en un peu plus d'un an et demi. En fait, au moment de leur grande percée en 1964, on estime qu'ils avaient joué sur scène mille deux cents fois. Vous rendez-vous compte à quel point c'est extraordinaire ? La plupart des groupes actuels ne jouent pas mille deux cents fois dans toute leur carrière. Le creuset de Hambourg a contribué à faire des Beatles un groupe à part.

« Ils n'étaient pas bons sur scène quand ils sont arrivés, mais ils étaient très bons quand ils sont revenus, poursuit Norman. Ils n'ont pas seulement appris l'endurance. Ils ont dû apprendre une quantité incroyable de morceaux – des reprises de tout ce qu'on peut imaginer, pas seulement du rock'n'roll, un peu de jazz, aussi. Avant, ils n'étaient pas du tout disciplinés sur scène. Mais à leur retour, ils jouaient comme personne d'autre. C'est ce qui a fait d'eux ce qu'ils sont devenus. »

5.

Passons maintenant à Bill Gates. Son histoire est presque aussi connue que celle des Beatles. Un brillant et jeune génie des mathématiques découvre la programmation informatique. Décroche de Harvard. Lance avec ses amis une petite compagnie d'informatique appelée Microsoft. Par pure intelligence, ambition et hardiesse, il en fait le géant du monde du logiciel. Voilà pour les grandes lignes. Creusons un peu plus.

Le père de Gates était un riche avocat de Seattle, et sa mère, la fille d'un banquier aisé. Enfant, Bill était précoce, et les études l'ennuyaient vite. Ses parents l'ont donc sorti de l'école publique et, au début de la cinquième, l'ont envoyé à Lakeside, une école privée qui s'adressait à l'élite des familles de Seattle. Au milieu de la deuxième année de Gates à Lakeside, l'école a mis sur pied un club d'informatique.

« Chaque année, le Cercle des mères de l'école organisait une vente de charité, et on se demandait toujours à qui donner l'argent, se rappelle Gates. Une partie allait au programme d'été, qui permettait à des enfants des milieux défavorisés d'étudier sur le campus. Une partie allait aux enseignants. Cette année-là, le cercle a investi 3 000 $ dans un terminal d'ordinateur, qui a été installé dans cette étrange petite salle dont nous avons ensuite pris le contrôle. C'était assez renversant. »

C'était « renversant », bien sûr, parce que c'était en 1968. Même les collèges universitaires, pour la plupart, n'avaient pas de club d'informatique, à l'époque. Encore plus remarquable était le type d'ordinateur acheté par Lakeside. L'école n'obligeait pas ses élèves à apprendre la programmation selon le laborieux système des cartes perforées, comme c'était le cas presque partout dans les années 1960. Au lieu de ça, Lakeside a installé un modèle Télétype ASR33, un terminal en temps partagé, muni d'un lien direct avec un gros ordinateur situé au centre-ville de Seattle.

« Le temps partagé ne date que de 1965, poursuit Gates. Il y a eu un visionnaire, dans cette affaire ! » Bill Joy a eu, tôt, une occasion extraordinaire d'apprendre la programmation avec un système en temps partagé, dès sa première année à l'université, en 1972. Bill Gates a pu faire de la programmation en temps réel *comme collégien de quatrième, en 1968*.

Dès lors, Gates a élu domicile dans la salle d'informatique. Lui et plusieurs autres ont commencé à apprendre par eux-mêmes comment utiliser cet étrange nouvel appareil. Bien sûr, le temps d'utilisation du gros ordinateur auquel était branché l'ASR était coûteux – même pour une institution aussi riche que Lakeside –, et bientôt, il n'est plus rien resté des 3 000 $ avancés par le Cercle des mères. Les parents ont apporté de nouveaux fonds. Les élèves les ont dépensés.

Puis un groupe de programmeurs de l'université de Washington a formé une société du nom de Computer Center Corporation (ou C-Cubed), qui louait du temps d'ordinateur aux compagnies locales. Par chance, l'un de ses fondateurs, Monique Rona, avait à Lakeside un fils qui était plus vieux que Gates d'un an. Le club informatique de Lakeside aimerait-il tester les logiciels de la compagnie pendant les week-ends, en échange de temps de programmation gratuit ? avait-elle demandé. Absolument ! Après l'école, Gates se rendait en autobus aux bureaux de C-Cubed, et programmait jusqu'à une heure tardive.

C-Cubed a fini par faire faillite, et Gates et ses amis se sont mis à fréquenter le centre informatique de l'université de Washington. Ils ont vite trouvé une compagnie appelée ISI (Information Sciences Inc.), qui leur offrait du temps d'ordinateur gratuit s'ils travaillaient à un logiciel pouvant servir à automatiser le registre du personnel de l'entreprise. Durant sept mois, en 1971, Gates et ses acolytes ont utilisé le gros ordinateur d'ISI pendant mille cinq cent soixante-quinze heures, soit huit heures par jour, sept jours sur sept.

« C'était mon obsession, dit Gates à propos de ses premières années de collège. Je sautais les cours d'éducation physique. Je me rendais directement au local le soir. Nous programmions pendant les week-ends. Il s'est rarement passé une semaine sans que nous y consacrions vingt ou trente heures. À un moment donné, Paul Allen et moi avons eu des problèmes, pour avoir volé un tas de mots de passe et fait planter le système. On nous a mis à la porte. Je n'ai pas pu utiliser l'ordinateur de tout l'été. À l'époque, j'avais 15 ou 16 ans. Puis Paul a trouvé un ordinateur disponible à l'université de Washington : il y avait des machines au centre médical et au département de physique. Elles fonctionnaient jour et nuit, mais pendant une longue période de relâche, de 3 à 6 heures du matin, elles ne servaient à rien. »

Gates s'esclaffe. « Je partais le soir, après l'heure du coucher. De chez moi, je me rendais à l'université à pied. Ou je prenais l'autobus. C'est pourquoi je suis toujours aussi généreux envers cette institution qui m'a permis de lui voler tellement de temps d'ordinateur. » (Des années plus tard, la mère de Gates confirme : « Nous nous sommes toujours demandé pourquoi il avait autant de difficulté à se lever le matin... »)

Un des fondateurs d'ISI, Bud Pembroke, reçut alors un appel de TRW, une entreprise de technologie qui venait de signer un contrat pour mettre sur pied un système informatique à l'immense centrale électrique Bonneville, dans le sud de l'État de Washington. TRW cherchait désespérément des programmeurs qui connaissaient bien le logiciel de la centrale. À cette époque lointaine de la révolution informatique, il était difficile de trouver des programmeurs possédant ce genre d'expérience spécialisée.

Mais Pembroke savait exactement qui appeler : ces gars de l'école Lakeside qui avaient accumulé des milliers d'heures de temps informatique sur le gros ordinateur d'ISI. Gates était maintenant en terminale, et, d'une façon ou d'une autre, il est parvenu à convaincre ses enseignants de le laisser prendre la clef des champs pour travailler chez Bonneville, sous le prétexte d'un projet d'étude indépendant. Il a passé tout le printemps à programmer, sous la supervision d'un certain John Norton, celui qui, selon Gates, lui a plus appris en programmation que personne d'autre.

Ces cinq années, de la quatrième à la terminale, ont été pour Bill Gates l'équivalent de Hambourg pour les Beatles et, à tous égards, il a bénéficié d'une série d'occasions encore plus extraordinaire que Bill Joy.

L'occasion numéro un a été d'être envoyé à Lakeside. Combien de collèges dans le monde avaient, en 1968, accès à un terminal en temps partagé ? L'occasion numéro deux a été le fait que les mères de Lakeside aient eu suffisamment d'argent pour payer les frais d'ordinateurs de l'école. Numéro trois : quand l'argent est venu à manquer, il se trouvait que l'un des parents travaillait chez C-Cubed, une compagnie qui cherchait justement des personnes pour vérifier son code de programmation durant les week-ends, et qui ne s'en faisait pas si les week-ends se poursuivaient toute la nuit. Numéro quatre : Gates a tout simplement découvert l'existence d'ISI, et ISI avait justement besoin de quelqu'un pour travailler à son logiciel de registre du personnel. Numéro cinq : Gates habitait à distance de marche de l'université de Washington. Numéro six : l'université se trouvait avoir du temps d'ordinateur à offrir de 3 à 6 heures du matin. Numéro sept : TRW a appelé Bud Pembroke. Numéro huit : les meilleurs programmeurs que Pembroke connaissait pour ce problème particulier étaient deux lycéens. Numéro neuf : Lakeside était prête à laisser ces deux gars passer tout un trimestre à programmer à des kilomètres de là.

Et qu'est-ce que presque toutes ces occasions ont en commun ? Elles ont donné à Bill Gates du temps d'entraînement supplémentaire. Au moment où Gates a décroché de Harvard à la fin de la première année pour essayer de lancer sa propre compagnie de logiciels, il avait programmé presque sans interruption pendant sept années consécutives. Il avait *largement* dépassé les dix mille heures.

Combien d'adolescents dans le monde avaient l'expérience de Gates ? « À mon avis, on aurait eu du mal à en trouver cinquante dans le monde entier, confirme l'intéressé. C-Cubed et les trucs que nous avons faits pour le registre des employés, puis TRW – toutes ces choses-là sont arrivées ensemble. Selon moi, j'ai été en contact très étroit avec le développement du logiciel, et ce, plus jeune que quiconque à l'époque, et tout ça grâce à une incroyable série de coups de chance. »

6.

Si on rassemble les histoires des hockeyeurs, des Beatles, de Bill Joy et de Bill Gates, je crois qu'on obtient un tableau complet du chemin de la réussite. Joy, Gates et les Beatles ont tous un talent indéniable. Lennon et McCartney avaient un don musical d'un calibre qui n'apparaît qu'une fois par génération, et Bill Joy, ne l'oublions pas, avait un intellect si rapide qu'il pouvait élaborer de toutes pièces un algorithme dont la complexité a laissé ses professeurs bouche bée. Tout cela est évident.

Mais ce qui distingue vraiment leurs histoires, ce n'est pas leur talent extraordinaire, mais les occasions extraordinaires dont ils ont bénéficié. Les Beatles, pour des raisons très aléatoires, ont été invités à Hambourg. Sans Hambourg, ils auraient très bien pu prendre une voie différente. « J'ai eu beaucoup de chance », disait Bill Gates au début de notre entrevue. Cela ne veut pas dire qu'il n'est pas brillant ou n'est pas un entrepreneur exceptionnel. Cela veut tout simplement dire qu'il comprend quelle incroyable chance il a eue d'être à Lakeside en 1968.

Tous les personnages hors norme que nous avons vus jusqu'ici ont bénéficié, sous une forme ou une autre, d'occasions inhabituelles. Les coups de chance ne semblent pas être l'exception chez les milliardaires, les groupes de rock et les stars du sport. Ce serait plutôt la règle.

Permettez-moi de vous donner un dernier exemple d'occasions cachées dont bénéficient les personnages exceptionnels. Analysons autrement l'exercice du calendrier que nous avons vu au chapitre précédent avec les joueurs de hockey, en examinant cette fois les années de naissance plutôt que les mois. Pour commencer, regardez bien la liste suivante, qui répertorie les soixante-quinze personnes les plus riches de l'histoire de l'humanité. La valeur nette de chacune est calculée en dollars américains actuels. Comme vous pouvez le voir, la liste comprend des reines, des rois et des pharaons des siècles passés, ainsi que des milliardaires contemporains, tels que Warren Buffett et Carlos Slim.

Rang	Nom	Richesse (milliards de $)	Origine	Société ou source de richesse
1	John D. Rockefeller	318,3	États-Unis	Standard Oil
2	Andrew Carnegie	298,3	Écosse	Carnegie Steel Company
3	Nicolas II de Russie	253,5	Russie	Maison Romanov
4	William Henry Vanderbilt	231,6	États-Unis	Chicago Burlington and Quincy Railroad
5	Osman Ali Khan, Asaf Jah VII	210,8	Hyderabad	Monarchie
6	Andrew W. Mellon	188,8	États-Unis	Gulf Oil

7	Henry Ford	188,1	États-Unis	Ford Motor Company
8	Marcus Licinius Crassus	169,8	République romaine	Sénat romain
9	Basile II	169,4	Empire byzantin	Monarchie
10	Cornelius Vanderbilt	167,4	États-Unis	New York and Harlem Railroad
11	Alanus Rufus	166,9	Angleterre	Investissements
12	Aménophis III	155,2	Égypte ancienne	Pharaon
13	Guillaume de Warenne, 1er comte de Surrey	153,6	Angleterre	Comte de Surrey
14	Guillaume II d'Angleterre	151,7	Angleterre	Monarchie
15	Elizabeth Ire	142,9	Angleterre	Maison Tudor
16	John D. Rockefeller Jr.	141,4	États-Unis	Standard Oil
17	Sam Walton	128,0	États-Unis	Wal-Mart
18	John Jacob Astor	115,0	Allemagne	American Fur Company
19	Odon de Bayeux	110,2	Angleterre	Monarchie
20	Stephen Girard	99,5	France	Première banque des États-Unis d'Amérique
21	Cléopâtre	95,8	Égypte ancienne	Héritage ptolémaïque

22	Stephen Van Rensselaer III	88,8	États-Unis	Domaine Rensselaerswyck
23	Richard B. Mellon	86,3	États-Unis	Gulf Oil
24	Alexander Turney Stewart	84,7	Irlande	Long Island Rail Road
25	William Backhouse Astor Jr.	84,7	États-Unis	Héritage
26	Don Simon Iturbi Patiño	81,2	Bolivie	Mine d'étain de Huanuni
27	Sultan Hassanal Bolkiah	80,7	Brunei	Kral
28	Frederick Weyerhaeuser	80,4	Allemagne	Weyerhaeuser Corporation
29	Moses Taylor	79,3	États-Unis	Citibank
30	Vincent Astor	73,9	États-Unis	Héritage
31	Carlos Slim Helú	72,4	Mexique	Telmex
32	T. V. Soong	67,8	Chine	Banque centrale de Chine
33	Jay Gould	67,1	États-Unis	Union Pacific
34	Marshall Field	66,3	États-Unis	Marshall Field and Company
35	George F. Baker	63,6	États-Unis	Central Railroad of New Jersey
36	Hetty Green	58,8	États-Unis	Seaboard National Bank
37	Bill Gates	58,0	États-Unis	Microsoft

38	Lawrence Joseph Ellison	58,0	États-Unis	Oracle Corporation
39	Richard Arkwright	56,2	Angleterre	Derwent Valley Mills
40	Mukesh Ambani	55,8	Inde	Reliance Industries
41	Warren Buffett	52,4	États-Unis	Berkshire Hathaway
42	Lakshmi Mittal	51,0	Inde	Mittal Steel Company
43	J. Paul Getty	50,1	États-Unis	Getty Oil Company
44	James G. Fair	47,2	États-Unis	Consolidated Virginia Mining Company
45	William Weightman	46,1	États-Unis	Merck & Company
46	Russell Sage	45,1	États-Unis	Western Union
47	John Blair	45,1	États-Unis	Union Pacific
48	Anil Ambani	45,0	Inde	Reliance Communications
49	Leland Stanford	44,9	États-Unis	Central Pacific Railroad
50	Howard Hughes Jr.	43,4	États-Unis	Hughes Tool Company, Hughes Aircraft Company, Summa Corporation, TWA

51	Cyrus Curtis	43,2	États-Unis	Curtis Publishing Company
52	John Insley Blair	42,4	États-Unis	Delaware, Lackawanna & Western Railroad
53	Edward Henry Harriman	40,9	États-Unis	Union Pacific Railroad
54	Henry H. Rogers	40,9	États-Unis	Standard Oil Company
55	Paul Allen	40,0	États-Unis	Microsoft, Vulcan Inc.
56	John Kluge	40,0	Allemagne	Metropolitan Broadcasting Company
57	J. P. Morgan	39,8	États-Unis	General Electric, US Steel
58	Oliver H. Payne	38,8	États-Unis	Standard Oil Company
59	Yoshiaki Tsutsumi	38,1	Japon	Seibu Corporation
60	Henry Clay Frick	37,7	États-Unis	Carnegie Steel Company
61	John Jacob Astor IV	37,0	États-Unis	Héritage
62	George Pullman	35,6	États-Unis	Pullman Company
63	Collis Potter Huntington	34,6	États-Unis	Central Pacific Railroad
64	Peter Arrell Brown Widener	33,4	États-Unis	American Tobacco Company

65	Philip Danforth Armour	33,4	États-Unis	Armour Refrigerator Line
66	William S. O'Brien	33,3	États-Unis	Consolidated Virginia Mining Company
67	Ingvar Kamprad	33,0	Suède	IKEA
68	K. P. Singh	32,9	Inde	DLF Universal Limited
69	James C. Flood	32,5	États-Unis	Consolidated Virginia Mining Company
70	Li Ka-shing	32,0	Chine	Hutchison Whampoa Limited
71	Anthony N. Brady	31,7	États-Unis	Brooklyn Rapid Transit
72	Elias Hasket Derby	31,4	États-Unis	Expédition
73	Mark Hopkins	30,9	États-Unis	Central Pacific Railroad
74	Edward Clark	30,2	États-Unis	Singer Sewing Machine
75	Prince Al-Waleed ben Talal	29,5	Arabie saoudite	Kingdom Holding Company

Voyez-vous ce que cette liste a d'intéressant ? Parmi ces soixante-quinze noms, un nombre étonnant, quatorze, sont des Américains nés au cours d'un intervalle de neuf ans, au milieu du XIXe siècle. Songez-y un instant. Les historiens passent au peigne fin chaque année de l'histoire de l'humanité depuis Cléopâtre et les pharaons, cherchant dans tous les coins du monde des preuves d'une extraordinaire richesse, et presque 20 % des noms auxquels ils aboutissent proviennent d'une seule génération d'un même pays...

Voici la liste de ces Américains et leurs années de naissance :

1. John D. Rockefeller, 1839
2. Andrew Carnegie, 1835
28. Frederick Weyerhaeuser, 1834
33. Jay Gould, 1836
34. Marshall Field, 1834
35. George F. Baker, 1840
36. Hetty Green, 1834
44. James G. Fair, 1831
54. Henry H. Rogers, 1840
57. J. P. Morgan, 1837
58. Oliver H. Payne, 1839
62. George Pullman, 1831
64. Peter Arrell Brown Widener, 1834
65. Philip Danforth Armour, 1832

Comment cela se fait-il ? La réponse devient évidente si l'on y réfléchit. Dans les années 1860 et 1870, l'économie américaine a traversé ce qui a sans doute été la plus grande transformation de son histoire. C'est à cette époque-là que les chemins de fer ont été construits et que Wall Street a émergé ; à cette époque-là que la fabrication industrielle a commencé pour de bon ; à cette époque-là enfin que toutes les règles de l'économie traditionnelle ont été bousculées et repensées. Ce qu'indique cette liste, c'est l'importance véritable de votre âge à l'époque de cette transformation.

Si vous êtes né à la fin des années 1840, vous l'avez manquée. Vous étiez trop jeune pour tirer parti de cette période. Si vous êtes né dans les années 1820, vous étiez trop vieux : votre mentalité avait déjà été formée par le paradigme antérieur à la guerre civile.

Mais il y a eu un créneau particulier de neuf ans, qui était exactement ce qu'il fallait pour voir le potentiel que détenait l'avenir. Les quatorze individus de la liste ci-dessus avaient une vision et du talent. Mais, ils ont aussi reçu une occasion extraordinaire, tout comme ces joueurs de hockey et de football nés en janvier, février et mars [1].

Faisons donc le même genre d'analyse pour des gens comme Bill Joy et Bill Gates.

Si vous parlez à des anciens de la Silicon Valley, ils vous diront que le moment le plus important de la révolution de l'ordinateur personnel a été janvier 1975. C'est là que le magazine *Popular Electronics* a fait sa couverture sur une machine extraordinaire appelée l'Altair 8800. L'Altair coûtait 397 $. L'article titrait : « DÉCOUVERTE CAPITALE : UN ORDINATEUR PRÊT À MONTER ! Le premier mini-ordinateur en kit rivalise avec les modèles commerciaux. »

Pour les lecteurs de *Popular Electronics* – alors la bible du monde naissant du logiciel et des ordinateurs –, ce

---

1. Le sociologue C. Wright Mills a fait une observation supplémentaire sur ce groupe particulier des années 1830. Il a cherché les antécédents de l'élite du commerce américain, de l'ère coloniale jusqu'au xxᵉ siècle. Dans la plupart des cas, comme il fallait s'y attendre, il a découvert que les chefs d'entreprise avaient tendance à provenir de familles privilégiées. La seule exception ? Le groupe des années 1830. Cela met en évidence l'avantage d'être né dans cette décennie. C'est la seule fois de l'histoire américaine où ceux qui étaient d'origine modeste ont eu une chance réaliste d'atteindre la fortune véritable. Il écrit ceci : « Dans l'histoire des États-Unis, un garçon pauvre ambitionnant de parvenir à un grand succès en affaires avait intérêt à naître vers 1835. »

titre était une révélation. Jusqu'alors, les ordinateurs avaient été des mastodontes coûteux, comme ceux qui occupaient la pièce blanche du centre informatique de l'université du Michigan. Pendant des années, tous les mordus d'informatique et les petits génies de l'électronique avaient rêvé du jour où ils verraient un ordinateur assez petit et bon marché pour que le commun des mortels l'utilise et le possède. Ce jour était finalement arrivé.

Si janvier 1975 était l'aube de l'ère de l'ordinateur personnel, qui était en meilleure position pour en tirer avantage ? Les principes qui s'appliquent ici sont les mêmes qu'à l'ère de John Rockefeller et d'Andrew Carnegie.

« Si vous étiez trop vieux en 1975, vous aviez déjà un emploi chez IBM dès la sortie de l'université, et une fois que les gens avaient démarré chez IBM, ils avaient vraiment du mal à effectuer la transition vers le nouveau monde, explique Nathan Myhrvold, qui, pendant de nombreuses années, a été cadre supérieur chez Microsoft. Il y avait cette compagnie multimilliardaire qui fabriquait des gros ordinateurs, et si vous en faisiez partie, vous vous disiez : pourquoi perdre mon temps avec ces petits ordinateurs minables ? Ces gens avaient une idée bien arrêtée de l'industrie informatique, qui n'avait rien à voir avec cette nouvelle révolution. Ils étaient aveuglés par cette vision unique de l'informatique. Ils vivaient bien. Seulement, ils n'ont pas eu l'occasion de devenir multimilliardaires et de transformer le monde. »

En 1975, si vous aviez quitté l'université depuis quelques années, vous apparteniez au vieux paradigme. Vous veniez d'acheter une maison. Vous étiez marié. Un bébé allait arriver. Vous n'étiez pas en position de quitter un bon emploi et un salaire pour les promesses en l'air d'un ordinateur vendu en kit pour 397 $. Alors écartons tous ceux qui sont nés avant, disons, 1952.

À la même époque, cependant, vous n'auriez pas voulu être trop jeune non plus. Il fallait vraiment être là dès le début, et ce n'était pas possible si vous étiez encore au lycée. Alors, écartons aussi tous ceux qui sont nés après, disons, 1958. Autrement dit, l'âge parfait, en 1975, c'était d'être assez vieux pour faire partie de la révolution en marche, mais pas vieux au point de la manquer. Idéalement, vous deviez avoir 20 ou 21 ans, c'est-à-dire être né en 1954 ou 1955.

Il est facile de vérifier cette théorie. Quand Bill Gates est-il né ?

Bill Gates : 28 octobre 1955

C'est la date de naissance parfaite ! Gates est comme un joueur de hockey né un 1er janvier. Le meilleur ami de Gates à Lakeside était Paul Allen. Il fréquentait aussi la salle d'informatique avec Gates et partageait ces longues soirées chez ISI et C-Cubed. Allen allait fonder Microsoft avec Bill Gates. Quand Paul Allen est-il né ?

Paul Allen : 21 janvier 1953

Le troisième homme le plus riche chez Microsoft est celui qui dirige la compagnie au quotidien depuis 2000, l'un des cadres les plus respectés du monde du logiciel, Steve Ballmer. La date de naissance de Ballmer ?

Steve Ballmer : 24 mars 1956

N'oublions pas un homme tout aussi célèbre que Gates : Steve Jobs, le cofondateur d'Apple Computer. À la différence de Gates, Jobs n'appartenait pas à une famille riche et n'a pas fréquenté le centre informatique du Michigan, comme Joy. Mais on n'a pas à fouiller bien longtemps dans son enfance pour s'apercevoir qu'il a eu son Hambourg, lui aussi. Il a grandi à Mountain View, en Californie, juste au sud de San Francisco, l'épicentre

absolu de la Silicon Valley. Son voisinage était peuplé
d'ingénieurs de Hewlett-Packard, à l'époque comme
aujourd'hui l'une des sociétés d'électronique les plus
importantes du monde. Adolescent, il arpentait les marchés aux puces de Mountain View, où les amateurs et les
bricoleurs d'électronique vendaient des pièces de
rechange. Jobs a grandi en respirant l'air de l'industrie
qu'il allait plus tard dominer.

Ce paragraphe du livre *Accidental Millionaire*, l'une
des nombreuses biographies de Jobs, nous fait entrevoir
à quel point les expériences de son enfance étaient extraordinaires.

> « Il assistait à des conférences données en soirée par des
> scientifiques de Hewlett-Packard. Ces causeries concer-
> naient les derniers développements de l'électronique, et
> Jobs, selon l'un des traits caractéristiques de sa personnalité,
> mettait le grappin sur des ingénieurs de Hewlett-Packard et
> tirait d'eux un supplément d'information. Un jour, il a
> même appelé le cofondateur Bill Hewlett pour lui deman-
> der des pièces. Jobs a non seulement reçu les pièces qu'il
> avait demandées, mais il s'est arrangé pour mettre le grappin
> sur un emploi d'été. Jobs a travaillé à une chaîne d'assem-
> blage de construction d'ordinateurs et était si fasciné qu'il
> a tenté de s'en construire un. »

Attendez. *Bill Hewlett lui a donné des pièces de
rechange ?* C'est aussi fort que lorsque Bill Gates obtient
un accès illimité à un terminal en temps partagé à l'âge
de 13 ans. C'est comme si vous vous intéressiez à la
mode et que votre voisin d'enfance était Giorgio Armani.
Et quand Jobs est-il né ?

Steve Jobs : 24 février 1955

Un autre des pionniers de la révolution informatique
est Eric Schmidt. Il a dirigé Novell, une des entreprises
de logiciels les plus importantes de la Silicon Valley, et

en 2001, il est devenu le président-directeur général de Google. Sa date de naissance ?

Eric Schmidt : 27 avril 1955

Bien sûr, je ne veux pas insinuer que tous les magnats du logiciel de la Silicon Valley sont nés en 1955. Certains ne le sont pas, de même que les titans de l'industrie américaine ne sont pas tous nés au milieu des années 1830.

Mais nous voyons ici des tendances très nettes, et étonnamment, nous ne semblons pas tellement disposés à les reconnaître. Nous faisons comme si la réussite n'était qu'une question de mérite individuel. Mais aucune des vies que nous avons étudiées n'indique que les choses soient aussi simples. Ce sont des gens à qui on a donné une occasion particulière de travailler vraiment dur, qui l'ont saisie, et qui sont arrivés à l'âge adulte à une époque où le reste de la société valorisait cet effort extraordinaire. Leur réussite ne leur revenait pas entièrement. Elle était le produit du monde dans lequel ils avaient grandi.

D'ailleurs, n'oublions pas Bill Joy. S'il avait été juste un peu plus vieux et qu'il avait dû affronter la tâche ingrate de programmer avec des cartes perforées, dit-il, il aurait étudié les sciences. Bill-Joy-la-légende-de-l'informatique aurait été Bill-Joy-le-biologiste. Et s'il était arrivé quelques années plus tard, le petit créneau qui lui a donné la chance d'écrire le code qui sous-tend Internet se serait refermé. De même, Bill-Joy-la-légende-de-l'informatique aurait bien pu être Bill-Joy-le-biologiste. Quand Bill Joy est-il né ?

Bill Joy : 8 novembre 1954

Après son passage à Berkeley, Joy allait devenir un des quatre fondateurs de Sun Microsystems, une compagnie de logiciels qui figure parmi les plus anciennes et les plus importantes de la Silicon Valley. Et si vous croyez encore que les hasards du temps, du lieu et de la naissance n'ont pas tellement d'importance, voici les dates de naissance des trois autres fondateurs de Sun Microsystems :

Scott McNealy : 13 novembre 1954
Vinod Khosla : 28 janvier 1955
Andy Bechtolsheim : 30 septembre 1955

Chapitre 3

L'ENNUI AVEC LES GÉNIES

(première partie)

> « Peu importe le QI d'un garçon, si
> on a affaire à une classe entière de gar-
> çons brillants. »

1.

Au cinquième épisode de la saison 2008, le jeu télévisé américain *1 vs. 100* avait pour invité spécial un certain Christopher Langan.

Cette émission fait partie d'une des nombreuses qui ont suivi le succès phénoménal de *Who Wants to Be a Millionaire ?* (Qui veut gagner des millions ?). Elle met en scène une galerie permanente de cent personnes ordinaires formant « la foule ». Chaque semaine, celles-ci rivalisent d'intelligence avec un invité spécial. L'enjeu est d'un million de dollars. L'invité doit être suffisamment intelligent pour répondre correctement à un plus grand nombre de questions que ses cent adversaires – et selon ce critère, peu d'entre eux ont jamais semblé aussi superbement qualifiés que Christopher Langan.

« Ce soir, la foule affrontera son plus féroce adversaire à ce jour, lance le commentateur. Voici Chris Langan, que beaucoup surnomment l'"Homme le plus intelligent

des États-Unis". » La caméra effectue un lent pano-
ramique d'un homme trapu et musclé, dans la cinquantaine. « En moyenne, une personne lambda a un QI
de 100, poursuit le commentateur. Einstein, 150. Chris
a un QI de 195. Il consacre actuellement son puissant
cerveau à une théorie de l'univers. Mais ses méninges
d'exception lui permettront-elles de défaire la foule pour
un million de dollars ? Découvrez-le dès maintenant,
dans *1 vs. 100*. »

Langan fait son entrée sur le plateau au milieu
d'applaudissements déchaînés.

« D'après vous, il n'est pas nécessaire d'avoir un intellect performant pour réussir à *1 vs. 100*, n'est-ce pas ? »
lui demande l'animateur, Bob Saget. Il jette un drôle de
regard à Langan, comme s'il était une sorte de spécimen
de laboratoire.

« À vrai dire, ça pourrait même être un inconvé-
nient », répond Langan. Sa voix est grave et assurée.
« Pour arriver à un QI élevé, on a tendance à se spéciali-
ser, à concevoir des pensées profondes. On évite les tri-
vialités. Mais maintenant que je vois ces gens… » – il
lance un coup d'œil à la foule, et on se rend bien
compte, à l'étincelle amusée dans son regard, à quel
point la situation lui semble absurde – « … je pense que
je vais bien m'en sortir. »

Au cours de la dernière décennie, Chris Langan a
atteint un étrange type de célébrité. Il est devenu pour
les Américains le visage public du génie, un phénomène
célèbre. On l'invite à des émissions d'actualité, des maga-
zines lui consacrent des portraits, et le cinéaste Errol
Morris en a fait le sujet d'un documentaire, tout cela à
cause d'un cerveau qui semble difficile à décrire.

Un jour, l'émission d'actualités *20/20* a fait appel à un
neuropsychologue pour faire passer à Langan un test de
QI : le score était littéralement hors norme – trop élevé

pour être mesuré avec précision. Une autre fois, Langan s'est soumis à un test de QI spécialement conçu à l'intention des gens trop intelligents pour les tests de QI ordinaires. Il a donné toutes les bonnes réponses, sauf une [1].

À six mois, il parlait. À 3 ans, il écoutait, le dimanche, un annonceur lire à la radio les bandes dessinées à haute voix, et suivait par lui-même jusqu'à ce qu'il apprenne tout seul à lire. À 5 ans, il a commencé à interroger son grand-père sur l'existence de Dieu – et se rappelle qu'il avait été déçu des réponses qu'il lui avait données.

À l'école, Langan pouvait passer un examen de langue étrangère sans avoir étudié, et s'il avait deux ou trois minutes avant l'arrivée de l'enseignant, il parcourait rapidement le manuel et terminait le test avec la note la plus élevée. Au début de son adolescence, alors qu'il travaillait comme garçon de ferme, il a commencé à étudier à fond la physique théorique. À 16 ans, il est venu à bout des *Principia Mathematica*, le chef-d'œuvre de Bertrand Russell et Alfred North Whitehead, réputé pour son caractère abscons. Il a obtenu un score parfait au SAT (le test de fin d'études américain), même s'il s'est endormi pendant l'examen.

« Il faisait des mathématiques pendant une heure, explique son frère Mark à propos de la routine d'été de Langan au lycée. Puis il étudiait le français durant une heure, puis le russe. Ensuite il lisait la philosophie. Il s'y tenait religieusement, tous les jours. »

Un autre de ses frères, Jeff, raconte ceci : « Vous savez, quand Christopher avait 14 ou 15 ans, il dessinait, mine de rien, comme si ce n'était rien du tout, et le résultat ressemblait à une photo. À 15 ans, il pouvait égaler Jimi Hendrix, riff pour riff, à la guitare. La moitié du temps,

---

1. Le test de super QI a été créé par Ronald K. Hoeflin, lui-même doté d'un QI exceptionnellement élevé.

Christopher n'allait pas du tout à l'école. Il se contentait d'arriver aux examens, et ils ne pouvaient rien lui dire. Pour nous, c'était hilarant. En lisant des manuels à toute vitesse, il pouvait comprimer en deux jours l'équivalent d'un semestre, s'occuper de ses affaires quotidiennes, puis revenir à ce qu'il était en train de faire au départ [1]. »

Sur le plateau de *1 vs. 100*, Langan était posé et confiant. Sa voix était grave. Ses petits yeux brillaient. Il ne tournait pas autour du pot en cherchant la bonne expression, et ne revenait pas sur ses phrases. D'ailleurs, il ne disait ni euh, ni ah, et n'utilisait aucune forme

---

1. Pour nous faire une idée du jeune Chris Langan, considérons cette description d'un enfant nommé « L », qui avait un QI de la même envergure que celui de Langan, soit 200. Elle est tirée d'une étude de Leta Stetter Hollingworth, l'un des premiers psychologues à avoir étudié les enfants exceptionnellement doués. Comme on le voit à la lecture de cette description, un QI de 200 est vraiment très, très élevé : « L'érudition du jeune L était renversante. Sa passion pour la précision et la minutie érudite a établi une norme élevée de performance. Il était relativement costaud, robuste et impressionnant, et on le surnommait affectueusement "Professeur". Ses attitudes et capacités étaient appréciées à la fois des élèves et des enseignants. On le laissait souvent donner des causeries – qui duraient parfois jusqu'à une heure – sur un sujet particulier, comme l'histoire des horloges, les théories anciennes de la construction d'engins, les mathématiques et l'histoire. Il a construit avec des rebuts (des bobines de rubans de machine à écrire, par exemple) une horloge maison du genre pendule, pour illustrer certains des principes de la chronométrie, et cette horloge a été installée devant la classe durant l'unité d'enrichissement sur "le temps et sa mesure". Ses carnets étaient des merveilles de commentaire érudit.

« Mécontent de ce qu'il considérait comme le traitement inadéquat du voyage terrestre dans un cours sur le transport, il a reconnu que le temps était trop court pour faire justice à tout le sujet. Mais il a insisté pour dire qu'"au moins, on aurait dû tenir compte de la théorie ancienne". En tant que projet supplémentaire et volontaire, "il a apporté des dessins élaborés et des comptes rendus des anciennes théories des engins, des locomotives, etc."... Il avait alors 10 ans. »

d'atténuation de la conversation : ses phrases sortaient avec fermeté, à la suite, polies et nettes, comme des soldats dans un défilé. Chaque question que Saget lui envoyait, il la balayait, comme si elle était triviale. Lorsque ses gains ont atteint 250 000 $, il a paru faire un bref calcul mental : s'il restait, les risques de tout perdre devenaient plus grands que les bénéfices potentiels. Il s'est arrêté abruptement. « Je vais prendre l'argent », a-t-il dit. Il a serré fermement la main de Saget, et c'était tout – il est sorti au sommet, comme nous aimons le croire de tous les génies.

2.

Juste après la Première Guerre mondiale, Lewis Terman, un jeune professeur de psychologie à l'université Stanford, rencontra un garçon remarquable, du nom d'Henry Cowell. Cowell avait été élevé dans la pauvreté et le chaos. Parce qu'il ne s'entendait pas bien avec les autres enfants, il avait quitté l'école à l'âge de 7 ans. Cowell occupait un emploi de gardien pour une petite école primaire, non loin du campus de Stanford, et dans la journée, il délaissait souvent ses tâches pour aller jouer sur le piano de l'école. Et la musique qu'il produisait était sublime.

La spécialité de Terman était les tests d'intelligence, et le test de QI standard que des millions de gens dans le monde allaient utiliser au cours des cinquante années suivantes, le Stanford-Binet, était sa création. Il a donc décidé de tester le QI de Cowell. Ce garçon est *sûrement* intelligent, se dit-il, et effectivement, il l'était. Il avait un QI supérieur à 140, proche du génie. Terman était fasciné. Combien d'autres diamants bruts pouvait-il trouver ?

Il se mit à en chercher d'autres. Il découvrit une fille qui connaissait l'alphabet à dix-neuf mois, et une autre qui lisait Dickens et Shakespeare avant d'avoir eu 4 ans. Il trouva un jeune homme qui avait été mis à la porte de la faculté de droit parce que ses professeurs refusaient de croire qu'un être humain puisse reproduire, sans erreur et de mémoire, de longs passages d'avis juridiques.

En 1921, Terman décida de consacrer sa vie à l'étude des enfants surdoués. Armé d'une importante subvention de la Commonwealth Foundation, il rassembla une équipe d'enquêteurs qu'il envoya dans des écoles primaires de Californie. Il demanda aux enseignants de désigner les élèves les plus brillants de leur classe. Ces enfants furent soumis à un test d'intelligence. Les élèves dont les résultats figuraient parmi les 10 % les plus élevés étaient alors soumis à un deuxième test de QI. Ceux dont le résultat était alors supérieur à 130 étaient soumis à un troisième test de QI. À partir de cet ensemble de résultats, Terman sélectionna les meilleurs des meilleurs.

À la fin, Terman avait trié les dossiers de quelque 250 000 élèves d'écoles primaires et secondaires, et identifié 1 470 enfants dont le QI atteignait en moyenne 140 et pouvait aller jusqu'à 200. Ce groupe de jeunes génies, qu'on allait surnommer les « Termites », ont été les sujets de ce qui deviendrait une des études psychologiques les plus célèbres de l'histoire.

Comme une mère poule, Terman a passé le reste de sa vie à surveiller les enfants dont il avait la charge. Ils étaient suivis et testés, mesurés et analysés. Leurs résultats scolaires étaient notés, leurs mariages consignés, leurs maladies présentées en colonnes, leur santé psychologique mise en tableaux, et toute promotion et mutation minutieusement enregistrée. Terman a rédigé pour ses recrues des lettres de recommandation pour des emplois et des candidatures au troisième cycle d'université. Il leur a sans cesse prodigué conseils et soutien, consignant chaque fois ses découvertes dans d'épais volumes rouges intitulés *Genetic Studies of Genius*.

« Chez un individu, rien n'est aussi important que son QI, sauf peut-être sa morale », a un jour déclaré Terman. Et c'est vers ceux qui ont un QI très élevé, croyait-il, que « nous devons nous tourner pour produire des leaders qui feront progresser la science, les arts, le gouvernement, l'éducation et le bien-être de la société en général ».

À mesure que ses sujets grandissaient, Terman annonçait leurs progrès, tenant la chronique de leurs extraordinaires réussites. « Il est presque impossible, écrivit-il, électrisé, alors que les enfants dont il avait la charge étaient au lycée, de lire un article de journal sur une compétition ou une activité quelconque à laquelle participent des garçons et des filles de Californie, sans trouver parmi les gagnants les noms d'au moins un membre de notre groupe de surdoués. »

Il a demandé à des critiques littéraires de comparer des extraits d'écrits de certains de ses sujets ayant des prédispositions artistiques aux premiers écrits d'auteurs célèbres. Les critiques n'y voyaient aucune différence. Tous les signes, disait le chercheur, convergeaient vers un groupe qui avait le potentiel d'une « stature héroïque ». Terman croyait que ses Termites étaient destinés à devenir la future élite des États-Unis.

Aujourd'hui, un grand nombre des idées de Terman sont encore au cœur de notre façon d'envisager la réussite. Des écoles offrent des programmes pour surdoués. Des universités prestigieuses exigent souvent de leurs candidats qu'ils se soumettent à un test d'intelligence (comme le SAT). Des sociétés de haute technologie comme Google ou Microsoft mesurent soigneusement les capacités cognitives des employés potentiels, et ce, à

partir de la même croyance : elles sont convaincues que
ceux qui sont à l'extrémité supérieure de l'échelle du QI
ont le plus grand potentiel. (Chez Microsoft, c'est bien
connu, les candidats à l'emploi se voient poser une salve
de questions conçues pour tester leur intelligence, y
compris le classique « Pourquoi les couvercles de bouches
d'égout sont-ils circulaires ? ». Si vous ne connaissez pas
la réponse à cette question, c'est que vous n'êtes pas
suffisamment intelligent pour travailler chez Microsoft [1].)

Si j'avais des pouvoirs magiques et que je vous propo-
sais d'élever votre QI de 30 points, vous diriez oui,
n'est-ce pas ? Vous tiendriez pour acquis que cela vous
aiderait à avancer dans le monde. Et lorsque nous enten-
dons parler de quelqu'un comme Chris Langan, notre
réaction instinctive est la même que celle de Terman lorsqu'il a rencontré Henry Cowell, il y a presque un siècle :
nous sommes en admiration. Quoi de plus hors norme
qu'un génie ? Ils sont capables de tout.

Mais est-ce bien vrai ?

Jusqu'ici, dans le présent ouvrage, nous avons vu
qu'une réalisation extraordinaire est moins une affaire de
talent que d'occasions. Dans ce chapitre, je veux tenter
d'en comprendre davantage la raison, en examinant la
personne hors norme par excellence : le génie.

Depuis des années, nous prenons appui sur des gens
comme Terman pour comprendre l'importance d'une
grande intelligence. Mais comme nous le verrons,
Terman s'est trompé. Il avait tort à propos de ses Termites, et s'il était tombé sur le jeune Chris Langan,
plongé dans les *Principia Mathematica* à l'âge de 16 ans,

---

1. La réponse est qu'un couvercle de bouche d'égout circulaire ne
peut tomber dans le trou, même si on le tourne en tous sens. Un
couvercle rectangulaire peut tomber : il suffit de le pencher de côté.
Voilà : maintenant, vous pouvez décrocher un emploi chez Microsoft.

il se serait trompé sur son compte, et pour la même raison. Terman ne comprenait pas ce qu'était un véritable phénomène d'exception, et c'est une erreur que nous faisons encore à ce jour.

3.

Un des tests d'intelligence les plus fréquemment utilisés s'appelle les Matrices progressives de Raven. Il n'exige aucune compétence linguistique, ni aucun ensemble particulier de connaissances acquises. Il permet de mesurer la capacité de raisonnement abstrait.

Un test de Raven typique comporte quarante-huit éléments, chacun plus difficile que le précédent, et le QI est calculé à partir du nombre de réponses correctes.

Voici le genre de problème qu'on demande de résoudre dans les tests de Raven :

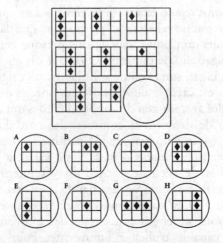

Avez-vous pigé ? J'imagine que oui pour la plupart d'entre vous. La bonne réponse est C. Maintenant, essayez celui-ci. C'est le genre de problème vraiment difficile qui arrive vers la fin des tests de Raven :

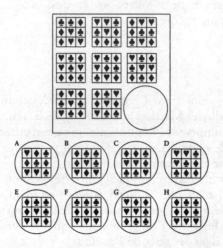

La réponse correcte est A. Je dois avouer que je n'ai pas pu résoudre celle-ci, et je suppose que la plupart d'entre vous non plus. Mais je suis presque certain que Chris Langan, lui, le pourrait. Quand je dis que des gens comme Langan sont vraiment brillants, cela signifie que leur esprit est capable de résoudre des puzzles de ce type.

Au fil des ans, un grand nombre d'études ont été effectuées afin de déterminer comment le score d'une personne au cours d'un test de QI comme les Matrices se traduit par une réussite dans la vraie vie. Les gens qui sont au bas de l'échelle – avec un QI inférieur à 70 – sont considérés comme des handicapés mentaux. Un résultat de 100 est dans la moyenne ; vous devez probablement vous situer juste au-dessus de ce niveau si vous avez été capable d'aller à l'université. Pour suivre et réussir un programme de troisième cycle raisonnablement concurrentiel, toutefois, il vous faut probablement un QI d'au moins 115. En général, plus votre résultat est élevé, plus votre niveau d'études sera important, plus vous serez susceptible de gagner de l'argent et – croyez-le ou non –, plus vous vivrez longtemps.

Mais il y a une ombre au tableau. La relation entre le succès et le QI ne fonctionne que jusqu'à un certain point. Lorsqu'on atteint un QI d'environ 120, le fait d'avoir des points de QI additionnels ne semble pas se traduire en avantage mesurable dans le monde réel [1].

« Il a été abondamment démontré qu'une personne au QI de 170 est plus susceptible de bien réfléchir qu'une autre au QI de 70, écrit le psychologue britannique Liam Hudson, et cela reste vrai si on compare des QI beaucoup plus rapprochés – 100 et 130, disons. Mais la relation ne semble plus tenir si on compare deux personnes

---

1. Le « fondamentaliste du QI » Arthur Jensen l'exprime ainsi dans son livre édité en 1980, *Bias in Mental Testing* (p. 113) : « Les quatre régions seuils les plus importantes, du point de vue social et personnel, sur l'échelle du QI, sont celles qui différencient avec une forte probabilité des personnes qui, en raison de leur degré d'aptitude mentale générale, peuvent ou non fréquenter une école ordinaire (QI d'environ 50), peuvent ou non maîtriser les matières traditionnelles de l'école primaire (QI d'environ 75), peuvent ou non réussir au collège universitaire le programme préparatoire à l'université (QI d'environ 105), peuvent ou non obtenir un diplôme universitaire après un programme de quatre ans avec des résultats qui les qualifieraient pour être admis dans une école professionnelle ou de troisième cycle (QI d'environ 115). Au-delà, le niveau de QI est d'une importance toute relative lorsqu'on aspire à une occupation ordinaire ou à la réussite. Cela ne veut pas dire pour autant qu'il n'y ait aucune différence véritable entre les capacités intellectuelles représentées par des QI de 115 et de 150, ni même entre des QI de 150 et de 180. Mais les différences de QI dans cette partie supérieure de l'échelle ont des implications beaucoup moins personnelles que les seuils que nous venons de décrire, et qui sont généralement d'une importance moindre, sur le plan de la réussite au sens populaire, que certains traits de personnalité et de caractère. »

aux QI relativement élevés… Un scientifique plus âgé
dont le QI à l'âge adulte est de 130 a autant de chances
de remporter un prix Nobel que celui dont le QI est
de 180. »

Ce que Hudson veut dire ici, c'est que le QI est comparable à la taille dans le domaine du basket-ball. Quelqu'un qui fait 1,68 m a-t-il une chance raisonnable de
jouer au basket-ball professionnel ? Pas vraiment. Vous
devez faire au moins 1,83 m ou 1,85 m pour jouer à cet
échelon et, toutes choses étant égales par ailleurs, il vaut
probablement mieux faire 1,88 m que 1,85 m, et 1,91 m
vaut mieux que 1,88 m. Mais au-delà d'un certain point,
la taille cesse d'avoir autant d'importance. Un joueur qui
fait deux mètres n'est pas nécessairement meilleur que
celui qui a cinq centimètres de moins. (Après tout,
Michael Jordan, l'un des meilleurs joueurs de tous les
temps, faisait 1,98 m.) Il suffit en fait qu'un joueur de
basket-ball soit *suffisamment grand* – et il en va de même
pour l'intelligence. L'intelligence a un seuil.

Le présentateur de l'épisode de *1 vs. 100* soulignait
qu'Einstein avait un QI de 150 et que celui de Langan
est de 195. Le QI de Langan est 30 % plus élevé que
celui d'Einstein. Mais cela ne veut pas dire que Langan
soit 30 % plus intelligent qu'Einstein. C'est ridicule.
Tout ce qu'on peut dire, c'est que pour des matières vraiment difficiles comme la physique, ils sont, tous les
deux, *suffisamment intelligents*.

L'idée que le QI a un seuil, je m'en rends compte, est
contraire à l'intuition. Nous supposons, par exemple,
que les lauréats du prix Nobel en sciences ont le QI le
plus élevé qu'on puisse imaginer, qu'ils sont du genre à
obtenir des résultats parfaits à leurs examens d'entrée à
l'université, qu'ils ont remporté toutes les bourses possibles, et que leurs résultats au lycée étaient si impres-

sionnants qu'ils ont été chassés par les plus grandes universités du pays.

Mais jetez un coup d'œil à la liste suivante, celle des institutions où les vingt-cinq derniers prix Nobel américains de médecine (2007 et avant) ont obtenu leur licence.

> Antioch College
> Université Brown
> Université de Californie à Berkeley
> Université de Washington
> Université Columbia
> Institut de technologie Case
> MIT
> Caltech
> Université Harvard
> Hamilton College
> Université Columbia
> Université de Caroline du Nord
> Université DePauw
> Université de Pennsylvanie
> Université du Minnesota
> Université Notre-Dame
> Université Johns Hopkins
> Université Yale
> Union College, Kentucky
> Université de l'Illinois
> Université du Texas
> Holy Cross
> Amherst College
> Gettysburg College
> Hunter College

Personne ne dirait que cette liste d'universités représente les choix de l'élite des lycéens américains. Elle comprend Yale, Columbia et le MIT, certes, mais aussi DePauw, Holy Cross et le Gettysburg College. C'est une liste de *bonnes* écoles.

De même, voici les universités des derniers Nobel américains de chimie :

City College de New York
City College de New York
Université Stanford
Université de Dayton, Ohio
Rollins College, Floride
MIT
Grinnell College
MIT
Université McGill
Institut de technologie de Géorgie
Université wesleyenne de l'Ohio
Université Rice
Hope College
Université Brigham Young
Université de Toronto
Université du Nebraska
Dartmouth College
Université Harvard
Berea College
Augsburg College
Université du Massachusetts
Université de l'État de Washington
Université de Floride
Université de Californie à Riverside
Université Harvard

Pour recevoir un prix Nobel, il faut apparemment avoir l'intelligence nécessaire pour s'inscrire dans une université au moins aussi bonne que Notre-Dame ou l'université de l'Illinois. C'est tout [1].

---

1. Précisons : il est encore vrai que Harvard produit plus de Nobel que toute autre école. Il suffit de parcourir ces listes. Harvard apparaît sur les deux listes, trois fois au total. Une école comme Holy Cross n'y figure qu'une fois. Mais ne serait-il pas normal que des écoles comme Harvard remportent plus de prix Nobel ? Après tout, Harvard

C'est une idée extravagante, n'est-ce pas ? Supposez que votre adolescente découvre qu'elle a été acceptée par deux universités – Harvard et l'université de Georgetown, à Washington. Où préférez-vous qu'elle aille ? À Harvard, j'imagine, car Harvard est une « meilleure » école. Aux examens d'entrée, ses étudiants ont des résultats supérieurs d'au moins 10 % à 15 %.

Mais étant donné ce que nous sommes en train d'apprendre sur l'intelligence, l'idée d'un classement des écoles, comme si c'étaient des coureurs, est absurde. Les étudiants de Georgetown ne sont peut-être pas aussi brillants, sur une échelle absolue, que les étudiants de Harvard, mais ils sont tous, clairement, assez intelligents, et de futurs Nobel proviennent autant d'écoles comme Georgetown que d'écoles comme Harvard.

Le psychologue Barry Schwartz a récemment proposé l'idée que les écoles d'élite abandonnent leur complexe processus d'admission et organisent tout simplement une loterie pour tous ceux dont l'intelligence est supérieure au seuil. « Placez les gens dans deux catégories, dit Schwartz. "Assez bons" et "pas assez bons". Ceux qui sont assez bons, on met leurs noms dans un chapeau. Et ceux qui ne sont pas assez bons, on les refuse. » Schwartz reconnaît que son idée n'a presque aucune chance d'être acceptée, et il a absolument raison. Comme l'écrit Liam Hudson (et gardez à l'esprit qu'il a effectué sa recherche dans des pensionnats anglais de garçons dans les années 1950 et 1960), « peu importe le QI d'un garçon *si on a affaire à une classe entière de garçons brillants* [1] ».

---

est l'école la plus riche, la plus prestigieuse de l'histoire, et peut choisir les étudiants les plus brillants du monde entier.

1. Pour mesurer le degré d'absurdité qu'a atteint le processus de sélection dans les écoles d'élite du Nord-Est américain, examinez les statistiques suivantes. En 2008, 27 462 des collégiens les plus qualifiés du monde ont posé leur candidature à Harvard. Parmi ces étudiants,

Permettez-moi de vous donner un exemple concret de l'effet de seuil. La faculté de droit de l'université du Michigan, comme beaucoup d'universités d'élite aux États-Unis, utilise des mesures de discrimination positive pour les candidats de familles défavorisées. Chaque automne, environ 10 % des nouveaux étudiants font partie de minorités raciales, et la faculté estime que si elle ne relâchait pas largement ses exigences d'admission pour ces étudiants – en les admettant avec des notes de baccalauréat et des résultats de tests standard moins élevés que tous les autres –, ce pourcentage serait inférieur à 3 %. De plus, si nous comparons les résultats d'étudiants issus de minorités avec ceux d'étudiants blancs, nous voyons que ces derniers s'en tirent mieux. Ce n'est pas étonnant : si un groupe a des notes et des résultats de tests plus élevés que l'autre, il obtiendra presque certainement aussi des notes plus élevées à la faculté de droit.

Voilà une raison pour laquelle les mesures de discrimination positive sont si controversées. En fait, une attaque menée contre les mesures de discrimination positive mises en place à l'université du Michigan s'est récemment rendue jusqu'à la Cour suprême des États-Unis. Pour bien des gens, il est troublant qu'une université d'élite admette des étudiants moins qualifiés que leurs pairs.

---

2 500 ont obtenu un score parfait de 800 au test de lecture critique du SAT, et 3 300 avaient un score parfait au test de mathématiques. Plus de 3 300 avaient terminé au premier rang de leur promotion au lycée. Combien Harvard en a-t-elle accepté ? Environ 1 600, ce qui veut dire qu'elle a rejeté 93 % des candidats. Peut-on vraiment dire que tel étudiant est bon pour Harvard et un autre non, alors que les deux ont des résultats scolaires identiques… et parfaits ? Bien sûr que non. Harvard est malhonnête. Schwartz a raison. On devrait tout simplement organiser une loterie.

Il y a quelques années, cependant, l'université du Michigan a décidé d'examiner de près le degré de réussite de ses diplômés issus de minorités. Quels étaient leurs revenus ? À quel échelon de leur profession étaient-ils parvenus ? Dans quelle mesure étaient-ils satisfaits de leur carrière ? Quel genre de contributions sociales et communautaires avaient-ils apportées ? Quel type d'honneurs avaient-ils remportés ? Tout ce qui pouvait indiquer un succès dans le monde réel a été examiné. Et les résultats ont été étonnants.

« Nous savions que beaucoup de nos étudiants issus de minorités avaient réussi, dit Richard Lempert, l'un des auteurs de l'étude du Michigan. Je crois que nous nous attendions à trouver un verre à moitié plein ou aux deux tiers plein, à découvrir que dans l'ensemble ils n'avaient peut-être pas réussi aussi bien que les étudiants blancs, même si malgré tout, un grand nombre d'entre eux étaient plutôt prospères. Mais nous avons été totalement surpris. Nous avons découvert qu'ils s'en sortaient tout aussi bien que les autres ! Nulle part nous n'avons vu d'écart sérieux. »

Ce que dit Lempert, c'est que, selon le seul critère qui devrait vraiment préoccuper une faculté de droit – la réussite de ses diplômés dans le monde réel –, les étudiants issus de minorités ne sont pas moins qualifiés. Ils ont réussi tout autant que les étudiants blancs. Et pourquoi ? Parce que même si, à l'université du Michigan, les résultats scolaires des étudiants issus de minorités ne sont pas aussi bons que ceux des étudiants blancs, les étudiants de la faculté de droit sont d'un niveau suffisamment élevé pour être tout de même *au-dessus du seuil*. Ils sont *suffisamment* intelligents. Peu importent les résultats de tests d'un étudiant en droit donné, si on a affaire une classe entière d'étudiants en droit brillants.

4.

Creusons encore l'idée de seuil. Si l'intelligence n'a qu'une importance relative, passé un certain point, d'autres facteurs – qui n'ont rien à voir avec l'intelligence – doivent commencer à prendre plus d'importance. Encore une fois, c'est comme au basket-ball : lorsque la taille est suffisante, on commence à considérer la vitesse, l'esprit d'équipe, l'agilité, l'habileté à manipuler le ballon et la finesse du lancer.

Alors, que pourraient bien être ces autres facteurs ? Eh bien, supposons qu'au lieu de mesurer votre QI, je vous fais passer un test d'un genre entièrement différent.

Trouvez le plus d'usages possible aux objets suivants :

1. une brique
2. une couverture

Voilà un exemple de ce qu'on appelle un « test de divergence » (par opposition à celui des Matrices, par exemple, qui vous demande de trier une liste de possibilités et de converger vers la bonne réponse). Ce genre de test mobilise votre imagination et emmène votre esprit dans un maximum de directions possible.

Avec un test de divergence, de toute évidence, il y a plus d'une bonne réponse. Le testeur cherche le nombre et le caractère unique de vos réponses. Et le test mesure non pas l'intelligence analytique, mais quelque chose de profondément différent – la créativité. Les tests de divergence sont tout aussi difficiles que les tests de convergence, et si vous ne le croyez pas, je vous encourage à faire une pause et à essayer tout de suite le test de la brique et de la couverture.

Voici, par exemple, les réponses au test sur les différents usages d'objets, recueillies par Liam Hudson auprès d'un étudiant nommé Poole, dans un lycée britannique d'élite :

> **(Brique)** L'utiliser dans le pillage de vitrines. Aider à maintenir une maison en place. L'utiliser dans un jeu de roulette russe qui permet aussi de rester en forme (poser des briques à dix pas, se retourner et lancer – aucune manœuvre dilatoire n'est permise). Pour retenir l'édredon sur un lit, fixer une brique à chaque coin. Pour casser des bouteilles de Coca-Cola vides.
>
> **(Couverture)** L'utiliser sur un lit. L'utiliser pour couvrir une activité sexuelle illicite dans les bois. S'en servir comme une tente. Pour faire des signaux de fumée. Comme voile pour un bateau, un carrosse ou un traîneau. Pour remplacer une serviette. Comme cible pour les exercices de tir pour des myopes. Pour attraper des gens qui sautent en bas de gratte-ciel en feu.

Il n'est pas difficile, en lisant les réponses de Poole, d'avoir une idée du fonctionnement de son esprit. Il est drôle. Il est un peu subversif et libidineux. Il a du flair pour les événements dramatiques. Son esprit bondit d'une imagerie violente au sexe, puis aux gens qui sautent de gratte-ciel en feu, à des questions très pratiques, comme la manière de faire tenir une couette sur un lit. Il nous donne l'impression que si nous lui donnions encore dix minutes, il trouverait vingt autres usages [1].

---

1. Voici les réponses d'un autre étudiant. Elles sont peut-être encore meilleures que celles de Poole :

« (Brique) Casser des fenêtres pour voler, déterminer la profondeur des puits, utiliser comme munitions, en tant que pendule, pour pratiquer la sculpture, construire un mur, démontrer le principe d'Archimède, en tant qu'élément d'une sculpture abstraite, un gourdin, du lest, un poids pour laisser tomber des choses dans la rivière, etc., en tant que marteau, pour garder une porte ouverte, pour essuyer les semelles, en tant que gravats pour remplir un sentier, en tant que cale, pour lester une balance, pour stabiliser une table bancale, en

Maintenant, à titre de comparaison, voici les réponses d'un autre étudiant provenant de l'échantillon de Hudson. Ce garçon s'appelle Florence. Hudson nous dit que Florence est un prodige, et qu'il possède l'un des QI les plus élevés de son école.

> **(Brique)** Construire des choses, lancer.
> **(Couverture)** Garder au chaud, éteindre un feu, l'attacher aux arbres pour y dormir (comme un hamac), civière improvisée.

Où est l'imagination de Florence ? Il a identifié les usages les plus courants et les plus fonctionnels de briques et de couvertures, et s'est tout simplement arrêté. Le QI de Florence est plus élevé que celui de Poole. Mais cela ne veut pas dire grand-chose, car les deux étudiants sont au-dessus du seuil. Ce qui est plus intéressant, c'est que l'esprit de Poole peut passer sans embarras de l'imagerie violente au sexe, à des gens qui sautent d'édifices, contrairement à celui de Florence. Alors, lequel de ces deux étudiants, d'après vous, est mieux à même d'effectuer le genre de travail brillant et imaginatif qui permet de remporter le prix Nobel ?

C'est la seconde raison pour laquelle des lauréats du prix Nobel viennent de Holy Cross autant que de Harvard, car Harvard ne choisit pas ses étudiants en fonction de leurs résultats au test sur les différents usages d'une brique – alors que ce test est peut-être mieux à même de prédire les prédispositions au prix Nobel. C'est aussi une raison pour laquelle la faculté de droit de l'université du Michigan n'a trouvé aucune différence entre ses diplômés inscrits grâce aux mesures de discrimination positive et le reste de ses anciens. Être un avocat prospère, c'est une

---

tant que presse-papier, en tant que foyer, pour bloquer un terrier de lapin. »

affaire qui dépasse, de loin, le QI. Cela signifie qu'on a un esprit fertile, comme celui de Poole. Et le seul fait que les étudiants du Michigan issus de minorités aient des résultats inférieurs aux tests de convergence ne veut pas dire qu'ils ne sont pas abondamment pourvus de cette autre caractéristique cruciale.

5.

Telle a été l'erreur de Terman. Il est tombé en pâmoison devant le fait que ses Termites se trouvaient au pinacle absolu de l'échelle intellectuelle – dans les 1 % des 1 % – sans s'apercevoir du peu d'importance de ce fait apparemment extraordinaire.

Lorsque les Termites ont atteint l'âge adulte, l'erreur de Terman a été facile à déceler. Certains de ces enfants géniaux avaient publié des livres et des articles savants, et leurs affaires étaient prospères. Plusieurs avaient brigué des fonctions politiques, et il y avait deux juges de la Cour supérieure, un juge de première instance, deux membres du corps législatif de l'État de Californie, et un haut fonctionnaire. Mais peu de ces génies étaient des personnages connus à l'échelle nationale. Leurs revenus étaient généralement bons – mais pas mirobolants non plus.

En majorité, ils menaient des carrières qu'on ne pouvait qualifier que d'ordinaires, et un nombre étonnant d'entre eux ont abouti à des carrières que même Terman considérait comme ratées. Il n'y avait pas non plus de lauréat de prix Nobel dans les rangs très sélects de ces génies. En fait, ses enquêteurs avaient testé deux élèves d'école primaire qui ont reçu plus tard un prix Nobel – William Shockley et Luis Alvarez – et les avaient tous deux rejetés. Leur QI n'était pas assez élevé.

Dans une critique accablante, le sociologue Pitirim Sorokin avait montré que si Terman avait tout simplement choisi au hasard des enfants d'origines familiales semblables à celles des Termites – sans du tout tenir compte de leur QI –, il aurait abouti à un groupe qui aurait fait presque autant de choses impressionnantes. « Même avec un effort d'imagination, et en élargissant les normes du génie, affirmait Sorokin, le "groupe surdoué" n'est pas "surdoué" dans son ensemble. »

Au moment où Terman a publié son quatrième volume de *Genetic Studies of Genius*, le mot « génie » avait presque disparu. « Nous avons vu, concluait un Terman visiblement déçu, que l'intellect et la réussite sont loin d'obéir à une corrélation parfaite. »

En d'autres termes, ce que je vous ai dit au début de ce chapitre, sur l'extraordinaire intelligence de Chris Langan, ne sert pas à grand-chose pour comprendre ses chances de réussite dans le monde. Oui, c'est un homme à l'esprit exceptionnel, capable de parcourir les *Principia Mathematica* à 16 ans. Oui, ses phrases s'enchaînent sans heurt, polies et propres comme des soldats dans un défilé. Et alors ? Si nous voulons comprendre ses chances de devenir véritablement hors norme, nous devons en apprendre bien plus à son propos.

Chapitre 4

L'ENNUI AVEC LES GÉNIES

(seconde partie)

> « Après de longues négociations, nous
> nous sommes entendus pour que Robert
> soit mis en probation. »

1

Originaire de San Francisco, la mère de Chris Langan avait quitté sa famille. Elle avait eu quatre fils, de pères différents. Chris était l'aîné. Son père avait disparu avant la naissance de Chris ; on disait qu'il était mort au Mexique. Le deuxième mari de sa mère avait été assassiné. Le troisième s'était suicidé. Le quatrième était un journaliste raté, nommé Jack Langan.

« Jusqu'ici, je n'ai rencontré personne qui ait vécu une jeunesse aussi pauvre que celle que nous avons vécue, enfants, dans notre famille, raconte Chris Langan. Nous n'avions pas une seule paire de chaussettes assorties. Nos chaussures étaient trouées. Nos pantalons étaient troués. Nous n'avions qu'une tenue. Je me rappelle que mes frères et moi allions laver notre seul ensemble dans la baignoire, cul nu, parce que nous n'avions rien d'autre à porter. »

Souvent, après une beuverie, Jack Langan disparaissait. Il verrouillait les armoires de cuisine pour empêcher les garçons de prendre de la nourriture. Il les disciplinait au fouet. Il décrochait des emplois, puis les perdait, et déménageait la famille dans la ville suivante. Ils ont passé un été dans une réserve indienne, sous un tipi, subsistant de beurre d'arachide et de semoule de maïs provenant des surplus du gouvernement.

Un certain temps, ils ont habité à Virginia City, dans le Nevada. « Il n'y avait qu'un seul policier, se rappelle son frère Mark, et lorsque les Hell's Angels arrivaient en ville, il se recroquevillait à l'arrière de son bureau. Il y avait un bar, je me le rappellerai toujours, qui s'appelait le Bucket of Blood Saloon [1]. »

Alors que les garçons étaient encore à l'école primaire, la famille a déménagé à Bozeman, dans le Montana. Un des frères de Chris a passé du temps dans une famille d'accueil. Un autre a été envoyé dans une maison de redressement.

« Je ne crois pas que l'école ait jamais compris à quel point Christopher était doué, relate son frère Jeff. Il ne cherchait sûrement pas à se faire valoir. C'était ça, Bozeman. Ce n'était pas comme aujourd'hui. À l'époque où nous y avons grandi, c'était un petit bled paumé. Nous n'étions pas bien traités. Ma famille passait pour une bande de parasites. » Pour défendre ses droits et ceux de ses frères, Chris a commencé à s'entraîner avec des poids. Un jour, alors que Chris avait 14 ans, Jack Langan s'est mis à rudoyer les garçons, comme il le faisait parfois, et Chris l'a assommé d'un coup. Jack s'est enfui et n'est jamais revenu. À la fin du lycée, Chris s'est vu offrir deux bourses, une pour le Reed College en Oregon, et l'autre pour l'université de Chicago. Il a choisi Reed.

« C'était une erreur colossale, se rappelle Chris. J'ai eu un véritable choc culturel. J'étais un gamin aux cheveux

---

1. Littéralement, « saloon du seau de sang ».

en brosse, qui avait passé ses étés à travailler dans un
ranch du Montana, et je me retrouvais avec toute une
bande de gars de la ville, les cheveux longs, la plupart de
New York. Et ces types avaient un style tout à fait différent de celui auquel j'étais habitué. Je ne pouvais pas
placer un mot en classe. Ils me scrutaient, posaient continuellement des questions. Nous étions entassés dans un
dortoir. Nous étions quatre, et les trois autres avaient un
mode de vie tout à fait différent. Ils fumaient du hasch.
Ils amenaient leurs copines. Je n'avais jamais fumé de
hasch. J'ai pris l'habitude de me réfugier dans la
bibliothèque. »

Il poursuit : « Puis j'ai perdu cette bourse
d'études [...]. Pour le renouvellement de cette bourse,
ma mère était censée remplir un formulaire indiquant
ses états financiers. Elle a négligé de le faire. Elle ne comprenait pas ce qu'on lui demandait, quelque chose
comme ça. À un moment donné, je me suis rendu
compte que ma bourse n'avait pas été renouvelée. Alors,
je suis allé au secrétariat pour demander pourquoi, et ils
m'ont dit : "Eh bien, personne ne nous a envoyé d'états
financiers, et nous avons déjà versé tout l'argent des
bourses, il n'y a plus rien, alors j'ai peur que tu n'aies
plus de bourse ici." C'était le style de l'endroit. Ça leur
était égal, tout simplement. Ils se fichaient royalement
de leurs étudiants. Il n'y avait ni service de conseil, ni
tutorat, ni rien. »

Chris a quitté Reed avant la dernière série d'examens,
ce qui lui a valu une série de F (la note la plus basse)
dans son dossier scolaire. Au premier semestre, il avait
remporté des A. Il est retourné à Bozeman pour travailler
un an et demi dans la construction et en tant que pom-
pier forestier. Puis il s'est inscrit à l'université de l'État
du Montana.

« Je prenais des cours de mathématiques et de philosophie, se rappelle-t-il. Puis, au trimestre d'hiver, alors que j'habitais à une vingtaine de kilomètres de la ville, sur le chemin Beach Hill, la transmission de ma voiture est tombée en panne. Cet été-là, mes frères avaient utilisé mon véhicule pendant mon absence. Ils travaillaient pour les chemins de fer et l'avaient fait rouler sur les rails. Je n'avais pas assez d'argent pour le faire réparer. Je suis donc allé voir, tour à tour, mon conseiller et le doyen, et j'ai dit : "J'ai un problème : la transmission de ma voiture est fichue, et je suis inscrit à des cours à 7 h 30 et à 8 h 30 du matin. Si vous pouviez seulement, s'il vous plaît, me permettre de suivre la session d'après-midi de ces mêmes cours, j'apprécierais, à cause de ce problème de voiture." Un voisin qui avait un ranch pouvait venir me prendre à 11 heures. Mon conseiller, un type à l'allure de cow-boy, avec une moustache en guidon de vélo, habillé d'une veste de tweed, m'a dit : "Eh bien, mon gars, d'après tes résultats au Reed College, je vois que tu n'as pas encore appris que tout le monde doit faire des sacrifices pour s'instruire. Demande refusée." Alors je suis allé voir le doyen. Même traitement. »

Sa voix se serre. Il décrit des événements vieux de plus de trente ans, mais le souvenir le met encore en colère. « À ce moment-là, j'ai compris que, bon, j'étais là en train de m'épuiser pour gagner assez d'argent pour retourner à l'école, et qu'on était au beau milieu de l'hiver au Montana. J'étais prêt à me rendre en ville en auto-stop tous les jours, à faire tout ce qu'il faut, juste pour aller à l'école et en revenir, et ils ne voulaient rien faire pour moi. J'étais tellement en colère. Et c'est là que j'ai décidé de me passer du système d'éducation supérieure. Même si, en réalité, je ne pouvais pas m'en passer, il me répugnait tellement qu'il m'était impossible de continuer. Alors j'ai décroché de l'université, tout simplement. »

Les expériences de Chris Langan à Reed et à l'université de l'État du Montana ont marqué un tournant dans sa vie. Enfant, il avait rêvé de devenir un intellectuel. Il aurait dû obtenir un doctorat : les universités sont des institutions structurées, en grande partie, pour les gens de son espèce, qui ont de profonds intérêts intellectuels et de la curiosité. « Quand il est arrivé en milieu universitaire, je me suis dit qu'il allait réussir, je me suis vraiment dit ça, affirme son frère Mark. J'ai pensé qu'il allait trouver un créneau, d'une façon ou d'une autre. Quand il est parti de là, ça n'avait absolument aucun sens pour moi. »

Sans diplôme, Langan a traversé une mauvaise passe. Il a travaillé dans la construction. Un hiver particulièrement froid, il a travaillé sur un bateau de pêcheurs de palourdes de Long Island. Il a pris des emplois en usine et de petits boulots de fonctionnaire, et il a fini par devenir videur dans un bar de Long Island, sa principale occupation pendant une bonne partie de sa vie adulte.

Pendant tout ce temps, il lisait beaucoup, de la philosophie, des mathématiques et de la physique, tout en travaillant à un traité foisonnant qu'il a intitulé le « CTMU » – le « Cognitive Theoretic Model of the Universe » (« Modèle théorique cognitif de l'univers »). Mais sans références universitaires, il désespérait de jamais pouvoir le faire publier dans une revue savante.

« Je suis un gars qui n'a fait qu'un an et demi d'université, dit-il en haussant les épaules. Et à un moment donné, le rédacteur en chef s'en rendra compte, car il enverra l'article aux membres du jury, qui chercheront des références, sans pouvoir en trouver. Et ils diront : "Ce gars a fait un an et demi d'université, comment peut-il savoir de quoi il parle ?" »

C'est une histoire bouleversante. À un moment donné, je demande à Langan si, hypothétiquement, il accepterait un poste à l'université Harvard si on lui en offrait un. « Eh bien, c'est une question difficile, répond-il. De toute évidence, si j'étais professeur à temps plein à Harvard, j'aurais un rôle important. Mes idées auraient du poids, et je pourrais utiliser ma position, mon affiliation avec Harvard, pour promouvoir mes idées. Une institution comme celle-là est une source merveilleuse d'énergie intellectuelle, et si j'étais dans un endroit pareil, je pourrais absorber la vibration qui est dans l'air. »

Soudain, il apparaît clairement que sa vie a été solitaire. Voilà un homme qui, malgré un insatiable appétit de connaissances, a été obligé, pendant la plus grande part de sa vie adulte, de vivre dans l'isolement intellectuel. « Je n'ai jamais remarqué ce genre d'énergie intellectuelle durant l'année et demie où j'étais à l'université, dit-il d'un ton presque nostalgique.

« Par contre, poursuit-il, Harvard, fondamentalement, ce n'est guère plus qu'une entreprise. C'est ce qui la fait tourner. Elle reçoit des milliards en subventions. Ses dirigeants ne cherchent pas nécessairement la vérité ni la connaissance. Ils veulent être de grands pontes. Quand tu acceptes un chèque de paie de ces gens-là, tôt ou tard il arrive un moment où tu dois confronter ce que tu veux faire, ce que tu penses juste, à ce qu'on te dit de faire pour recevoir un autre chèque de paie. Une fois arrivé là, tu es vraiment sous leur coupe. Ils s'assureront que tu marches au pas. »

2.

Que nous révèle l'histoire de Chris Langan ? Ses explications, si bouleversantes soient-elles, sont également un peu étranges. Sa mère oublie de remplir son formulaire d'aide financière, et c'est ainsi qu'il n'a plus de bourse d'études. Il essaie de passer d'une classe du matin à une classe de l'après-midi, ce que font tous les jours des étudiants, et on le met brusquement en échec. Et pourquoi les enseignants de Langan, à Reed et à l'université de l'État du Montana, étaient-ils si indifférents envers sa pénible situation ?

En général, les professeurs se délectent des esprits aussi brillants que le sien. Langan parle de ses échanges avec Reed et l'université de l'État du Montana comme d'une sorte de vaste et inflexible bureaucratie gouvernementale. Mais les universités, surtout les petites écoles de sciences humaines comme Reed, se comportent rarement comme des bureaucraties rigides. Se montrer indulgent pour aider quelqu'un à poursuivre son éducation, c'est ce que les professeurs font couramment.

Même dans sa façon de parler de Harvard, on dirait que Langan n'a aucune idée de la culture et des caractéristiques de l'institution dont il parle. *Quand tu acceptes un chèque de paie de ces gens-là, tôt ou tard il arrive un moment où tu dois confronter ce que tu veux faire, ce que tu penses juste, à ce qu'on te dit de faire pour recevoir un autre chèque de paie.* Pardon ? L'une des principales raisons pour lesquelles les professeurs d'université acceptent un salaire moins élevé que celui qu'ils pourraient recevoir dans le secteur privé, c'est que la vie universitaire leur donne la liberté de faire ce qu'ils veulent et ce qu'ils trouvent juste. Langan s'est fait de Harvard une idée aux antipodes de la réalité.

Lorsque Langan m'a raconté l'histoire de sa vie, je n'ai pu m'empêcher de la comparer à celle de J. Robert Oppenheimer, le physicien qui, c'est bien connu, a dirigé les recherches américaines sur le développement de la bombe nucléaire au cours de la Seconde Guerre mondiale. Au dire de tous, Oppenheimer était un enfant dont l'esprit ressemblait fort à celui de Chris Langan. Ses parents le considéraient comme un génie. Un de ses enseignants se rappelle qu'« il accueillait chaque idée nouvelle comme si elle était d'une beauté parfaite ». Dès sa troisième année de primaire, il se livrait à des expériences de laboratoire, et en CM2, il étudiait la physique et la chimie. À l'âge de 9 ans, il a dit un jour à un de ses cousins : « Pose-moi une question en latin et je te répondrai en grec. »

Oppenheimer a fréquenté Harvard, puis l'université de Cambridge pour y faire un doctorat en physique. Làbas, Oppenheimer, qui fut toute sa vie aux prises avec la dépression, se découragea. Il avait un don pour la physique théorique, et son directeur d'études, Patrick Blackett (qui allait remporter un prix Nobel en 1948), l'obligeait à prêter attention aux menus détails de la physique expérimentale, ce qu'il détestait. Il devint de plus en plus instable émotionnellement, puis, dans un geste si étrange qu'à ce jour personne ne l'a jamais expliqué, Oppenheimer se procura des produits chimiques au laboratoire pour tenter d'empoisonner son directeur d'études.

Heureusement, Blackett comprit que quelque chose se tramait. L'université en fut informée. Oppenheimer fut mis sur la sellette. Et ce qui se passa ensuite est en tout point aussi incroyable que le crime même. Voici comment l'incident est décrit dans *American Prometheus*, la biographie d'Oppenheimer écrite par Kai Bird et Martin J. Sherwin : « Après de longues négociations, nous nous sommes entendus pour que Robert soit mis en probation et consulte régulièrement un éminent psychiatre de Harley Street, à Londres. »

En probation ?

Nous avons ici deux très brillants jeunes étudiants, chacun aux prises avec un problème qui met en péril sa carrière universitaire : la mère de Langan a raté une échéance pour son aide financière, et Oppenheimer a voulu empoisonner son directeur d'études. On exige d'eux qu'ils plaident leurs causes devant les autorités pour pouvoir continuer leurs études. Et que se passe-t-il ? Langan se fait retirer sa bourse d'études, et Oppenheimer se fait envoyer chez un psychiatre. Oppenheimer et Langan ont beau être tous deux des génies, sous d'autres aspects, ils ne pourraient être plus différents l'un de l'autre.

Le récit de la nomination d'Oppenheimer au poste de directeur scientifique du projet Manhattan, vingt ans plus tard, est peut-être un exemple encore éloquent de cette différence. Le général responsable du projet Manhattan, Leslie Groves, avait fouillé tout le pays à la recherche du meilleur candidat pour diriger le projet de construction de la bombe atomique. Oppenheimer, en toute justice, avait peu de chances. À 38 ans, il était plus jeune qu'un grand nombre de ses futurs subalternes. C'était un théoricien, et ce travail avait besoin d'expérimentateurs et d'ingénieurs. Ses affiliations politiques étaient floues : il avait toutes sortes d'amis communistes. Et surtout, il ne possédait aucune expérience administrative.

« C'était un type qui manquait beaucoup d'esprit pratique, dira plus tard un ami d'Oppenheimer. Il se promenait avec des chaussures éraflées et un chapeau bizarre, et surtout, il ne connaissait rien à l'équipement. » Comme le dira plus succinctement un scientifique de Berkeley : « Il n'aurait même pas pu diriger un stand de hamburgers. »

Ah oui, et en passant, à l'université, *il a tenté de tuer son tuteur*. Tel était le CV de l'homme qui tentait d'obtenir ce qu'on pourrait appeler – sans exagérer – l'un des postes les plus importants du XXe siècle. Et que s'est-il passé ? Ce qui était arrivé vingt ans plus tôt à Cambridge : il a amené le reste du monde à considérer les choses de son point de vue.

Selon Bird et Sherwin, « Oppenheimer a compris que Groves gardait l'entrée du projet Manhattan, et du coup, il a mobilisé tout son charme et son intelligence. Il a donné une performance irrésistible. » Groves était conquis. « C'est un génie, dira plus tard Groves à un reporter. Un vrai génie. » Ingénieur de formation, Groves avait un diplôme de troisième cycle du MIT, et Oppenheimer a fait preuve d'une grande perspicacité en séduisant Groves sur la base de cette particularité.

Bird et Sherwin poursuivent : « Oppenheimer était le premier des scientifiques que Groves rencontrait dans sa tournée à avoir saisi que la construction d'une bombe atomique nécessiterait de trouver des solutions pratiques à un éventail de problèmes interdisciplinaires… [Groves] a hoché la tête en signe d'approbation lorsque Oppenheimer lui a présenté l'idée d'y consacrer un laboratoire central où, dira-t-il plus tard, "nous pourrions commencer à nous attaquer à des problèmes de chimie, de métallurgie, d'ingénierie et d'artillerie qui, jusqu'ici, n'ont reçu aucune considération". »

Oppenheimer aurait-il perdu sa bourse d'études à Reed ? Aurait-il été incapable de convaincre ses professeurs de déplacer ses cours l'après-midi ? Jamais de la vie. Et ce n'est pas parce qu'il était plus intelligent que Chris Langan, mais parce qu'il possédait le genre de finesse qui lui permettait d'obtenir ce qu'il voulait.

« Tout le monde devait suivre des cours d'introduction au calcul infinitésimal, dit Langan de son bref séjour à l'université de l'État du Montana. Et je suis tombé sur un type qui enseignait d'une façon très sèche, très triviale. Je ne comprenais pas pourquoi il enseignait ainsi. Alors je lui posais des questions. En fait, j'ai dû lui courir après jusqu'à son bureau. Je lui ai demandé : "Pourquoi enseignez-vous ainsi ? Pourquoi cette pratique convient-elle au calcul infinitésimal, selon vous ?" Et ce type, ce grand type dégingandé, qui transpirait toujours sous les bras, s'est retourné, m'a regardé et a dit : "Vous savez, il y a quelque chose que vous devriez piger : certaines personnes n'ont pas l'envergure intellectuelle nécessaire pour être des mathématiciens, c'est tout." »

Voilà, professeur et prodige se retrouvent ensemble, et ce que le prodige veut, c'est discuter, enfin, avec un esprit qui adore les mathématiques autant que lui. Mais il échoue. En fait – et c'est l'aspect le plus triste de tout cela –, il réussit à dérouler toute une conversation avec son professeur de calcul sans jamais lui communiquer le seul élément susceptible de séduire un professeur de calcul. Le professeur ne verra jamais que Chris Langan est *bon en calcul*.

3.

La qualité particulière qui vous permet de vous tirer d'une condamnation pour meurtre, ou de convaincre un professeur de vous déplacer de la section du matin à celle de l'après-midi, c'est ce que le psychologue Robert Sternberg appelle l'« intelligence pratique ».

Pour Sternberg, l'intelligence pratique comprend, entre autres, « le fait de savoir quoi dire à qui, quand le dire et comment le dire pour obtenir un effet maximal ». C'est une question de procédure : il s'agit de savoir *comment* faire quelque chose, sans nécessairement savoir pourquoi on le sait, ni pouvoir l'expliquer. Elle est d'une nature pratique : ce n'est pas un savoir qui serait une fin en soi. C'est un savoir qui vous aide à décrypter des situations et à obtenir ce que vous voulez. Et surtout, c'est une intelligence distincte de la capacité analytique mesurée par le QI.

En termes techniques, l'intelligence générale et l'intelligence pratique sont « orthogonales » : la présence de l'une n'implique pas la présence de l'autre. Vous pouvez avoir beaucoup d'intelligence analytique et très peu d'intelligence pratique, ou beaucoup d'intelligence pratique et pas tellement d'intelligence analytique, ou – comme dans le cas, béni des dieux, de quelqu'un comme Robert Oppenheimer –, beaucoup des deux.

Alors, d'où vient l'intelligence pratique ? Nous savons d'où vient l'intelligence analytique : elle est dans nos gènes, du moins en partie. Chris Langan a commencé à parler à six mois. Il a appris tout seul à lire à 3 ans. Il est né intelligent. Le QI est une mesure, jusqu'à un certain point, d'une aptitude innée [1]. Mais la finesse sociale, c'est un savoir *acquis*. C'est un ensemble d'aptitudes qu'il faut apprendre. Elle doit venir de quelque part et, apparemment, l'endroit où nous apprenons ce genre d'attitudes et d'aptitudes, c'est la famille.

La meilleure explication que nous ayons de ce processus, c'est sans doute celle de la sociologue Annette Lareau, qui a mené, il y a quelques années, une étude fascinante sur un groupe d'élèves de CE2. Elle a choisi des Noirs et des Blancs, des enfants de familles riches et de familles pauvres, et a fini par se concentrer sur douze familles. Lareau et son équipe ont rendu visite à chacune

---

1. Selon la plupart des estimations, le QI est héréditaire à environ 50 %.

d'elles au moins vingt fois, chaque fois pendant plusieurs heures d'affilée. Ses assistants et elle disaient à leurs sujets de les traiter comme « le chien de la famille », et ils les suivaient à l'église, aux matchs de football et aux rendez-vous chez le médecin, un magnétophone dans une main et un carnet dans l'autre.

En passant une aussi longue période dans douze foyers différents, on s'attendrait à recueillir douze conceptions différentes de la manière d'élever les enfants : il y aurait les parents stricts et les parents permissifs, les parents hyperengagés et les parents détendus, et ainsi de suite. Cependant, ce que Lareau a découvert est tout à fait différent. Il n'existait que deux « philosophies éduca-tives », qui recoupent presque parfaitement la frontière entre les classes sociales. Les parents plus riches élevaient leurs enfants d'une certaine façon, et les parents plus pauvres élevaient les leurs d'une autre.

Les parents plus riches étaient fortement engagés dans les loisirs de leurs enfants, les amenant d'une activité à l'autre, les interrogeant sur leurs professeurs, leurs entraî-neurs et leurs coéquipiers. Un des enfants aisés suivis par Lareau participait, l'été, à une équipe de baseball, à deux équipes de football, à une équipe de natation et à une équipe de basket-ball, en plus de jouer dans un orchestre et de suivre des cours de piano.

Ce genre de programme intensif était presque entière-ment inexistant dans la vie de l'enfant pauvre. Pour lui, jouer ne voulait pas dire deux séances de football par semaine : c'était plutôt inventer des jeux à l'extérieur, avec ses frères et sœurs ainsi qu'avec d'autres enfants du quartier. Ses parents considéraient ses activités comme séparées du monde adulte, et sans conséquence particu-lière. Une fille d'une famille de classe ouvrière, Katie Brindle, chantait dans une chorale après l'école. Mais elle s'y était inscrite elle-même et se rendait seule, à pied, aux répétitions. Annette Lareau écrit ceci :

> « Ce que la mère de Katie Brindle ne fait pas – et qui serait habituel chez les mères de classe moyenne –, c'est de considérer l'intérêt de sa fille pour le chant comme un signal qui l'inciterait à chercher d'autres façons de l'aider à développer cet intérêt pour aboutir à un talent formel. De même, Mme Brindle ne discute pas de l'intérêt de Katie pour le théâtre, et n'exprime aucun regret vis-à-vis de son incapacité à cultiver le talent de sa fille. Elle considère plutôt les aptitudes et les intérêts de Katie comme des traits de caractère – chanter et jouer, c'est entre autres ce qui fait que Katie est Katie. Elle trouve "mignons" les spectacles de sa fille et considère qu'ils sont pour Katie une façon d'"attirer l'attention". »

Les parents de la classe moyenne discutaient avec leurs enfants, raisonnaient avec eux. Ils ne se contentaient pas de donner des ordres. Ils s'attendaient à ce que leurs enfants leur répondent de manière insolente, négocient, remettent en question les adultes en position d'autorité. Si leurs enfants avaient de médiocres résultats scolaires, les parents plus riches défiaient leurs enseignants. Ils intervenaient au nom de leurs enfants. Une enfant suivie par Lareau échoue de justesse pour se qualifier pour un programme pour surdoués. Sa mère s'arrange pour qu'elle soit testée à nouveau en privé, sollicite l'école et fait admettre sa fille. Les parents pauvres, par contraste, sont intimidés par l'autorité. Ils réagissent passivement et restent en retrait. Lareau écrit ceci à propos d'un des parents à faible revenu :

> « Au cours d'une rencontre de parents et d'enseignants, par exemple, Mme McAllister (qui a un diplôme d'études secondaires) paraît tranquille. La nature sociable et extravertie dont elle fait montre à la maison est dissimulée dans ce contexte. Elle est assise, penchée au-dessus de la chaise, et

garde la fermeture Éclair de sa veste remontée. Elle est très silencieuse. Lorsque l'enseignant lui signale que Harold n'a pas remis son devoir, Mme McAllister est visiblement estomaquée, mais tout ce qu'elle dit, c'est : "Il l'a fait à la maison." Elle n'effectue aucun suivi avec l'enseignant et ne tente pas d'intervenir au nom de Harold. Selon elle, il appartient aux enseignants de gérer l'éducation de son fils. C'est leur travail à eux, et non le sien. »

Selon Lareau, le style d'éducation des enfants de la classe moyenne est « de culture concertée ». C'est un effort actif afin de « favoriser et évaluer les talents, les opinions et les aptitudes d'un enfant ». Par contraste, les parents pauvres ont tendance à suivre une stratégie « d'accomplissement de la croissance naturelle ». Ils considèrent qu'ils ont la responsabilité de s'occuper de leurs enfants tout en les laissant grandir et se développer d'eux-mêmes.

La sociologue insiste : un style n'est pas meilleur qu'un autre, du point de vue moral. Les enfants plus pauvres étaient, pour elle, souvent mieux élevés, moins geignards, plus créatifs dans l'usage de leur temps libre et avaient un sens de l'indépendance bien développé. Mais en termes pratiques, la culture concertée comporte d'énormes avantages. L'enfant de la classe moyenne, dont l'emploi du temps est très rempli, est exposé à un ensemble d'expériences fluctuantes. Il apprend à travailler en équipe et à faire face à des cadres hautement structurés. On lui enseigne comment interagir sans difficulté avec les adultes et comment prendre la parole au besoin. Selon les termes de Lareau, les enfants de la classe moyenne apprennent le sens du « privilège » (*entitlement*).

Ce mot, bien sûr, a des connotations négatives, à notre époque. Mais Lareau l'utilise au meilleur sens du terme : « Ils agissaient comme s'ils avaient le droit de poursuivre leurs propres préférences individuelles et d'interagir de

façon active dans des cadres institutionnels. Ils semblaient à l'aise dans ces contextes ; ils étaient prêts à partager des informations et à demander de l'attention. […]
C'était pratique courante, chez les enfants de la classe
moyenne, que de modifier les interactions de façon à les
adapter à leurs préférences. » Ils connaissaient les règles.
« Même en CM1, les enfants de la classe moyenne semblaient plaider pour obtenir des avantages. Ils formu-
laient des demandes spéciales auprès des enseignants et
des médecins afin qu'ils ajustent des procédures, pour
qu'elles conviennent à leurs désirs. »

Par contraste, les enfants pauvres et ceux de la classe
ouvrière étaient caractérisés par « un sentiment émergent
de distance, de méfiance et de contrainte ». Ils ne
savaient pas comment parvenir à leurs fins, ni « personnaliser » (« *to customize* », selon le merveilleux terme de
Lareau) au mieux de leurs intérêts l'environnement dans
lequel ils se trouvaient.

Dans une scène révélatrice, Lareau décrit un moment
où Alex Williams, un garçon de 9 ans, et sa mère, Christina, rendent visite au médecin. Les Williams sont
financièrement aisés.

« Alex, tu devrais penser aux questions à poser au
médecin, dit Christina dans la voiture, en route vers le
bureau du médecin. Tu peux lui demander tout ce que
tu veux. Ne sois pas timide. Tu peux demander
n'importe quoi. »

Alex réfléchit un instant, puis dit : « J'ai de petites
bosses sous les bras, à cause de mon déodorant. » Christina : « Vraiment ? De ton nouveau déodorant ? » Alex :
« Oui. » Christina : « Bon, pose la question au
médecin. »

La mère d'Alex, écrit Lareau, « lui enseigne qu'il a le
droit de s'exprimer » – que même dans une pièce avec
une personne plus âgée et une figure d'autorité, il est

parfaitement correct qu'il s'affirme. Ils rencontrent le médecin, un homme cordial, début de la quarantaine. Il dit à Alex qu'il fait partie des 5 % les plus grands au même âge. Alex l'interrompt alors :

ALEX : Je suis dans les quoi ?

LE MÉDECIN : Ça veut dire que tu es plus grand que plus de 95 jeunes hommes sur 100, lorsqu'ils ont, euh, 10 ans.

ALEX : Je n'ai pas 10 ans.

LE MÉDECIN : Eh bien, ils t'ont classé dans les 10 ans. Tu as… 9 ans et dix mois. Ils… ils arrondissent habituellement l'âge sur ce graphique.

Voyez comme Alex interrompt aisément le médecin : « Je n'ai pas 10 ans. » C'est son privilège : sa mère permet cette impolitesse désinvolte, parce qu'elle veut qu'il apprenne à s'affirmer devant des gens en position d'autorité.

Le médecin se tourne vers Alex : « Eh bien, maintenant, passons à la question la plus importante. As-tu des questions à me poser avant que je fasse ton examen ? »

ALEX : Euh… seulement une. J'ai de petites bosses sous les bras, juste ici (il indique l'aisselle).

LE MÉDECIN : En dessous ?

ALEX : Ouais.

LE MÉDECIN : D'accord. Je vais examiner ça lorsque j'y arriverai au cours de l'examen. Je verrai alors ce que c'est et ce que je peux faire. Est-ce que ça fait mal, est-ce que ça démange ?

ALEX : Non, elles sont là, c'est tout.

LE MÉDECIN : D'accord, je vais jeter un coup d'œil à tes petites bosses.

Ce genre d'interaction ne se passe tout simplement pas avec les enfants de classe inférieure, dit Lareau. Ils

seraient silencieux et soumis, et détourneraient les yeux.
Alex, lui, s'empare de la scène.

« En se rappelant de poser la question qu'il a préparée à
l'avance, il retient toute l'attention du médecin et la focalise
sur une question de son choix, écrit Lareau. Ce faisant, il
réussit à faire pencher la balance du pouvoir vers lui plutôt
que vers les adultes. La transition s'effectue en douceur.
Alex a l'habitude d'être traité avec respect. Il est considéré
comme un être extraordinaire et une personne digne de
l'attention et de l'intérêt des adultes. Ce sont des caractéristiques essentielles de la stratégie de la culture concertée.
Alex ne s'exhibe pas pendant son examen médical. Il se
comporte en grande partie comme il le fait avec ses parents :
il raisonne, négocie et blague en étant à l'aise. »

Il importe de comprendre d'où provient la maîtrise
particulière dont témoigne ce moment. Elle n'est pas
génétique. Cette aptitude à interagir avec les figures
d'autorité, Alex Williams n'en a pas hérité de ses parents
ni de ses grands-parents, comme de la couleur de ses
yeux. Ce n'est pas non plus une question de couleur de
peau : cette pratique n'est pas propre aux Noirs ni aux
Blancs. D'ailleurs, Alex Williams est noir, et Katie Brindle
est blanche. C'est un avantage culturel. Si Alex a ces
aptitudes, c'est parce que, au cours de sa jeune vie, sa
mère et son père – c'est typique des familles instruites –
les lui ont minutieusement apprises, par de petits coups
de coude, de légères poussées, des encouragements et en
lui montrant les règles du jeu, jusqu'à cette courte répéti-
tion dans la voiture, en route vers le bureau du médecin.

Lorsque nous parlons des avantages de classe, affirme
Lareau, c'est en grande partie ce que nous voulons dire.
Alex Williams est dans une meilleure position que Katie
Brindle, parce qu'il est plus riche et qu'il fréquente une
meilleure école, mais aussi parce que – et c'est peut-être
encore plus crucial – le sens du privilège qu'on lui a

enseigné est une attitude qui convient parfaitement à la réussite dans le monde moderne.

4.

C'est l'avantage qu'avait Oppenheimer et qui manquait à Chris Langan. Oppenheimer a été élevé dans un des quartiers les plus riches de Manhattan, fils d'une artiste et d'un prospère fabricant de vêtements. Son enfance est l'incarnation de la culture concertée. Les week-ends, les Oppenheimer parcouraient la campagne dans une Packard avec chauffeur. L'été, on l'emmenait en Europe pour voir son grand-père. Il fréquentait l'Ethical Culture School, avenue Central Park West, sans doute l'école la plus progressive du pays, où, écrivent ses biographes, les élèves « étaient imprégnés de l'idée qu'on les préparait à réformer le monde ». Lorsque sa professeure de mathématiques s'est aperçue qu'il s'ennuyait, elle l'a envoyé faire du travail en autonomie.

Enfant, Oppenheimer avait une passion pour la collection de minéraux. À 12 ans, il se lança dans une correspondance avec des géologues locaux, à propos de formations rocheuses qu'il avait vues à Central Park, et il les impressionna tant qu'ils l'invitèrent à donner une conférence devant le club de minéralogie de New York. Comme l'écrivent Sherwin et Bird, les parents d'Oppenheimer réagirent au passe-temps de leur fils par un exemple presque classique de culture concertée :

> « Redoutant de devoir s'adresser à un auditoire d'adultes, Robert supplia son père, Julius, d'expliquer qu'ils avaient invité un garçon de 12 ans. Très amusé, Julius encouragea au contraire son fils à accepter cet honneur. Le soir venu, Robert arriva au club avec ses parents, qui présentèrent fièrement leur fils comme étant J. Robert Oppenheimer.

L'auditoire étonné, composé de géologues et de collection-
neurs amateurs de pierres, éclata de rire lorsqu'il s'avança
vers l'estrade : il fallut trouver une boîte de bois sur laquelle
il pouvait monter, car le public ne voyait qu'une tignasse de
cheveux noirs et rêches qui dépassait au-dessus du pupitre.
Malgré sa timidité et sa maladresse, Robert lut les notes
qu'il avait préparées et reçut de chaleureux applaudissements. »

Est-il étonnant qu'Oppenheimer ait affronté si
brillamment les défis de sa vie ? Si votre père s'est élevé
dans le monde des affaires, vous savez, *de visu*, ce que
veut dire négocier pour vous tirer d'embarras. Si vous
avez été envoyé à l'Ethical Culture School, vous ne serez
pas intimidé par une rangée de professeurs de Cambridge
prêts à porter un jugement contre vous. Si vous avez
étudié la physique à Harvard, vous savez parler à un
général d'armée qui a étudié l'ingénierie juste à côté, au
MIT.

Chris Langan, au contraire, n'avait connu que la déso-
lation de Bozeman et un foyer dominé par un beau-père
ivre et coléreux. « [Jack] Langan nous a tous fait le même
effet, dit Mark. Nous avons tous du ressentiment face à
l'autorité. » C'est la leçon que Langan a tirée de son
enfance : se méfier de l'autorité et être indépendant.
Aucun parent ne lui a enseigné, en se rendant chez le
médecin, comment parler franchement, ni comment rai-
sonner et négocier avec ceux qui sont en position d'autorité. Il n'a pas appris le sens du privilège. Il a appris la
contrainte. Cela peut paraître mineur, mais c'était un
handicap paralysant lorsqu'il s'est agi de faire son chemin
à l'extérieur de Bozeman.

« Je ne pouvais pas, non plus, obtenir d'aide financière, poursuit Mark. Nous n'avions tout simplement
aucune connaissance – moins qu'aucune connaissance –

du processus : comment présenter une demande, les formulaires, les chéquiers. Ce n'était pas notre milieu. »

« Si Christopher était né dans une famille riche, dit son frère Jeff, si son père avait été un médecin possédant de bonnes relations dans un marché important, je vous garantis qu'il aurait été un de ces types dont on parle dans les livres et qui se tapent un doctorat à 17 ans. C'est la culture dans laquelle on se trouve qui détermine ça. Le problème, avec Chris, c'est qu'il s'emmerdait toujours trop pour vraiment rester assis à écouter ses professeurs. Si quelqu'un avait reconnu son intelligence et s'il avait été d'une famille où l'on accordait une valeur à l'éducation, ils auraient fait en sorte qu'il ne s'emmerde pas. »

5.

Quand les Termites sont arrivés à l'âge adulte, Terman a examiné les dossiers de sept cent trente des hommes et les a divisés en trois groupes. Cent cinquante – les 20 % au sommet – formaient ce que Terman a appelé le groupe A. C'étaient eux les véritables réussites, les plus accomplis – des avocats, des physiciens, des ingénieurs et des universitaires : 90 % du groupe A avaient décroché un diplôme universitaire, remportant collectivement quatre-vingt-dix-huit diplômes de troisième cycle. Les 60 % du milieu constituaient le groupe B, ceux dont la réussite était « satisfaisante ». Les cent cinquante du bas formaient le groupe C, ceux qui, d'après Terman, avaient le moins utilisé leur capacité mentale supérieure. C'étaient les travailleurs des postes, les comptables sans le sou et les hommes avachis sur leur canapé à la maison, sans emploi.

Un tiers du groupe C avait décroché de l'université. Seulement le quart avait obtenu le baccalauréat, et sur l'ensemble des cent cinquante – chacun d'entre eux, à un moment donné de sa vie, ayant été qualifié de « génie » –, seuls huit avaient obtenu un diplôme d'études de troisième cycle.

Quelle était la différence entre le groupe A et le groupe C ? Terman a exploré toutes les explications concevables. Il a examiné leur santé physique et mentale, leur « degré de masculinité et de féminité », leurs passe-temps et centres d'intérêt professionnels. Il a comparé les âges auxquels ils avaient commencé à marcher et à parler, et leur QI précis à l'école primaire et au secondaire. À la fin, une seule chose comptait : les origines familiales.

Les A venaient en très grande majorité des classes moyenne et supérieure. Leurs maisons étaient remplies de livres. Au moins un père sur deux avait un diplôme universitaire, et c'était à une époque où l'éducation supérieure était rare. Les C, par contre, venaient des quartiers pauvres. Près d'un parent sur trois avait décroché de l'école avant la quatrième.

À un moment donné, Terman et ses enquêteurs ont rendu visite à chacun des membres des groupes A et C, et ont évalué leurs personnalités et leurs comportements. Ils ont découvert tout ce qu'on s'attend à trouver si on compare des enfants élevés dans une atmosphère de culture concertée à des enfants élevés dans une atmosphère d'accomplissement de la croissance naturelle. Les A étaient considérés comme étant beaucoup plus alertes, calmes, séduisants et bien habillés. En fait, les résultats, en regard de ces quatre dimensions, sont si différents qu'on croirait avoir affaire à deux espèces d'humains. Ce n'est pas le cas, bien entendu. On voit tout simplement la différence entre ceux que leur famille a élevés de façon à ce qu'ils présentent leur meilleur visage au monde, et ceux à qui on a refusé cette expérience.

Les résultats de Terman sont profondément désolants. N'oublions pas à quel point le groupe C était doué. Si vous les aviez rencontrés à 5 ou 6 ans, vous auriez été renversé par leur curiosité, leur agilité mentale et leur vivacité d'esprit. Ils étaient véritablement hors norme. Mais la vérité pure et simple qui se dégage de l'étude de Terman, c'est qu'en fin de compte, quasiment aucun des enfants géniaux de la classe socio-économique inférieure n'a fini par se faire un nom.

Mais que manquait-il donc aux C ? Ni quelque chose de coûteux, ni d'introuvable ; rien non plus dans leur ADN ou leurs circuits cérébraux. Il leur manquait quelque chose qu'on aurait pu leur donner, si seulement on avait su qu'ils en avaient besoin : une communauté, autour d'eux, qui les aurait préparés convenablement pour le monde. Les C étaient du talent gaspillé. Et pour tant ce n'était pas inévitable.

6.

Aujourd'hui, Chris Langan habite dans la campagne du Missouri, dans un élevage de chevaux. Il s'y est établi il y a quelques années, après son mariage. Quinquagénaire, il paraît toutefois beaucoup plus jeune. Il a la carrure d'un footballeur américain, avec un torse volumineux et d'énormes biceps. Ses cheveux sont soigneusement peignés vers l'arrière. Il arbore une moustache nette et grisonnante, et des lunettes d'aviateur. Son intelligence brille dans son regard.

« Voici ma journée typique, me raconta-t-il il y a peu de temps. Je me lève et je prépare du café. J'entre dans mon bureau, je m'assieds devant l'ordinateur et je poursuis le travail de la veille. J'ai découvert que si je vais me coucher avec une question à l'esprit, je n'ai qu'à me concentrer dessus avant de m'endormir et, au réveil, j'ai presque toujours la réponse. Parfois, je la trouve en rêve et je m'en souviens. D'autres fois, je sens tout simplement la réponse, je commence à taper et elle apparaît sur la page. »

Il venait de lire l'œuvre du linguiste Noam Chomsky. Il y avait des piles de livres dans son bureau. Il en commandait continuellement à la bibliothèque. « J'ai toujours l'impression que plus on se rapproche des sources originales, mieux c'est. »

Langan semblait content. Il avait des animaux à soigner, des livres à lire et une épouse qu'il adorait. Il menait une bien meilleure vie que celle de videur dans un bar.

« Je ne pense pas qu'il y ait quelqu'un de plus intelligent que moi, a-t-il poursuivi. Je n'ai jamais rencontré personne qui me ressemblait, et je n'ai jamais eu ne serait-ce que l'indice qu'il existait quelqu'un qui aurait vraiment de meilleurs pouvoirs de compréhension que moi. Je n'en ai jamais vu et je ne pense pas que j'en verrai. C'est possible – mon esprit est ouvert à cette possibilité. Si quelqu'un me mettait au défi – "Oh, je pense que je suis plus brillant que vous" –, je pense que je pourrais l'emporter. »

Il avait l'air de se vanter, mais ce n'était pas vraiment le cas. C'était le contraire : un brin défensif. À présent, il travaillait depuis des décennies sur un projet d'une immense complexité – mais presque rien de cela n'avait été publié, encore moins lu par les physiciens, les philosophes et les mathématiciens susceptibles d'en juger la valeur.

Cet homme à l'intellect si rare n'avait encore eu aucun effet sur le monde. Il ne dissertait encore dans aucun congrès universitaire. Il ne dirigeait encore aucun séminaire dans aucune université prestigieuse. Il vivait dans une ferme équine un peu délabrée au nord du Missouri, posé dans un fauteuil à l'arrière de sa maison, en jean et vieux tee-shirt. Il savait bien de quoi tout cela avait l'air : c'était là le grand paradoxe du génie de Chris Langan.

« Je n'ai pas approché les éditeurs grand public autant que j'aurais dû le faire, avoua-t-il. Me promener, chercher des éditeurs, essayer de trouver un agent : je ne l'ai pas fait, je n'ai pas envie de le faire. »

C'était un aveu de défaite. Mises à part celles de son propre intellect, toutes ses expériences s'étaient terminées dans la frustration. Il savait qu'il lui fallait améliorer sa façon de se frayer un chemin dans le monde, mais il ignorait comment. Pour l'amour du ciel, il n'était même pas capable de parler avec son professeur de calcul infinitésimal ! C'étaient des choses que d'autres, pourvus d'un intellect plus faible, pouvaient aisément maîtriser. Mais c'était parce que ces autres-là avaient reçu de l'aide en cours de route, et Chris Langan, jamais. Ce n'était pas une excuse. C'était un fait. Il avait eu à faire son chemin seul, et personne – ni les stars du rock, ni les athlètes professionnels, ni les milliardaires du logiciel, ni même les génies – n'y arrive jamais seul.

Chapitre 5

LES TROIS LEÇONS DE JOE FLOM

« Mary nous donnait un billet contre une pièce. »

1.

Joe Flom est le dernier associé vivant dont le nom figure dans celui du cabinet juridique Skadden, Arps, Slate, Meagher et Flom. Il a un bureau avec vue au sommet de la tour Condé Nast, à Manhattan. Il est petit et légèrement voûté. Sa tête massive est encadrée par de longues oreilles saillantes, et ses petits yeux bleus sont cachés derrière des lunettes d'aviateur surdimensionnées. Il est mince, à présent, mais dans la force de l'âge, Flom était obèse. Sa démarche est chaloupée. Il réfléchit en griffonnant et marmonne en parlant, et lorsqu'il parcourt les couloirs de Skadden, Arps, les conversations se font murmures.

Flom a grandi pendant la Grande Dépression, dans le quartier de Borough Park, à Brooklyn. Ses parents étaient des immigrants juifs d'Europe de l'Est. Son père, Isadore, d'abord organisateur syndical dans l'industrie du vêtement, est ensuite passé à la confection d'épaulettes de robes. Sa mère faisait ce qu'on appelait du travail à la pièce – elle cousait à la maison. Leur pauvreté était désespérante. Alors qu'il était enfant, sa famille déménageait presque chaque année. À l'époque, la coutume voulait que les propriétaires donnent aux nouveaux locataires un mois de loyer gratuit. Ce n'est qu'ainsi que sa famille arrivait à s'en sortir.

À la fin du collège, Flom a passé l'examen d'entrée dans un prestigieux lycée public, Townsend Harris, alors situé avenue Lexington, à Manhattan, une école qui, en seulement quarante années d'existence, a produit trois lauréats du prix Nobel, six du Pulitzer et un juge de la Cour suprême, sans parler d'Ira Gershwin et de Jonas Salk, l'inventeur du vaccin contre la polio. Flom a donc été reçu.

Le matin, sa mère lui donnait 10 cents pour son petit déjeuner. Il pouvait s'offrir trois beignets, un jus d'orange et un café chez Nedick's, un comptoir à hot dogs. Après l'école, il poussait un chariot de manutention dans le quartier de la confection. Pendant deux ans, il a suivi des cours du soir au City College, dans Upper Manhattan – travaillant le jour pour boucler son budget –, s'est enrôlé dans l'armée et, après son service militaire, s'est inscrit à la faculté de droit de Harvard.

« Je voulais étudier le droit depuis l'âge de 6 ans », souligne Flom. Harvard l'a accepté, même s'il n'avait aucun diplôme de collège universitaire. « Pourquoi ? Je leur ai écrit en leur expliquant que j'avais inventé la poudre », explique Flom, avec sa concision habituelle.

À Harvard, à la fin des années 1940, il ne prenait jamais de notes. « Nous avions tous cette manie imbécile, en première année, de soigneusement rédiger des notes en classe, et d'en dresser un plan, puis un condensé, qu'on refaisait ensuite sur du papier pelure, par-dessus une pile de papier », se rappelle Charles Haar, un confrère de classe de Flom. « C'était la manière habituelle d'apprendre les dossiers. Pas pour Joe. Il ne voulait pas en entendre parler. Mais il avait cette qualité que nous placions vaguement dans la catégorie "penser comme un avocat". Il avait une grande capacité de jugement. »

Flom fut nommé à la *Law Review* – un honneur réservé aux meilleurs étudiants de la classe. Pendant la « saison d'embauche » – les vacances de Noël de deuxième année –, il alla à New York passer des entretiens dans de grands cabinets spécialisés en droit des sociétés. « J'étais gauche, maladroit, gros. Je ne me sentais pas à l'aise, se rappelle Flom. J'étais l'un des deux gars de ma classe qui n'avaient décroché aucun poste à la fin de la saison d'embauche. Puis, un jour, un de mes professeurs m'a parlé de types qui ouvraient un cabinet. Je suis allé les voir et, tout le temps que j'ai passé avec eux, ils m'ont parlé des risques qu'il y avait à entrer dans une firme sans clientèle. Plus ils parlaient, plus je les trouvais sympathiques. Alors je me suis dit : "Tant pis, je cours le risque." Ils ont dû ratisser les fonds de tiroir pour rassembler les 3 600 $ annuels, qui étaient le salaire de départ. »

Au début, il n'y avait que Marshall Skadden, Leslie Arps – les deux venaient tout juste d'être refusés en tant qu'associés par un grand cabinet juridique de Wall Street – et John Slate, qui avait travaillé pour la compagnie aérienne Pan Am. Flom était leur associé. Ils avaient des bureaux minuscules en haut de l'édifice Lehman Brothers, à Wall Street. « Quel genre de droit y pratiquait-on ? demande Flom en riant. On prenait tout ce qui passait ! »

En 1954, Flom devint associé directeur général, et le cabinet connut une expansion soudaine. Il y eut bientôt une centaine d'avocats. Puis deux cents. Lorsqu'on atteignit les trois cents, l'un des associés de Flom, Morris Kramer, vint lui dire qu'il se sentait coupable de faire entrer de jeunes diplômés de la faculté de droit. Le cabinet Skadden était si grand, disait Kramer, qu'il était difficile de l'imaginer grossir encore tout en donnant à ces recrues des chances de promotion. Flom lui a dit : « Ahhh, on va aller jusqu'à mille ! » Flom ne manquait jamais d'ambition.

Aujourd'hui, Skadden, Arps compte presque deux mille avocats dans vingt-trois bureaux aux quatre coins du monde, et rapporte plus d'un milliard de dollars par année – ce qui en fait l'un des cabinets juridiques les plus grands et les plus puissants du monde. Dans son bureau, Flom a des photos de lui-même en compagnie de George Bush père et de Bill Clinton. Il habite un grand appartement d'un luxueux édifice de l'Upper East Side de Manhattan.

Pendant une période de trente ans, si vous étiez une société *Fortune 500* [1] sur le point d'être rachetée ou de racheter une autre société, ou, tout simplement, si vous étiez un gros bonnet dans le pétrin, qui était votre avocat ? Joseph Flom, et le cabinet Skadden, Arps. Si ce n'était pas le cas, vous l'auriez sans nul doute souhaité.

2.

J'espère qu'à présent un tel récit vous laisse sceptique. Le brillant fils d'immigrant qui surmonte la pauvreté et la crise économique, qui ne trouve aucun poste dans les cabinets d'avocats guindés du centre-ville, qui se débrouille uniquement par ses propres efforts et son talent personnel. C'est un conte de fées, et tout ce que

---

1. *Fortune 500* est le classement des cinq cents premières entreprises américaines, classées selon l'importance de leur chiffre d'affaires. Il est publié chaque année par le magazine *Fortune*.

nous avons appris jusqu'ici des hockeyeurs, des milliardaires du logiciel et des Termites laisse entendre que le succès n'arrive pas ainsi. On n'atteint pas tout seul la réussite. L'endroit d'où l'on vient est important. Les gens prospères sont des produits de lieux et de milieux particuliers.

Alors, tout comme nous l'avons fait avec Bill Joy et Chris Langan, reprenons l'histoire de Joseph Flom, cette fois en appliquant tout ce que nous avons appris dans les quatre premiers chapitres de ce livre. Ne parlons plus de l'intelligence, de la personnalité ou de l'ambition de Joe Flom, même s'il en a, de toute évidence, en abondance. Pas de citation élogieuse de ses clients témoignant de son génie. Fini, les récits colorés de la montée fulgurante de Skadden, Arps, Slate, Meagher et Flom.

Je vais plutôt raconter une série d'histoires du monde des immigrants de New York dans lequel Joe a grandi — d'un confrère de la faculté de droit, d'un père et d'un fils nommés Maurice et Mort Janklow, et d'un couple extraordinaire, Louis et Regina Borgenicht — dans le but de répondre à une question déterminante : quelles occasions se sont présentées à Joe Flom ? Puisque nous savons que même les cas hors norme reçoivent toujours de l'aide en cours de route, pouvons-nous démêler l'écologie de Joe Flom et identifier les conditions qui ont favorisé son éclosion ?

Si nous racontons des histoires en forme de conte de fées, c'est parce que nous sommes captivés par l'idée d'un héros solitaire réussissant contre vents et marées. Mais le véritable récit de la vie de Joe Flom s'avère beaucoup plus intrigant que sa version mythique, car tous les éléments de sa vie qui semblaient à son désavantage — le fait d'avoir été un enfant pauvre, né de travailleurs du vêtement ; d'avoir été juif à une époque où les Juifs faisaient l'objet d'une forte discrimination ; d'avoir grandi au cours de la Grande Dépression – se sont révélés, contre toute attente, des avantages.

Joe Flom est hors norme. Mais pas pour les raisons qu'on pourrait croire, et l'histoire de son ascension nous permet de comprendre les conditions du succès dans sa profession. D'ailleurs, avant la fin de ce chapitre, nous aurons vu qu'il est possible de tirer des leçons de l'histoire de Joe Flom, de les appliquer au monde juridique de New York et de prédire le milieu familial, l'âge et l'origine des avocats les plus puissants de la ville *sans connaître quoi que ce soit d'autre à leur propos*. Mais n'anticipons pas.

Leçon numéro un : de l'importance d'être Juif

3.

Un des confrères de classe de Joe Flom à la faculté de droit de Harvard était un dénommé Alexander Bickel. Comme Flom, Bickel était un fils d'immigrants juifs d'Europe de l'Est et vivait à Brooklyn. Comme Flom, Bickel avait fréquenté l'école publique à New York, puis le City College. Comme Flom, Bickel était une star de sa classe de droit. En fait, avant que le cancer ne coupe court à sa carrière, Bickel était sans doute devenu le meilleur constitutionnaliste de sa génération. Et comme Flom et le reste de ses confrères de la faculté de droit, Bickel s'était rendu à Manhattan durant la « saison d'embauche », à Noël de l'année 1947, pour se trouver un emploi.

Sa première étape fut Mudge Rose, un cabinet de Wall Street, l'un des plus traditionalistes et des plus guindés de l'époque. Mudge Rose a été fondé en 1869. C'est là que Richard Nixon exerçait avant son accession à la présidence en 1968.

On fit visiter la firme à Bickel, et il fut reçu par plusieurs associés, jusqu'à ce qu'on le fasse entrer dans la bibliothèque pour rencontrer l'associé principal. Vous imaginez la scène : une pièce lambrissée de couleurs sombres, un tapis oriental savamment patiné, des étagères entières d'ouvrages juridiques aux reliures de cuir, des portraits à l'huile de MM. Mudge et Rose accrochés au mur.

« Après ce long entretien, dira Bickel des années plus tard, on m'a présenté à [l'associé principal], qui a entrepris de me dire que, compte tenu de mes *antécédents* » – imaginez-vous Bickel faire une pause avant de répéter cet euphémisme désignant son milieu d'immigrants –, « j'étais certainement allé loin. Mais je devrais comprendre que pour une firme comme la sienne, les possibilités d'embaucher un garçon ayant mes *antécédents* étaient limitées. Et même s'il me félicitait de mon parcours, je devais comprendre qu'il n'avait certainement pas d'emploi à m'offrir. Mais qu'ils avaient tous été enchantés de me rencontrer. »

En lisant la transcription des souvenirs de Bickel, on voit clairement que la personne qui l'interrogeait sur ceux-ci ne savait pas quoi faire d'une telle information. À l'époque de cet entretien, Bickel était au sommet de sa réputation. Il avait défendu des dossiers devant la Cour suprême. Il avait écrit des ouvrages brillants. Que Mudge Rose ait refusé sa candidature en raison de ses « antécédents », c'était comme si les Bulls de Chicago avaient écarté Michael Jordan parce qu'ils étaient mal à l'aise avec les jeunes Noirs de la Caroline du Nord. C'était absurde.

« Mais les stars ? » demande l'intervieweur, comme pour dire : « Est-ce qu'on n'aurait pas pu faire une exception pour *vous* ? »

BICKEL :   « Les stars, mon œil… »

Dans les années 1940 et 1950, les cabinets juridiques ultraconservateurs de New York formaient une sorte de club privé. Ils étaient tous situés au centre-ville de Manhattan, à Wall Street et dans les environs, dans de sombres édifices aux façades de granit. Les associés des plus grands cabinets sortaient des mêmes huit écoles les plus prestigieuses de la Nouvelle-Angleterre, fréquentaient les mêmes églises, passaient leurs étés dans les mêmes villes côtières de Long Island. Ils mettaient des complets gris classiques. Leurs sociétés, qu'on surnommait « chaussures blanches » – apparemment en référence aux souliers de daim qu'ils aimaient porter au *country club* ou dans les cocktails –, étaient très exigeantes quant au choix de leurs recrues.

Comme l'a écrit Erwin Smigel dans *The Wall Street Lawyer,* son étude de l'establishment juridique de New York à l'époque, voici ce qu'ils recherchaient :

« […] des avocats de type nordique, à la personnalité agréable et d'allure soignée, sortant des "bonnes" écoles, issus des "bonnes" familles, possédant de l'expérience dans les affaires du monde et dotés d'une immense endurance. Un ex-doyen d'une faculté de droit, discutant des qualités dont les étudiants avaient besoin pour obtenir un emploi, présente une image un peu plus réaliste : "Pour obtenir un emploi, [les étudiants] doivent avoir beaucoup de relations familiales importantes, beaucoup de talent ou de personnalité, ou un mélange des deux. Ce qu'on nomme un statut acceptable, c'est la somme de ces éléments. Si un homme possède l'une ou l'autre de ces caractéristiques, il peut obtenir un emploi. S'il en a deux, il peut avoir un choix d'emplois ; s'il en a trois, il peut se rendre n'importe où." »

La chevelure de Bickel n'était pas claire. Ses yeux n'étaient pas bleus. Il avait un accent, et ses importantes relations familiales étaient principalement Solomon et Yetta Bickel, de Bucarest, en Roumanie, récemment établis à Brooklyn. Les références de Flom n'étaient pas meilleures. Il dit s'être senti « mal à l'aise » durant ces entretiens au centre-ville, et bien sûr, il y avait de quoi : il était petit, pataud, juif, et parlait avec les inflexions plates et nasales de son Brooklyn natal. On imagine bien quel effet il a pu faire à un patricien aux cheveux argentés, dans sa bibliothèque.

À moins d'être d'une bonne famille, de la bonne religion et de la bonne classe sociale, à l'époque, un diplômé de droit n'avait d'autre choix que d'entrer dans une plus petite firme d'avocats, une firme naissante, de seconde catégorie, un cran au-dessous des gros noms du centre-ville ou, tout simplement, de se lancer seul en affaires et de prendre « tout ce qui passait » – c'est-à-dire les cas dont les grandes firmes du centre-ville ne voulaient pas. Cela paraît affreusement injuste, et ça l'était. Mais comme c'est si souvent le cas avec ceux qui sortent de la norme, une occasion en or se dissimulait dans ce revers.

4.

Les firmes juridiques ultraconservatrices de Wall Street avaient une conception très précise de ce qu'elles faisaient. Leurs avocats étaient spécialisés en droit des sociétés. Elles représentaient les entreprises les plus grandes et les plus prestigieuses du pays – c'est-à-dire qu'elles s'occupaient des impôts et de toutes les questions juridiques entourant l'émission d'actions et d'obligations, et faisaient en sorte que leurs clients ne se mettent pas à dos les législateurs fédéraux. Elles ne s'occupaient pas de litiges ; très peu d'entre elles avaient une section consacrée à la défense et au dépôt de poursuites.

Comme l'a dit un jour Paul Cravath, un des fondateurs de Cravath, Swaine et Moore, la firme la plus blanche des « chaussures blanches », un avocat se devait de régler les conflits dans la salle de conférences, et non dans la salle d'audience. « Parmi mes camarades de promotion à Harvard, les plus brillants s'occupaient de titres de placement ou d'impôt, se rappelle un autre associé à chaussures blanches. C'étaient les domaines de marque. Le litige, c'était pour les cabotins, pas pour les gens sérieux. À l'époque, les entreprises ne se faisaient pas de procès entre elles. »

Ce que ces firmes très conservatrices ne faisaient pas, non plus, c'était s'impliquer dans des offres publiques d'achat hostiles. On a peine à l'imaginer aujourd'hui, quand on voit les *raiders* et les sociétés d'investissement avaler compagnie après compagnie, mais jusqu'aux années 1970, on trouvait scandaleux qu'une compagnie en achète une autre contre son gré. Des cabinets comme Mudge Rose et les autres sociétés de l'establishment de Wall Street ne touchaient pas à ce genre d'opérations.

« L'ennui, avec les OPA hostiles, c'est qu'elles étaient hostiles, résume Steven Brill, fondateur de la revue spécialisée *American Lawyer*. Elles manquaient de courtoisie. Si votre meilleur copain de Princeton est le P-DG de telle société, qu'il roule sans problème depuis longtemps, et qu'un *raider* vient vous dire que cette société-là est minable, ça vous met mal à l'aise. Vous vous dites : s'il coule, alors je peux couler, moi aussi. Il s'agit surtout de ne pas perturber le calme et la stabilité de l'ordre des choses [1]. »

---

1. L'avocat et romancier Louis Auchincloss, qui appartient vraiment au vieil establishment juridique wasp et « chaussures blanches » de New York, présente une scène, dans son livre *The Scarlet Letters*, qui exprime à la perfection l'antipathie des cabinets du centre-ville

« Tout ce qui passait », pour la génération d'avocats juifs du Bronx et de Brooklyn, dans les années 1950 et 1960, c'étaient donc les tâches que dédaignaient les cabinets « chaussures blanches » : le litige et, surtout, les « courses aux procurations », c'est-à-dire les manœuvres juridiques qui sont au centre de toute OPA hostile. Un investisseur s'intéressait à une société ; il dénonçait l'incompétence des administrateurs et envoyait des lettres aux actionnaires, pour les amener à lui donner leur « procuration » et rassembler assez de votes pour se débarrasser des cadres. Et pour mener la course aux procurations, le seul avocat que pouvait trouver l'investisseur, c'était quelqu'un comme Joe Flom.

Dans *Skadden*, l'historien juridique Lincoln Caplan décrit ce monde ancien des acquisitions :

> « On déterminait le gagnant d'une course aux procurations dans la "fosse aux serpents". (Officiellement, cela s'appelait la "salle de comptage".) Les avocats de chaque partie rencontraient des inspecteurs d'élections, dont le rôle consistait à approuver ou à éliminer des procurations discutables. L'événement était souvent informel, litigieux et

---

envers le droit des acquisitions. « Voyons les choses en face, ma chère, ton mari et moi dirigeons un cabinet d'escrocs », explique un avocat spécialisé en acquisitions à la femme de son associé juridique. Il poursuit : « De nos jours, lorsque tu veux acquérir une société contre son gré, ton avocat produit toutes sortes de poursuites embêtantes pour l'amener à changer d'idée. Nous poursuivons pour mauvaise gestion, pour dividendes impayés, pour infraction aux règlements, pour émission malhonnête d'actions. Nous alléguons une mauvaise conduite criminelle ; nous invoquons les lois antitrust ; nous poursuivons pour des dettes anciennes et douteuses. Et l'avocat de notre adversaire répondra par des exigences extravagantes à tous nos dossiers et demandera d'interminables interrogatoires pour piéger notre client dans un enchevêtrement sans issue de formalités administratives… C'est la guerre, tout simplement, et comme tu sais, en amour comme à la guerre, tous les coups sont permis. »

indiscipliné. Il arrivait que les adversaires soient vêtus de tee-shirts, mangent des pastèques ou se partagent des bouteilles de scotch. Dans de rares cas, les résultats de la fosse aux serpents pouvaient faire basculer le résultat d'une attaque et se retourner à cause d'un seul bulletin de vote.

« À l'occasion, des avocats tentaient de truquer une élection en manigançant la nomination d'inspecteurs qui leur étaient acquis ; il n'était pas rare que les inspecteurs fument des cigares fournis par l'une et l'autre partie. L'avocat des administrateurs récusait les procurations des insurgés ("Je conteste !") et vice versa. […] Les avocats qui l'emportaient dans la fosse aux serpents étaient des as de l'improvisation. Certains d'entre eux connaissaient mieux que lui les règles des courses aux procurations, mais personne ne savait mieux se battre que Joe Flom. […]

« Flom était gros (45 kilos en trop à l'époque, s'avance un avocat), physiquement peu séduisant (un associé l'a décrit sous les traits d'une grenouille) et indifférent aux mondanités (il pouvait péter en public ou brandir un cigare près du visage d'un interlocuteur sans s'excuser). Mais, selon ses collègues et certains de ses adversaires, sa volonté de l'emporter était sans égale, et il était souvent magistral. »

Les cabinets juridiques « chaussures blanches » aussi appelaient Flom lorsqu'un *raider* s'en prenait à l'un de leurs clients de l'establishment. Ils ne voulaient pas toucher au dossier, mais ils étaient heureux de le déléguer à Skadden, Arps. « La grande spécialité de Flom était les courses aux procurations, et ce n'était pas notre domaine, pas plus que le droit matrimonial, raconte Robert Rifkind, associé de longue date chez Cravath, Swaine et Moore. Par conséquent, nous faisions semblant de n'y rien connaître. Je me rappelle qu'un jour nous avons eu un problème impliquant une course aux procurations, et un de mes associés principaux a dit : "Bon, appelons Joe." Il est arrivé à la salle de conférences, nous nous sommes tous assis ensemble, nous avons décrit le problème, il nous a dit quoi faire et il est parti. Et j'ai dit : "Nous pouvons faire pareil, nous aussi, tu sais." Et l'associé a dit : "Non, non, non, impossible. Nous ne ferons pas ça." Nous ne le faisions pas, un point c'est tout. »

Puis sont arrivées les années 1970. On a laissé tomber la vieille aversion envers les poursuites. L'emprunt est devenu plus facile. Les lois fédérales se sont relâchées. Les marchés se sont internationalisés. Les investisseurs sont devenus plus entreprenants, ce qui a provoqué une explosion du nombre et de la taille des acquisitions d'entreprises.

« En 1980, si on avait effectué un sondage à la Business Roundtable [1] pour savoir s'il fallait permettre les acquisitions hostiles, on aurait eu deux tiers de "non", dit Flom. Maintenant, le vote serait presque unanimement favorable. »

Les sociétés devaient se défendre contre les poursuites de rivaux. Elles devaient repousser les potentiels acquéreurs hostiles. Les investisseurs prêts à attaquer des cibles non consentantes avaient besoin de conseils sur leur stratégie juridique, et les actionnaires, d'une représentation formelle. Les sommes impliquées étaient énormes. Du milieu des années 1970 à la fin des années 1980, les sommes engagées dans les fusions et acquisitions, chaque année à Wall Street, ont augmenté de *2 000 %*, atteignant à leur apogée le trillion de dollars !

Soudain, ce dont les cabinets d'avocats ultraconservateurs ne voulaient pas se charger – les OPA hostiles et le litige – était devenu l'ambition de tout cabinet juridique. Et qui était l'expert dans ces deux domaines soudainement cruciaux ? Les cabinets de deuxième catégorie, jadis marginaux, fondés par des gens qui, dix ou quinze ans

---

1. L'association des grands cadres d'entreprises américains.

plus tôt, ne trouvaient pas d'emploi dans les cabinets du centre-ville.

« [Les cabinets "chaussures blanches"] trouvaient les OPA tout à fait méprisables, et ils ont attendu longtemps avant de décider qu'après tout, il était peut-être temps de s'y mettre ; entre-temps, ils m'avaient laissé le champ libre, dit Flom. Or, une fois que tu t'es taillé une réputation pour ce genre de travail, la clientèle s'adresse à toi en premier. »

Pensez-y : cela ressemble beaucoup à l'histoire de Bill Joy et à celle de Bill Gates. Les deux ont peiné dans un domaine relativement obscur, sans grand espoir de succès matériel. Et boum ! la révolution de l'ordinateur personnel est arrivée, et ils ont fait leurs dix mille heures. Ils étaient prêts. Flom a connu la même expérience. Pendant vingt ans, il s'est perfectionné chez Skadden, Arps. Puis, quand le monde a changé, il était prêt. Il n'a pas triomphé de l'adversité. Plutôt, ce qui était un obstacle au départ a fini par devenir une occasion.

« Ces types n'étaient pas des avocats plus brillants que les autres, souligne Rifkind. Mais cette compétence qu'ils développaient depuis des années se révélait tout à coup très précieuse [1]. »

_____

1. La meilleure analyse de la façon dont l'adversité s'est changée en occasion pour les avocats juifs est celle du juriste Eli Wald. Ce dernier précise avec soin, toutefois, que Flom et ses semblables n'ont pas eu que de la chance. La chance, c'est quand on gagne à la loterie. On leur a donné une occasion, et ils l'ont saisie. Comme le dit Wald : « Les avocats juifs ont eu de la chance et s'en sont servi. C'est la meilleure façon de l'exprimer. Ils ont tiré avantage de circonstances favorables. L'aspect chance a été le refus des firmes wasps d'entrer dans le domaine du droit des OPA. Mais au-delà de la chance, il y a eu le travail, les efforts, l'imagination, et le fait de profiter d'occasions peut-être cachées et pas si évidentes. »

Leçon numéro deux : la chance démographique

5.

Maurice Janklow s'est inscrit à la Brooklyn Law School en 1919. Il était le fils aîné d'immigrants juifs de Roumanie. Il avait sept frères et sœurs. L'un d'eux a fini par diriger un petit magasin à Brooklyn. Deux autres étaient dans la confection pour hommes, un autre avait un studio de conception graphique, une autre fabriquait des chapeaux à plumes et un autre encore travaillait à la direction des finances chez Tishman Realty.

Maurice, toutefois, était l'intellectuel de la famille, le seul à aller à l'université. Il a obtenu son diplôme de droit et fondé un cabinet, rue Court, au centre-ville de Brooklyn. C'était un homme élégant, portant chapeau mou et complet de chez Brooks Brothers, ou, l'été, un canotier. Il a épousé la très belle Lillian Levantin, la fille d'un éminent talmudiste. Il conduisait une grosse voiture. Il s'est établi à Queens. Avec un associé, il a ensuite fait l'acquisition d'une entreprise de papier à lettres qui donnait tous les signes d'un potentiel lucratif.

Voilà un homme tout à fait du genre à faire fortune en tant qu'avocat à New York. Il était intelligent et instruit. Il venait d'une famille rompue aux règles du système. Il vivait dans la ville la plus économiquement active du monde. Mais étrangement, ce n'est jamais arrivé. La carrière de Maurice Janklow n'a pas décollé comme il l'espérait. D'après lui, il n'a jamais connu la réussite au-delà de la rue Court, à Brooklyn. Il a lutté mais piétiné.

Toutefois, Maurice Janklow a eu un fils nommé Mort, devenu avocat lui aussi, et l'histoire du fils est fort différente de celle du père. Mort Janklow a établi dans les années 1960 un cabinet juridique, à partir de rien, puis a rassemblé une des toutes premières franchises de télévision câblée, qu'il a vendue pour une fortune à Cox Broadcasting. Dans les années 1970, il a lancé une agence littéraire qui est devenue une des plus prestigieuses du monde [1]. Il possède un avion. Tous les rêves qui ont échappé au père ont été réalisés par le fils.

Pourquoi Mort Janklow a-t-il réussi, et pas Maurice Janklow ? Bien sûr, il y a une centaine de réponses potentielles à cette question. Mais rappelons-nous l'analyse des magnats des affaires nés dans les années 1930 et des programmeurs informatiques nés en 1955, et examinons les différences générationnelles entre les deux Janklow. Y a-t-il un moment parfait pour naître, pour un avocat juif de New York ? Il se trouve que oui, et ce même fait nous permet d'expliquer que le succès de Mort Janklow est également la deuxième clef du succès de Joe Flom.

6.

L'enquête de Lewis Terman sur le génie, que nous avons abordée au chapitre sur Chris Langan, portait sur le destin de certains enfants au QI très élevé, nés entre 1903 et 1917. L'étude distinguait un groupe de réussites véritables et un groupe d'échecs véritables, et les sujets ayant connu la réussite venaient beaucoup plus souvent de familles plus riches. En ce sens, l'étude de Terman mettait en évidence l'argument d'Annette Lareau, qui insiste sur l'importance de la profession des parents, et des *a priori* de leur classe sociale.

---

1. Il a fondé Janklow et Nesbit, qui se trouve être mon agence littéraire. C'est ainsi que j'ai entendu parler de l'histoire de la famille Janklow.

Toutefois, il y a une autre façon de décomposer les résultats de Terman : selon la date de naissance des Termites. Si on divise les Termites en deux groupes, ceux nés entre 1903 et 1911, et ceux nés entre 1912 et 1917, il se trouve que, selon la recension de Terman, ceux qui ont échoué sont beaucoup plus susceptibles de faire partie du premier groupe.

L'explication a quelque chose à voir avec deux des grands événements cataclysmiques du XXᵉ siècle : la crise de 1929 et la Seconde Guerre mondiale. Si vous êtes né après 1912 – en 1915, disons –, vous êtes sorti du collège universitaire après le pire moment de la Grande Dépression, et vous avez été conscrit à un âge assez jeune pour que vos trois ou quatre ans de service militaire représentent autant une occasion qu'une perturbation (pourvu que vous ne soyez pas tué, bien entendu).

Les Termites nés avant 1911, cependant, sont sortis du collège universitaire à l'apogée de la dépression, alors que les occasions d'emploi étaient rares, et certains arrivaient déjà à la fin de la trentaine lorsque la Seconde Guerre mondiale a éclaté : conscrits, ils ont dû interrompre leurs carrières, de même que leur vie familiale et adulte. Naître avant 1911, c'est une malchance démographique. Les événements les plus dévastateurs du XXᵉ siècle vous frappent exactement au mauvais moment.

Cette même logique démographique s'applique aux avocats juifs de New York, comme Maurice Janklow. Les portes des grands cabinets du centre-ville leur étaient closes. En grande majorité, ils travaillaient donc à leur propre compte, s'occupant de testaments, de divorces, de contrats et de conflits mineurs et, au cours de la Grande Dépression, le travail de l'avocat établi à son propre compte a presque disparu.

« Près de la moitié des membres du barreau métropolitain avaient des revenus inférieurs au seuil de subsistance

des familles américaines, écrit Jerold Auerbach à propos
des années de la Grande Dépression à New York. Un an
plus tard, mille cinq cents avocats signaient le certificat
de pauvreté requis pour toucher les aides gouvernemen-
tales aux chômeurs. Les avocats juifs (qui constituaient
environ la moitié du barreau métropolitain) ont découvert que leur pratique était devenue "le chemin le plus
digne vers la famine". » Quel que soit le nombre
d'années qu'ils avaient consacrées à leur pratique, leur
revenu était « nettement inférieur » à celui de leurs
collègues chrétiens.

Maurice Janklow est né en 1902. Lorsque la crise
de 1929 a commencé, il venait de se marier et d'acheter
sa grosse voiture, de s'établir à Queens et de faire ce gros
pari sur une entreprise de papier à lettres. Le moment
n'aurait pas pu être plus mal choisi.

« Il allait faire fortune, dit Mort Janklow au sujet de
son père. Mais la crise l'a tué économiquement. Il n'avait
aucune réserve, et aucune famille pour le renflouer. Alors
il est devenu de plus en plus une sorte de notaire. Il
n'avait plus le courage de prendre des risques. C'était
trop pour lui. Mon père travaillait sur des dossiers de
titres de propriété pour 25 $. Il avait un ami qui tra-
vaillait à la Jamaica Savings Bank, à Queens, et qui lui
envoyait des clients. Il s'échinait, pour 25 $, à conclure
toute l'affaire, avec les rapports de titres de propriété.
Pour 25 $!

« Je me rappelle mon père le matin, poursuit Janklow.
Il disait à ma mère : "J'ai 1,75 $. Il me faut 10 cents
pour l'autobus, 10 pour le métro, 25 pour un sandwich",
et il lui donnait le reste. Ils étaient à ça du gouffre. »

7.

Maintenant, comparons cette expérience à celle de quelqu'un qui, comme Mort Janklow, est né dans les années 1930.

Examinez le tableau suivant, qui montre le taux de natalité aux États-Unis de 1910 à 1950. En 1915, il y a presque 3 millions de bébés. En 1935, ce nombre diminue de presque 600 000, et ensuite, en moins d'une décennie et demie, il remonte à plus de 3 millions. Plus précisément, pour chaque millier d'Américains, il y a eu 29,5 naissances en 1915 ; 18,7 en 1935 ; et 24,1 en 1950. La décennie des années 1930 a connu ce qu'on appelle un « creux démographique ». En réaction aux difficultés économiques de cette période, des familles cessaient tout simplement d'avoir des enfants et, par conséquent, la génération née durant cette décennie était sensiblement moins nombreuse que celles qui l'ont précédée et qui l'ont immédiatement suivie.

Année	Total des naissances	Naissances par 1 000
1910	2 777 000	30,1
1915	2 965 000	29,5
1920	2 950 000	27,7
1925	2 909 000	25,1
1930	2 618 000	21,3
1935	2 377 000	18,7
1940	2 559 000	19,4
1945	2 858 000	20,4
1950	3 632 000	24,1

Voici ce que l'économiste H. Scott Gordon a jadis écrit des avantages particuliers d'une personne née dans une génération moins nombreuse :

« Lorsqu'il ouvre les yeux pour la première fois, c'est dans un hôpital spacieux, bien garni pour servir la vague qui l'a précédé. Les employés sont généreux de leur temps, car ils ont peu à faire en attendant de sortir du bref répit qui précède la prochaine vague. Lorsqu'il arrive à l'âge scolaire, de magnifiques édifices sont déjà là pour le recevoir ; le personnel enseignant, nombreux, l'accueille à bras ouverts. Au lycée, l'équipe de basket-ball n'est plus ce qu'elle était, mais on peut facilement réserver des sessions au gymnase. L'université est un endroit délicieux : beaucoup d'espace dans les salles de cours et les résidences, pas d'entassement dans la cafétéria, et des professeurs pleins de sollicitude. Puis il entre sur le marché du travail. La réserve de nouveaux arrivants est basse, et la demande est élevée, car une grosse vague arrive derrière lui, apportant une forte demande de biens et services à ses employeurs potentiels. »

À New York, la cohorte du début des années 1930 était si clairsemée que les classes étaient deux fois moins nombreuses que vingt-cinq ans auparavant. Les écoles étaient neuves, construites pour la génération nombreuse qui avait précédé, et pendant la Grande Dépression, enseigner était un emploi prestigieux.

« Dans les années 1940, les écoles publiques de New York étaient considérées comme les meilleures écoles du pays, selon Diane Ravitch, professeure à l'université de New York, qui a abondamment écrit sur l'histoire de l'éducation dans cette ville. Dans les années 1930 et 1940, il y avait cette génération d'éducateurs qui auraient été, ailleurs et à une autre époque, des professeurs d'université. Ils étaient brillants mais ne pouvaient obtenir les emplois qu'ils voulaient, et ils se consacraient à l'enseignement public parce que cela représentait la sécurité, la retraite, et la garantie de n'être pas licencié. »

La même dynamique a profité aux membres de cette génération lorsqu'ils sont entrés à l'université. Ted Friedman, un des principaux avocats-conseils de New York dans les années 1970 et 1980 a, comme Flom, grandi dans la pauvreté, dans une famille d'immigrants juifs sans le sou.

« Je devais choisir entre deux universités : le City College et l'université du Michigan », raconte Friedman. Le City College était gratuit, et l'université du Michigan – alors une des meilleures universités américaines, et qui l'est encore aujourd'hui – coûtait 450 $ par année. « En fait, après la première année, on pouvait obtenir une bourse d'études si on avait de très bonnes notes, précise-t-il. Donc, si je réussissais, je n'avais que la première année à payer. » Le premier choix de Friedman a été de rester à New York. « Eh bien, j'ai passé une journée au City College, et je n'ai pas aimé cela. Je me suis dit que ce serait comme quatre années de plus au Bronx Science [le lycée qu'il avait fréquenté]. Je suis rentré chez moi, j'ai fait mes bagages, et je me suis rendu en auto-stop jusqu'à Ann Arbor. » Il poursuit :

« J'avais quelques centaines de dollars en poche, gagnés pendant l'été. J'avais travaillé dans les montagnes Catskill, suffisamment pour payer les 450 $ de droits de scolarité, et il m'en restait un peu. Puis j'avais trouvé un emploi de serveur dans un restaurant chic à Ann Arbor. Je travaillais aussi la nuit à River Rouge, la grande usine de Ford. C'était bien payé. Trouver un emploi n'était pas tellement difficile : les usines cherchaient des gens. J'avais aussi un emploi dans la construction, qui m'a rapporté le meilleur salaire que j'aie jamais eu avant de devenir avocat. L'été, à Ann Arbor, on construisait les terrains d'essai de Chrysler. J'ai travaillé là pendant quelques étés, alors que j'étais à la faculté de droit. Ces emplois étaient vraiment bien payés, sans doute à cause de toutes les heures supplémentaires qu'on y faisait. »

Réfléchissez un moment à cette histoire. La première leçon, c'est que Friedman était prêt à travailler dur, à se prendre en charge et à mener à bien ses études. Mais la seconde leçon, peut-être la plus importante, est qu'il s'est trouvé dans une période où, en Amérique, si on était prêt à travailler dur, on *pouvait* se prendre en charge et mener à bien ses études.

Friedman, à l'époque, était ce qu'on appellerait aujourd'hui « économiquement désavantagé ». C'était un enfant des quartiers défavorisés du Bronx, dont aucun des parents n'avait fréquenté l'université. Mais voyez à quel point il lui a été facile d'obtenir une bonne éducation. Il a été diplômé d'un lycée public de New York au moment où les écoles publiques new-yorkaises étaient enviées du monde entier. Son premier choix d'université, le City College, était gratuit, et le second, l'université du Michigan, ne coûtait que 450 $ –, et le processus d'admission était manifestement assez souple pour qu'il puisse tester une école une journée et en changer le lendemain.

Et comment est-il arrivé là ? En auto-stop, avec en poche l'argent gagné pendant l'été, et à son arrivée, il a immédiatement décroché une série d'emplois vraiment convenables pour l'aider à payer ses études, car les usines « cherchaient des gens ». Forcément, puisqu'elles devaient répondre aux besoins de deux générations nombreuses, celle qui avait immédiatement précédé le creux démographique des années 1930, et la suivante, celle des baby-boomers.

Le sentiment de possibilité, si nécessaire au succès, ne vient pas seulement de nous ni de nos parents. Il vient de notre époque : des occasions particulières que nous présente notre situation particulière dans l'histoire. Pour un jeune futur avocat, le début des années 1930 était un moment magique pour naître, tout comme 1955 pour un programmeur ou 1835 pour un entrepreneur.

Aujourd'hui, Mort Janklow a un bureau qui domine Park Avenue, rempli d'extraordinaires œuvres d'art moderne, dont une de Dubuffet et une autre d'Anselm Kiefer. Il raconte aussi des histoires hilarantes. (« Ma mère avait deux sœurs. L'une d'elles a vécu jusqu'à l'âge de 99 ans, et l'autre est morte à 90 ans. La première était une femme brillante. Elle a épousé mon oncle Al, qui était chef des ventes chez Maidenform, le fabricant de sous-vêtements féminins. Un jour, je lui ai demandé : "À quoi ressemble le reste du pays, oncle Al ?", et il a répondu : "Mon petit, quand tu quittes New York, il n'y a que des trous." »)

Mort Janklow donne l'impression que le monde lui appartient, qu'il n'a qu'à tendre la main. « J'ai toujours pris de grands risques, dit-il. À l'époque où je montais ma société de câblodiffusion, aux premiers stades, je concluais des ententes qui auraient pu me mettre en faillite si je n'avais pas réussi mon coup. J'étais certain de pouvoir y arriver. »

Il a fréquenté les écoles publiques de New York à leur zénith. À l'époque de son père, Maurice Janklow, les écoles publiques de New York, au contraire, étaient plus bondées que jamais. Mort Janklow a fréquenté la faculté de droit de l'université Columbia, parce que les bébés d'un creux démographique peuvent faire leur marché parmi des écoles très sélectives. Maurice Janklow est allé à la Brooklyn Law School, qui était le maximum que pouvait espérer un enfant d'immigrants en 1919. Mort Janklow a vendu son entreprise de câblodiffusion pour des dizaines de millions de dollars. Maurice Janklow concluait des dossiers de titres de propriété pour 25 $.

L'histoire des Janklow nous confirme que l'ascension fulgurante de Joe Flom n'aurait pas pu se produire à n'importe quelle époque. Même le plus doué des avocats, muni des meilleures leçons familiales, ne peut échapper aux limites de sa génération.

« Ma mère s'exprimait d'une façon cohérente jusqu'aux cinq ou six derniers mois de sa vie, dit Mort
Janklow. Vers la fin, dans son délire, elle parlait de choses
qu'elle n'avait jamais évoquées auparavant. Elle pleurait
ses amis morts pendant l'épidémie de grippe de 1918.
Cette génération – celle de mes parents – a traversé beaucoup d'épreuves. Ils ont connu cette épidémie qui a
emporté, combien ? 10 % de la population mondiale ?
La panique dans les rues, les amis qui meurent. Puis la
Première Guerre mondiale, puis la Grande Dépression,
puis la Seconde Guerre mondiale… Ils n'ont pas eu
beaucoup de chance. C'était une période très difficile.
Mon père aurait mieux réussi à une autre époque. »

Leçon numéro trois : de l'industrie du vêtement et d'un travail porteur de sens

8.

En 1889, à Hambourg, Louis et Regina Borgenicht
embarquèrent sur un paquebot en partance pour l'Amérique. Louis était originaire de Galicie, dans la Pologne
d'alors. Regina venait d'une petite ville de Hongrie. Ils
n'étaient mariés que depuis quelques années, avaient un
jeune enfant et en attendaient un autre. Pour la traversée,
qui durait treize jours, ils dormirent sur des matelas de
paille, sur un pont situé au-dessus de la salle des
machines, s'agrippant à leurs lits superposés tandis que
le bateau tanguait et roulait. Ils ne connaissaient qu'une
personne à New York : la sœur de Louis, Sallie, qui y
avait immigré dix ans plus tôt. Ils avaient assez d'argent
pour survivre quelques semaines, tout au plus. Comme
tant d'autres immigrants en Amérique à l'époque, ils faisaient acte de foi.

Louis et Regina trouvèrent un minuscule appartement, rue Eldridge, dans le Lower East Side de Manhattan, à 8 $ par mois. Louis se mit alors en quête d'un emploi. Il vit des marchands ambulants, des vendeurs de fruits et des trottoirs bondés de voitures à bras. Le bruit, l'activité et l'énergie éclipsaient ce qu'il avait connu sur le Vieux Continent. Il en fut d'abord accablé, puis revigoré. Il se rendit à la poissonnerie de sa sœur, rue Ludlow, et la persuada de lui céder un arrivage de harengs à crédit pour qu'il les vende. Il se lança en affaires sur le trottoir, avec deux barils de poissons, bondissant de l'un à l'autre et chantonnant, en allemand :

« Bon pour la friture
Bon pour le four
Bon pour la cuisson
Bon aussi à manger
Le hareng convient à chaque repas
Et à toutes les classes ! »

À la fin de la semaine, il avait fait 8 $ de profit. Dès la seconde semaine, 13 $. C'étaient des sommes considérables. Mais Louis et Regina ne voyaient pas comment la vente de harengs dans la rue pouvait mener à une entreprise constructive. Louis se fit alors marchand ambulant, avec une voiture à bras. Il vendit des serviettes et des nappes, sans grand succès. Il passa aux carnets, aux bananes, puis aux chaussettes et aux bas. « Y a-t-il vraiment un avenir dans les voitures à bras ? » se demanda-t-il. Puis Regina donna naissance à une fille, et le sentiment d'urgence de Louis augmenta. Il avait maintenant quatre bouches à nourrir.

La réponse lui vint après cinq longues journées à parcourir les rues du Lower East Side, alors qu'il perdait tout espoir. Il était assis sur une caisse renversée, mangeant en guise de déjeuner tardif les sandwichs que

Regina lui avait préparés. *Les vêtements !* Partout autour
de lui, des magasins ouvraient – complets, robes, survête-
ments, chemises, jupes, chemisiers, pantalons, tous prêts
à porter. Pour quelqu'un qui venait d'un monde où les
vêtements étaient cousus main à la maison ou confec-
tionnés sur mesure par des tailleurs, ce fut une
révélation.

« Pour moi, la plus grande merveille de tout cela
n'était pas seulement la quantité de vêtements – même
si c'était un miracle en soi, écrivit Borgenicht des années
plus tard, après être devenu un prospère manufacturier
de vêtements pour femmes et enfants, mais le fait qu'en
Amérique, même les pauvres pouvaient s'épargner tout
le travail long et monotone de la confection de leurs
vêtements : ils n'avaient qu'à aller dans un magasin.
C'était *là* qu'il fallait aller, dans ce domaine palpitant. »

Borgenicht sortit un petit carnet. Partout où il allait,
il notait ce que les gens portaient et ce qu'il y avait à
vendre – vêtements pour hommes, pour femmes, pour
enfants. Il voulait trouver un article « original », quelque
chose que les gens porteraient et qui n'était pas vendu
dans les magasins. Pendant quatre autres jours, il parcou-
rut les rues. Le soir du dernier jour, alors qu'il s'en
retournait chez lui, il avisa une demi-douzaine de fillettes
qui jouaient à la marelle.

L'une des filles portait par-dessus sa robe un minuscule
tablier brodé, à taille basse sur le devant et noué à
l'arrière, et il fut soudain frappé par le fait qu'au cours
de son inventaire sans relâche des boutiques de vêtements du Lower East Side, il n'avait jamais, jamais vu
un de ces tabliers en vente.

En rentrant, il en parla à Regina. Elle avait une vieille
machine à coudre qu'ils avaient achetée à leur arrivée en
Amérique. Le lendemain matin, dans un magasin de la
rue Hester, il acheta cent mètres de toile vichy et

cinquante de tissu rayé. De retour à leur minuscule appartement, il étala la marchandise sur la table de la salle à manger. Regina entreprit de couper le vichy en plusieurs dimensions, selon l'âge des enfants, pour en faire quarante tabliers. Elle se mit à coudre. À minuit, elle alla se coucher, tandis Louis prenait la relève. Elle se leva à l'aube pour coudre les boutonnières et ajouter les boutons. Dès 10 heures du matin, les tabliers étaient terminés. Louis les prit sous le bras et se dirigea vers la rue Hester.

« Tabliers pour enfants ! Tabliers de petites filles ! Colorés, 10 cents ! Blancs, 15 cents ! Tabliers de petites filles ! »

Dès 13 heures, les quarante tabliers étaient vendus.

« Chérie, nous avons notre entreprise ! » cria-t-il à Regina en arrivant en courant chez lui. Il la prit par la taille et la fit tournoyer.

« Il va falloir que tu m'aides, s'écria-t-il. Nous allons travailler ensemble ! Chérie, nous avons notre entreprise ! »

9.

Les immigrants juifs comme les Flom, les Janklow et les Borgenicht étaient différents des autres immigrants arrivés en Amérique au XIXᵉ siècle et au début du XXᵉ. Les Irlandais et les Italiens étaient des paysans, des fermiers de la campagne appauvrie d'Europe. Pas les Juifs.

Comme, depuis des siècles en Europe, on leur avait interdit d'être propriétaires fonciers, ils s'étaient rassemblés dans des villes et des villages, et s'étaient lancés dans des commerces et des professions urbaines. Soixante-dix pour cent des Juifs d'Europe de l'Est qui sont passés par Ellis Island dans les trente ans avant la Première Guerre

mondiale disposait d'au moins une compétence professionnelle. Ils avaient été propriétaires de petites épiceries
ou de bijouteries, relieurs ou horlogers, ou encore, pour
l'immense majorité d'entre eux, ils avaient travaillé dans
la confection – tailleurs et couturières, chapeliers et cas-
quettiers, fourreurs et tanneurs.

Louis Borgenicht, par exemple, avait quitté le foyer
appauvri de ses parents à l'âge de 12 ans, pour travailler
comme commis aux ventes dans un magasin général de
la ville polonaise de Brzesko. Lorsque l'occasion s'est présentée de travailler dans la *Schnittwaren Handlung* (le
commerce de « tissus à la pièce », comme on disait), il
en a profité.

« À l'époque, le marchand de tissu habillait le monde,
écrit-il. Des trois besoins fondamentaux de cette
société simple – l'habillement, la nourriture et le logement –, seuls les deux derniers étaient considérés comme
modestes. Les vêtements, c'était l'aristocratie. Les praticiens de l'art vestimentaire, les marchands d'étoffes merveilleuses venues des quatre coins de l'Europe, les
commerçants qui visitaient les centres industriels au
cours de leurs tournées annuelles d'achat – c'étaient les
princes marchands de ma jeunesse. Leur voix comptait. »

Borgenicht a travaillé dans le domaine des pièces de
tissu pour un dénommé Epstein, puis chez Brandstatter,
un magasin du village voisin de Jaslow. C'est là que le
jeune Borgenicht apprit à reconnaître des dizaines de
variétés d'étoffes, à tel point qu'il lui suffisait de palper
un tissu pour vous en donner la contexture, le nom du
manufacturier et son lieu d'origine. Quelques années
plus tard, Borgenicht alla s'établir en Hongrie, où il rencontra Regina. Elle dirigeait une entreprise de couturière
depuis l'âge de 16 ans. Ensemble, ils ouvrirent une série
de boutiques de pièces de tissu, apprenant minutieusement les détails de la gestion d'une petite entreprise.

Le grand remue-méninges de Borgenicht, ce jour-là, sur la caisse retournée de la rue Hester, n'est pas venu de nulle part. Lui s'occupait depuis longtemps de *Schnittwaren Handlung*, et sa femme était une couturière expérimentée. C'était leur domaine. Et lorsque les Borgenicht se sont installés dans leur minuscule appartement, des milliers d'autres immigrants juifs ont fait la même chose, appliquant leurs compétences en couture, à tel point que, dès 1900, le contrôle de l'industrie du vêtement était passé presque entièrement entre les mains des nouveaux venus d'Europe de l'Est. Comme l'exprime Borgenicht, les Juifs « se sont jetés à corps perdu dans leur pays d'accueil et ont travaillé comme des fous dans un domaine *qu'ils connaissaient* ».

Aujourd'hui, à une époque où New York est au centre d'une région métropolitaine énorme et diversifiée, on oublie facilement l'importance de cet ensemble de compétences que des immigrants comme les Borgenicht ont apportées au Nouveau Monde. De la fin du XIXᵉ au milieu du XXᵉ siècle, l'industrie vestimentaire était la plus importante de la ville, et la plus active du point de vue économique. À New York, la confection occupait plus de gens que toute autre occupation, et il s'y fabriquait plus de vêtements que dans toute autre ville du monde.

Les édifices distinctifs qui s'alignent encore dans la moitié inférieure de Broadway, à Manhattan – comme les grands entrepôts de dix ou quinze étages situés sur une vingtaine de pâtés de maisons au sud de Times Square, et les lofts de SoHo et de Tribeca –, ont presque tous été construits pour loger des fabricants de manteaux, de chapeaux et de lingerie, dans d'immenses salles remplies d'hommes et de femmes penchés sur des machines à coudre. Arriver à New York dans les années 1890 avec un savoir-faire en couture ou en

Schnittwaren Handlung, c'était un coup de chance extraordinaire. C'était comme arriver à la Silicon Valley en 1976, avec pour bagage dix mille heures de programmation informatique.

« Il ne fait aucun doute que ces immigrants juifs sont arrivés au moment parfait, avec les compétences parfaites, dit le sociologue Stephen Steinberg. Pour exploiter cette occasion, il fallait avoir certaines qualités, et ces immigrants travaillaient dur. Ils se sacrifiaient. Ils économisaient sur tout, épargnaient et investissaient sagement. Mais malgré tout, il faut se rappeler que l'industrie vestimentaire, à l'époque, progressait par bonds. L'économie avait désespérément besoin des talents qu'ils possédaient. »

Louis et Regina Borgenicht et les milliers d'autres qui sont venus sur des bateaux avec eux ont bénéficié d'une occasion en or. Tout comme leurs enfants et leurs petits-enfants, car les leçons que ces travailleurs du vêtement apportaient avec eux en rentrant, le soir, étaient cruciales pour faire son chemin dans le monde.

10.

Le lendemain du jour où Louis et Regina Borgenicht vendirent leur premier lot de quarante tabliers, Louis se rendit à la compagnie H. B. Claflin. Claflin était une maison de vente de tissus à la commission, l'équivalent du Brandstatter polonais. Là, Borgenicht demanda à rencontrer un vendeur qui parlait allemand, car sa connaissance de l'anglais était presque inexistante. Toutes les économies du couple en main – 125 $ –, il acheta suffisamment de tissu pour fabriquer dix douzaines de tabliers. Jour et nuit, Regina et lui coupèrent et cousirent. Il vendit les dix douzaines en deux jours. Il retourna chez

Claflin pour une autre tournée. Ils les vendirent tous, une fois de plus.

Louis et Regina durent vite embaucher une autre immigrante, qui venait de débarquer pour s'occuper d'enfants, afin que Regina puisse coudre à temps plein, puis une autre comme apprentie. Louis s'aventura jusqu'à Harlem, vendant aux mères des logements ouvriers. Il loua une devanture rue Sheriff, avec un logement à l'arrière-boutique. Il embaucha trois autres filles et acheta trois machines à coudre. On le surnommait l'« Homme aux tabliers ». Regina et lui vendaient des tabliers aussi vite qu'ils les fabriquaient.

Rapidement, les Borgenicht voulurent diversifier leurs activités. Ils commencèrent alors à confectionner des tabliers pour adultes, puis des jupons, puis des robes. Dès janvier 1892, les Borgenicht avaient vingt employés, pour la plupart des Juifs immigrants comme eux. Ils possédaient leur propre usine dans le Lower East Side de Manhattan et comptaient une clientèle croissante, dont un magasin des quartiers chics, propriété d'une autre famille d'immigrants juifs, les frères Bloomingdale.

Rappelez-vous que les Borgenicht n'étaient arrivés que trois ans plus tôt. Ils parlaient à peine l'anglais. Et ils n'étaient pas encore riches, loin de là. Tous leurs profits étaient réinvestis dans leur entreprise, et Borgenicht avoue qu'il n'avait alors que 200 $ à la banque. Mais déjà, il était aux commandes de son propre destin.

Tel était le deuxième grand avantage de l'industrie vestimentaire : ce n'était pas seulement sa croissance rapide, c'était aussi, clairement, un phénomène d'entreprise. La fabrication des vêtements n'était pas centralisée dans une grande usine. Un certain nombre de firmes établies dessinaient des patrons et préparaient des tissus, puis la couture, le repassage et la pose de boutons étaient tous effectués en sous-traitance. Et si un sous-traitant devenait assez gros ou assez ambitieux, il commençait à concevoir ses propres patrons et à préparer son propre tissu. Dès 1913, l'industrie vestimentaire de New York comprenait environ seize mille compagnies distinctes, dont beaucoup ressemblaient fort à l'atelier Borgenicht de la rue Sheriff.

« Le seuil, pour s'engager dans cette industrie, était très bas. Au départ, c'est une industrie bâtie sur la machine à coudre, et les machines à coudre ne coûtent pas tellement cher, explique Daniel Soyer, prolifique historien de l'industrie vestimentaire. Alors, on n'avait pas besoin de beaucoup de capital. Au tournant du XXᵉ siècle, l'achat d'une ou deux machines coûtait dans les 50 $. Pour devenir entrepreneur, il suffisait de quelques machines à coudre, de quelques fers à repasser et de quelques employés. Les marges de profit étaient très faibles, mais on pouvait gagner de l'argent. »

Lisez en quels termes Borgenicht explique sa décision de se développer au-delà des tabliers :

« D'après mon étude du marché, il n'y avait, en 1890, que trois fabricants de robes d'enfants. L'un d'eux était un tailleur de l'East Side, près de chez moi, qui ne produisait que sur commande, tandis que les deux autres fabriquaient un produit coûteux, et je ne désirais aucunement rivaliser avec eux. Je voulais produire des marchandises à "prix populaire" – des robes à laver, des soieries et des lainages. Mon but était de confectionner des robes que pouvaient s'offrir la grande majorité des gens, des robes qu'on allait – du point de vue commercial – vendre à des petits magasins comme à des grands, à la ville comme à la campagne. Avec l'aide de Regina – elle avait toujours un goût et un jugement très sûrs –, j'ai fabriqué une collection d'échantillons. Les étalant devant tous mes "vieux" clients et amis, je martelais chaque argument – mes robes allaient épargner aux mères un travail infini, les matériaux et la couture valaient autant, sinon plus, que tout ce qu'on pouvait faire à la maison, le prix convenait à une vente rapide. »

À un certain moment, Borgenicht s'aperçut que sa seule chance de vendre moins cher que les plus grosses firmes était de convaincre les grossistes de lui vendre directement du tissu, éliminant l'intermédiaire.

Il alla donc voir un certain M. Bingham, à la compagnie Lawrence, un « grand Yankee décharné, avec une barbe blanche et des yeux bleu acier ». Le voici donc, l'immigrant de la Pologne rurale, l'œil cerné par la fatigue, négociant dans son anglais hésitant avec l'impérieux Yankee. Borgenicht voulait acheter quarante caisses de cachemire. Bingham n'avait jamais vendu à une compagnie, encore moins à une humble fabrique comme celle de la rue Sheriff.

« Vous avez un sacré culot de venir me demander des faveurs ! » tonna Bingham. Mais il finit par accepter.

Ce que Borgenicht tirait de ses journées de dix-huit heures était une leçon d'économie moderne. Il apprenait la recherche de marché. Il apprenait la fabrication. Il apprenait comment négocier avec d'impérieux Yankees. Il apprenait comment se mettre à l'écoute d'une culture populaire pour décrypter les nouvelles tendances de la mode.

Les immigrants irlandais et italiens qui arrivaient à New York à la même période n'avaient pas cet avantage. Ils n'avaient pas de compétence propre à l'économie urbaine. Ils allaient devenir journaliers, domestiques et travailleurs dans le bâtiment – des emplois auxquels on pouvait se présenter chaque jour pendant trente ans sans jamais apprendre la recherche de marché ou la fabrication, ni comment se frayer un chemin dans la culture populaire ou négocier avec les Yankees, qui dirigeaient le monde.

Considérez également le sort des Mexicains, qui ont immigré en Californie entre 1900 et la fin des années 1920, pour travailler dans les champs des grands producteurs de fruits et de légumes. Ils ne faisaient qu'échanger la vie d'un paysan inféodé du Mexique pour celle d'un paysan inféodé de Californie.

« Les conditions dans l'industrie du vêtement étaient tout aussi mauvaises, poursuit Soyer. Mais en tant que travailleur du vêtement, vous étiez plus près du centre de l'industrie. Si vous travailliez dans un champ en Californie, vous n'aviez aucune idée de ce que devenaient les fruits et les légumes une fois chargés dans le camion. Si vous travailliez dans une petite boutique de vêtements, vos revenus étaient bas, vos conditions de travail étaient épouvantables et vos heures, longues, mais vous voyiez exactement ce que faisaient les gens prospères, et comment façonner votre propre activité [1]. »

Lorsque Borgenicht rentrait chez lui pour retrouver ses enfants, il était fatigué, pauvre et débordé, certes, mais vivant. Il était son propre patron. Il était responsable de ses propres décisions et de sa direction. Son travail était complexe : il mobilisait son esprit et son imagination. Et il existait une corrélation directe entre l'effort et la rémunération : plus Regina et lui restaient

---

1. Je m'aperçois qu'il est étrange de parler de chance au sujet des immigrants juifs en Amérique, alors que les familles et la parenté qu'ils avaient laissées en Europe étaient à la veille d'être exterminées par les nazis. En fait, Borgenicht capte sans s'en rendre compte ce caractère poignant dans ses mémoires, publiés en 1942. Il les a intitulés *The Happiest Man* (« Le plus heureux des hommes »). Après plusieurs chapitres débordant d'optimisme et de gaieté, le livre se termine par une description sans fard de l'Europe sous la domination nazie. Si *The Happiest Man* avait été publié en 1945, alors qu'on connaissait tous les aspects de l'Holocauste, on imagine qu'il aurait eu un titre fort différent.

debout longtemps, la nuit, à coudre des tabliers, plus ils gagnaient d'argent le lendemain dans les rues.

Ces trois critères – l'autonomie, la complexité, et un lien entre l'effort et la rémunération – sont, d'après la plupart des gens, les qualités que doit comporter le travail pour être satisfaisant. En définitive, ce n'est pas une somme d'argent qui fait notre bonheur au bureau. C'est l'épanouissement que nous procure le travail.

Si je vous offrais le choix entre être un architecte pour 75 000 $ par an et travailler dans un poste de péage, chaque jour du reste de votre vie, pour 100 000 $ par an, lequel des deux emplois prendriez-vous ? Le premier, j'imagine, parce qu'il recèle de la complexité, de l'autonomie et une relation entre l'effort et la récompense par un travail créatif ; pour la plupart d'entre nous, cela vaut plus que de l'argent.

Le travail qui répond à ces trois critères est celui qui est porteur de sens. Le travail d'enseignant est porteur de sens. Le travail de physicien est porteur de sens. Tout comme le travail d'entrepreneur. Et le miracle de l'industrie du vêtement – malgré ses difficultés et sa concurrence acharnée – a été de permettre à des gens comme les Borgenicht de trouver, eux aussi, à peine débarqués, une occupation porteuse de sens [1].

---

1. Soyons clair : dire que le travail vestimentaire était porteur de sens, ce n'est pas forcer le trait jusqu'à l'enjoliver. C'était un labeur incroyablement difficile et souvent misérable. Les conditions étaient inhumaines. Un sondage mené dans les années 1890 indique que la semaine de travail moyenne comptait quatre-vingt-quatre heures, ce qui revient à douze heures par jour. Parfois davantage. « Pendant la haute saison, écrit David Von Drehle dans *Triangle : The Fire That Changed America*, il n'était pas rare de trouver des travailleurs assis sur des tabourets ou des chaises cassées, penchés sur leur couture ou leurs fers à repasser, de 5 heures à 21 heures, au moins cent heures par semaine. En effet, on a dit qu'en haute saison, dans le Lower East Side, le bourdonnement grinçant des machines à coudre ne se taisait jamais, ni de nuit ni de jour. »

Quand Louis Borgenicht est arrivé chez lui après avoir vu pour la première fois ce tablier d'enfant, il a dansé une gigue. Il n'avait encore rien vendu. Il était encore sans le sou et désespéré, et il savait que, pour faire fructifier son idée, il lui faudrait des années de travail acharné. Mais il était follement heureux car, pour lui, la perspective de ces interminables années de dur labeur n'était pas un fardeau. Bill Gates a eu ce même sentiment la première fois qu'il s'est assis au clavier à Lakeside. Et les Beatles n'ont pas reculé avec effroi en apprenant qu'ils devaient jouer huit heures chaque soir, sept jours sur sept. Ils ont sauté sur l'occasion. Le travail acharné n'est une prison que s'il n'a aucun sens. Lorsqu'il en a un, voilà qui vous donne envie de saisir votre femme par la taille pour danser une gigue !

Cependant, le miracle de l'industrie vestimentaire a surtout été déterminant pour les enfants qui grandissaient dans ces foyers où on pratiquait un travail porteur de sens. Imaginez ce que c'était pour un enfant que de voir l'ascension rapide de Regina et Louis Borgenicht. Il apprenait la même leçon que, presque un siècle plus tard, le petit Alex Williams (cet enfant en visite chez le médecin dans l'étude de Lareau) – une leçon cruciale pour ceux qui voulaient s'attaquer aux échelons supérieurs d'une profession comme le droit ou la médecine : si vous travaillez suffisamment, que vous vous affirmez et que vous utilisez votre esprit et votre imagination, le monde est à vos pieds.

11.

En 1982, une étudiante de troisième cycle nommée Louise Farkas se rendit dans plusieurs maisons de retraite et hôtels résidentiels de New York et de Miami Beach.

Elle cherchait des gens comme les Borgenicht ou, plus précisément, les enfants de gens comme les Borgenicht, arrivés à New York avec la grande vague d'immigration juive du tournant du dernier siècle. Et pour chacune des personnes qu'elle interviewait, elle construisait un arbre généalogique montrant les gagne-pain d'une lignée de parents, d'enfants, de petits-enfants et, dans certains cas, d'arrière-petits-enfants.

Voici son compte rendu du « sujet numéro 18 » :

> « Un tailleur artisan russe arrive en Amérique, prend goût à l'industrie du vêtement, travaille dans un atelier où la main-d'œuvre est exploitée pour un petit salaire. Plus tard, il s'occupe chez lui de la finition des vêtements, avec l'aide de sa femme et de ses enfants les plus âgés. Pour augmenter son salaire, il travaille la nuit. Puis il fabrique un vêtement et le vend dans les rues de New York. Avec le capital accumulé, il fonde une entreprise avec ses enfants. Ils ouvrent un atelier de création de vêtements pour hommes. Le tailleur russe et ses enfants deviennent des manufacturiers de complets pour hommes et approvisionnent plusieurs magasins spécialisés [...]. Les fils et le père deviennent prospères [...]. Les fils ont des enfants qui deviennent des professionnels instruits. »

Et voici un tanneur qui a émigré de la Pologne à la fin du XIXᵉ siècle :

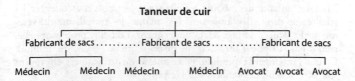

Les arbres généalogiques des Juifs rencontrés par Louise Farkas s'étalent sur des pages, tous quasi identiques, jusqu'à l'inéluctable conclusion : les médecins et les avocats juifs ne sont pas devenus des professionnels en dépit de leurs humbles origines, mais *grâce à elles*.

Ted Friedman, un éminent avocat-conseil dans les années 1970 et 1980 – dont l'histoire a été rapportée dans les pages précédentes –, se rappelle avoir assisté, enfant, à des concerts avec sa mère au Carnegie Hall. Ils étaient pauvres et habitaient dans le coin le plus reculé du Bronx. Comment pouvaient-ils se payer des billets ? « Mary nous donnait un billet contre une pièce, dit Friedman. Il y avait là une dénommée Mary qui contrôlait les billets ; si on lui donnait une pièce de 25 cents, elle nous permettait de rester au deuxième balcon, sans billet. Le Carnegie Hall n'en savait rien. Ça restait entre Mary et nous. C'était un peu loin, mais nous y retournions une ou deux fois par mois[1]. »

La mère de Friedman était une immigrante russe. Elle parlait à peine l'anglais. Mais, couturière dès l'âge de 15 ans, elle était devenue une importante organisatrice syndicale dans l'industrie du vêtement. Qu'apprenez-vous dans ce monde-là ? Que par votre propre force de persuasion et d'initiative, vous pouvez emmener vos enfants au Carnegie Hall. Il n'y a pas de meilleure leçon pour un futur avocat. L'industrie du vêtement était le camp d'entraînement des professions libérales.

---

1. L'explication conventionnelle du succès des Juifs, bien sûr, est que les Juifs venaient d'une culture intellectuelle. Ils sont connus pour être le « peuple du Livre ». Il y a sûrement quelque chose de cet ordre. Mais les enfants de rabbins n'étaient pas les seuls à fréquenter les facultés de droit. Il y avait aussi les enfants des travailleurs du vêtement. Et leur avantage clef, pour gravir l'échelle professionnelle, n'était pas la rigueur intellectuelle qu'on retire de l'étude du Talmud. C'était l'intelligence pratique et la finesse qu'on acquiert en voyant son père vendre des tabliers rue Hester.

Que faisait le père de Joe Flom ? Il confectionnait des épaulettes de robes. Que faisait celui de Robert Oppenheimer ? Il était manufacturier de vêtements, comme Louis Borgenicht. Chez Skadden, un étage au-dessus du bureau de Flom, dont la vue est spectaculaire, se trouve celui de Barry Garfinkel, qui fait partie du cabinet depuis presque aussi longtemps que Flom et qui, des années durant, a dirigé sa division litige. Que faisait la mère de Garfinkel ? Elle était modiste : elle confectionnait des chapeaux à la maison. Qu'ont fait deux des fils de Louis et Regina Borgenicht ? Ils sont allés à la faculté de droit, et pas moins de neuf de leurs petits-enfants sont également devenus des médecins et des avocats.

Voici le plus remarquable des arbres généalogiques de Farkas. Il appartient à une famille juive de Roumanie, qui y tenait une petite épicerie, puis qui est arrivée à New York et en a ouvert une autre, dans le Lower East Side de Manhattan. C'est la réponse la plus élégante à la question : d'où viennent tous les Joe Flom ?

12.

À dix rues du siège social de Skadden, Arps, au centre de Manhattan, se trouvent les bureaux du grand concurrent de Joe Flom, généralement considéré comme le meilleur cabinet juridique du monde.

Son siège social est situé dans le prestigieux immeuble de bureaux appelé Black Rock. Pour y être embauché, il faut rien moins qu'un petit miracle… À la différence des autres grands cabinets juridiques, qui comptent tous des centaines d'avocats éparpillés dans les grandes capitales du monde, il ne fonctionne qu'à partir de ce seul édifice de Manhattan. Il refuse beaucoup plus de contrats qu'il n'en accepte. À la différence de chacun de ses concurrents, il ne facture pas à l'heure ; il se contente de fixer des honoraires.

Un jour, pour défendre la chaîne de grands magasins K-mart contre une offre publique d'achat, le cabinet a exigé 20 millions de dollars pour deux semaines de travail. K-mart a payé – avec bonheur. Si ses avocats ne vous déjouent pas par leur intelligence, ils le feront en travaillant plus que vous, ou alors, ils auront raison de vous par pure intimidation. Aucun cabinet du monde n'a gagné plus d'argent, par tête, au cours des deux dernières décennies. Au mur du bureau de Joe Flom, à côté de ses photos en compagnie de George Bush père et de Bill Clinton, il y en a une où on le voit aux côtés de l'associé directeur général du cabinet rival.

À New York, personne ne s'élève au sommet de la profession juridique à moins d'être intelligent, ambitieux et travailleur, et il est clair que les quatre fondateurs du cabinet de Black Rock correspondent à cette description. Mais ce n'est pas tout, n'est-ce pas ? Le succès n'est pas le fruit du hasard. Il provient d'un ensemble prévisible et imposant de circonstances et d'occasions et, à ce stade, après avoir examiné la vie de Bill Joy et de Bill Gates, de professionnels du hockey et de génies, de Joe Flom, des Janklow et des Borgenicht, il ne devrait pas être difficile de comprendre ce qui fait le parfait avocat.

Cet individu sera né dans un creux démographique, aura donc fréquenté des écoles publiques de New York à leur zénith, et profité des meilleures conditions sur le marché du travail. Comme il sera Juif, il aura bien sûr été écarté des cabinets ultraconservateurs du centre-ville en raison de ses « antécédents ». Les parents de cette personne auront effectué un travail porteur de sens dans l'industrie vestimentaire, transmettant à leurs enfants certaines valeurs : l'autonomie, la complexité, et la corrélation entre effort et récompense. Il aura fréquenté une bonne école – mais pas nécessairement une grande école. Il n'aura pas forcément été le plus intelligent de la classe, mais juste suffisamment intelligent.

En réalité, nous pouvons même être encore plus précis. Tout comme il y a une date de naissance parfaite pour un magnat des affaires du XIXᵉ siècle, et une pour un magnat du logiciel, il y en a une, aussi, pour un avocat juif new-yorkais. La date de naissance parfaite, c'est 1930. Né en 1930, ce futur avocat bénéficie d'une génération bienheureusement peu nombreuse. Il fête ses 40 ans en 1970, aux prémices de la révolution du monde juridique, armé d'une salutaire longueur d'avance de quinze années – son Hambourg, en quelque sorte – passées à se perfectionner dans le domaine de la fusion-acquisition, quinze années pendant lesquelles les avocats à « chaussures blanches », eux, ont lanterné, inconscients, autour de déjeuners arrosés au martini.

Si vous voulez être un grand avocat de New York, être un outsider sera un atout, tout comme le fait d'avoir des parents dont le travail est porteur de sens et, mieux encore, d'être né dans les années 1930. Mais si vous cumulez ces trois avantages – outre une bonne dose d'ingéniosité et de motivation –, c'est une combinaison imbattable. C'est comme être un joueur de hockey né un 1ᵉʳ janvier.

La firme du Black Rock s'appelle Wachtell, Lipton, Rosen et Katz. Le premier associé du cabinet était Herbert Wachtell. Né en 1932, il a grandi dans un logement ouvrier du puissant syndicat de l'Amalgamated

Clothing, en face du parc Van Cortlandt, dans le Bronx. Ses parents étaient des immigrants juifs d'Ukraine. Son père travaillait avec ses frères dans l'industrie du sous-vêtement pour dames, au sixième étage de ce qui est devenu un loft prestigieux, situé à l'angle de Broadway et Spring, dans SoHo. Il a fréquenté des écoles publiques de New York dans les années 1940, puis le City College, situé dans Upper Manhattan, puis la faculté de droit de l'université de New York.

Le deuxième associé était Martin Lipton. Il est né en 1931. Son père était directeur d'usine. Descendant d'immigrants juifs, il a fréquenté des écoles publiques de Jersey City, puis l'université de Pennsylvanie, et la faculté de droit de l'université de New York.

Le troisième associé était Leonard Rosen. Né en 1930, il a grandi dans la pauvreté, dans le Bronx, près du stade des Yankees. Ses parents étaient des immigrants juifs venus d'Ukraine. Son père travaillait dans le quartier de l'industrie du vêtement, à Manhattan, en tant que pressier. Lui-même a fréquenté des écoles publiques de New York au cours des années 1950, puis le City College, dans Upper Manhattan, puis la faculté de droit de l'université de New York.

Le quatrième associé était George Katz. Il est né en 1931 et a grandi dans un appartement composé d'une seule chambre à coucher, dans un rez-de-chaussée du Bronx. Ses parents étaient les enfants d'immigrants juifs d'Europe de l'Est. Son père était courtier en assurance. Son grand-père, qui habitait à quelques rues, était couturier dans l'industrie du vêtement, et travaillait à la maison. Katz a fréquenté des écoles publiques de New York dans les années 1940, puis le City College, dans Upper Manhattan, puis la faculté de droit de l'université de New York.

Imaginez si nous avions rencontré l'un ou l'autre de ces quatre avocats à leur sortie de la faculté de droit, assis dans l'élégante salle d'attente de chez Mudge Rose, à côté d'un type nordique aux yeux bleus, fils de « bonne » famille. Nous aurions tous parié sur le type nordique. Et nous aurions eu tort, car les Katz, les Rosen, les Lipton, les Wachtell et les Flom avaient quelque chose de plus que lui. Leur monde – leur culture, leur génération et leur histoire familiale – leur donnait la plus grande des occasions.

II

L'HÉRITAGE

Chapitre 6

HARLAN, KENTUCKY

« Meurs comme un homme, comme ton frère l'a fait ! »

1.

Dans le sud-est du Kentucky, dans cette région des Appalaches qu'on appelle le plateau de Cumberland, se trouve une petite ville appelée Harlan.

Le plateau de Cumberland est une région sauvage et montagneuse faite de crêtes aplaties, de murs de montagnes de cent cinquante à trois cents mètres de haut et de vallées encaissées, certaines si étroites qu'il n'y passe qu'une route à une voie et un ruisseau.

Au début de sa colonisation, le plateau était couvert d'une dense forêt vierge. Des tulipiers d'Amérique géants poussaient dans les vallons et au pied des collines, et certains de leurs troncs atteignaient deux mètres de diamètre. Parmi eux poussaient des chênes blancs, des hêtres, des érables, des noyers, des sycomores, des bouleaux, des saules, des cèdres, des pins et des sapins du Canada, tous pris au piège d'un entrelacs de vigne sauvage, qui constituaient l'un des plus magnifiques mélanges forestiers de l'hémisphère Nord. Au sol vivaient des ours, des cougars et des serpents à sonnettes ; au sommet des arbres habitait une étonnante variété d'écureuils ; et sous le sol gisaient de nombreux filons de charbon.

Le comté de Harlan a été fondé en 1819 par huit familles d'immigrants du nord des îles Britanniques. Elles étaient arrivées en Virginie au XVIIIᵉ siècle, avant de se diriger vers l'ouest des Appalaches, en quête de terres.

Les cent premières années, Harlan fut faiblement peuplé, dépassant rarement les dix mille habitants. Les premiers colons élevaient des porcs et menaient des troupeaux de moutons paître à flanc de colline, vivaient de peine et de misère dans de petites fermes au fond des vallées. Ils fabriquaient du whisky dans des alambics d'arrière-cour et abattaient des arbres, les faisant flotter sur la rivière Cumberland au printemps, à la crue des eaux.

Jusqu'à tard dans le XXᵉ siècle, rejoindre la gare la plus proche nécessitait deux jours de trajet en voiture à cheval. La seule route hors du village escaladait le mont Pine – quinze kilomètres abrupts sur un chemin qui à certains endroits n'était guère plus qu'un sentier boueux et rocailleux. Harlan était un lieu sauvage et étrange, inconnu de la société qui l'entourait, et il aurait fort bien pu le demeurer, si deux des familles fondatrices du village – les Howard et les Turner – s'étaient bien entendues.

Le patriarche du clan Howard était Samuel Howard. Il avait construit le palais de justice et la prison de la ville. Son pendant était William Turner, qui possédait une taverne et deux magasins généraux. Un jour, une tempête fit tomber la clôture de la propriété des Turner, et la vache d'un voisin s'aventura sur leur terre. Le petit-fils de William Turner, surnommé Devil Jim, abattit la bête. Trop terrifié pour porter plainte, le voisin s'enfuit du comté. Une autre fois, un homme tenta d'ouvrir un magasin général, entrant en concurrence avec celui des Turner. Ces derniers allèrent lui en toucher un mot. Il ferma son magasin et partit s'établir en Indiana. Ce n'étaient pas des gens agréables.

Un soir, Wix Howard et Little Bob Turner – respectivement les petits-fils de Samuel et de William – s'affrontèrent au poker. Chacun accusa l'autre de tricher. Ils se battirent. Le lendemain, ils se rencontrèrent dans la rue et, dans une rafale de tirs, Little Bob Turner fut tué d'un coup de fusil en pleine poitrine. Un groupe de Turner se rendit au magasin général des Howard et s'adressa avec impolitesse à Mme Howard. Insultée, elle en parla à son fils, Wilse Howard, lequel, la semaine suivante, sur la route de Hagan, en Virginie, échangea des coups de feu avec un autre des petits-fils de Turner, le jeune Will Turner. Ce même soir, un des Turner, avec un ami, attaqua la maison des Howard. Les deux familles s'affrontèrent alors devant le palais de justice de Harlan. Pendant la fusillade, Will Turner fut touché. Un contingent de Howard alla ensuite trouver Mme Turner, la mère de Will Turner et de Little Bob, pour demander une trêve. Elle refusa : « Impossible d'effacer ce sang », leur déclarat-elle en désignant le sol où le sang de son fils était répandu.

Les choses allèrent rapidement de mal en pis. Wilse Howard rencontra Little George Turner près de Sulphur Springs et l'abattit. Les Howard tendirent une embuscade à trois amis des Turner – les Cawood –, et les tuèrent. On envoya un détachement à la recherche des Howard. Dans la fusillade qui en résulta, dix autres furent tués ou blessés. Lorsque Wilse Howard apprit que les Turner étaient à sa recherche, il retourna avec un ami à Harlan à cheval et ils attaquèrent la maison des Turner. En fuyant, les Howard tombèrent dans un piège. Au cours du combat, une autre personne trouva la mort. Wilse Howard se rendit à cheval chez Little George Turner, ouvrit le feu sur lui, mais le manqua et tua un autre homme. Un détachement encercla la maison des Howard. Il y eut un autre échange de coups de feu.

D'autres morts. Le comté était dans le plus grand tumulte.

Je crois que vous voyez le tableau. Il y avait des endroits, dans l'Amérique du XIXe siècle, où les gens vivaient en harmonie. Harlan, dans le Kentucky, n'était pas de ceux-là.

« Arrête ça ! » aboya la mère de Wilse Turner à son fils, alors qu'il chancelait dans la pièce, hurlant de douleur après sa blessure dans la fusillade du palais de justice. « Meurs comme un homme, comme ton frère l'a fait ! » Elle appartenait à un monde si habitué aux morts par balle qu'elle avait certaines attentes quant à la façon de les endurer. Wilse s'est tu, et il est mort.

2.

Supposons qu'on vous envoie à Harlan à la fin du XIXe siècle pour enquêter sur les causes de la vendetta entre les Howard et les Turner. Vous avez retracé tous les protagonistes survivants et les avez interrogés le plus soigneusement possible. Vous avez fait produire des documents par ordre de comparution, recueilli des dépositions et examiné des dossiers du tribunal, jusqu'à ce que vous ayez rassemblé un compte rendu détaillé et précis de chaque étape de la querelle meurtrière.

Que savez-vous de plus ? En vérité, pas grand-chose. Vous avez appris qu'il y avait à Harlan deux familles qui ne s'entendaient pas très bien, et vous confirmez qu'on aurait probablement dû incarcérer rapidement Wilse Howard, le responsable d'une grande part de cette violence. Pour y voir clair, il faut examiner cette violence dans un contexte beaucoup plus large.

Ce qu'il faut d'abord savoir de Harlan, c'est qu'à la même époque où les Howard et les Turner s'entre-tuaient, d'autres petites villes, d'un bout à l'autre des Appalaches, abritaient des affrontements quasi identiques.

Dans la célèbre vendetta entre les Hatfield et les McCoy, à la frontière du Kentucky et de la Virginie occidentale, non loin de Harlan, plusieurs dizaines de personnes ont été tuées au cours d'un cycle de violence qui a duré vingt ans.

Au cours de la querelle entre les French et les Eversole, dans le comté de Perry, au Kentucky, douze personnes ont été abattues, dont six par Bad Tom Smith (un homme, écrit Ed Pearce dans *Days of Darkness*, « juste assez imbécile pour être intrépide, juste assez malin pour être dangereux, et un tireur d'élite »).

La querelle entre les Martin et les Tolliver, dans le comté de Rowan, au Kentucky, au milieu des années 1880, a produit trois fusillades, trois embuscades et l'assaut de deux maisons, pour se terminer par une fusillade de deux heures impliquant une centaine d'hommes armés.

La querelle des Baker et des Howard dans le comté de Clay, au Kentucky, a commencé en 1906 lorsqu'une partie de chasse au wapiti s'est envenimée, et ne s'est terminée que dans les années 1930, lorsque quelques Howard ont tué trois Baker dans une embuscade.

Et il ne s'agit là que des querelles bien documentées. Dans une ville du plateau de Cumberland, Harry Caudill, un législateur du Kentucky, a un jour fouillé le bureau du greffier du tribunal et a découvert un millier d'inculpations datant de la fin de la guerre civile, au milieu des années 1860, jusqu'au début du XXe siècle – et ce, dans une région qui n'a jamais compté plus de quinze mille personnes, et où de nombreux actes de violence n'ont jamais été jusqu'au stade de l'inculpation. Caudill raconte un procès pour meurtre survenu dans le comté de Breathitt – ou « Bloody Breathitt », comme on a fini

par l'appeler –, qui s'est terminé d'une façon abrupte
lorsque le père du défendant, « un homme dans la cinquantaine avec une grosse moustache en guidon de vélo
et deux immenses pistolets », s'est avancé vers le juge et
s'est emparé de son maillet :

> « Le protagoniste a donné un coup sur le bureau et a
> annoncé : "La cour est fermée, tout l'monde peut s'en aller.
> Y aura plus de tribunal de tout le trimestre, les gars." Le
> juge, cramoisi, a vite accepté cet ordre extraordinaire et a
> quitté la ville. Lorsque le tribunal s'est réuni au trimestre
> suivant, la cour et le shérif étaient appuyés par soixante
> miliciens, mais alors, le prévenu n'était plus disponible pour
> être jugé. Il avait été tué au cours d'une embuscade. »

Lorsqu'une famille se bat contre une autre, c'est une
vendetta. Lorsque plusieurs familles se battent entre elles
dans de petites villes identiques, d'un bout à l'autre de
la même chaîne de montagnes, c'est une *tendance*.

Quelle était la cause de la tendance appalachienne ?
Au fil des ans, bien des explications possibles ont été
examinées et débattues, et tout le monde semble
s'entendre sur le fait que cette région était affectée par
une variété particulièrement virulente de ce que les
sociologues appellent une « culture de l'honneur ».

Les cultures de l'honneur ont tendance à s'établir dans
les sommets et autres zones à peine fertiles, comme la
Sicile ou les régions montagneuses du Pays basque espagnol. Selon cette explication, qui demeure sur un flanc
rocheux ne peut rien cultiver. On n'a guère d'autre choix
que d'élever des chèvres ou des moutons. Or la culture
des gardiens de troupeaux est très différente de celle des
cultivateurs. La survie d'un fermier dépend de la coopération des autres membres de la communauté. Mais un
gardien de troupeau est laissé à lui-même. Par ailleurs,
les fermiers n'ont pas à s'inquiéter du vol de leur source

de revenu en pleine nuit, car on ne peut aisément voler des récoltes, à moins, bien sûr, qu'un voleur ne se donne la peine de récolter tout un champ à lui seul.

Mais un gardien de troupeau doit s'inquiéter. Il est constamment menacé par la ruine que provoquerait la perte de ses animaux. Il doit donc être combatif, et exprimer clairement, en paroles et en actes, qu'il n'est pas faible. Il doit être prêt à se battre pour réagir à la moindre atteinte à sa réputation – c'est cela, une culture de l'honneur. C'est un monde où la réputation d'un homme est une part essentielle de son gagne-pain et de sa valeur personnelle.

« Le moment crucial du développement de la réputation du jeune berger, c'est sa première querelle, écrit l'ethnographe J. K. Campbell à propos d'une culture de bergers en Grèce. Les querelles sont nécessairement publiques. Elles peuvent survenir au café, sur la place du village, ou plus souvent à la limite d'un pâturage, lorsqu'un juron ou une pierre, lancés par un autre berger en direction d'un de ses moutons égarés, constitue une insulte qui demande inévitablement une réaction violente. »

Alors, pourquoi les régions pauvres des Appalaches étaient-elles ainsi ? Du fait de l'origine des premiers habitants de la région. Les États dits ruraux de l'Amérique – à partir de la frontière de la Pennsylvanie en direction du sud et de l'ouest, en passant par la Virginie et la Virginie occidentale, le Kentucky et le Tennessee, la Caroline du Nord et la Caroline du Sud, et l'extrémité septentrionale de l'Alabama et de la Géorgie – ont été colonisés en majeure partie par des immigrants d'une des cultures de l'honneur les plus féroces du monde. C'étaient des « *Scotch-Irish* » – c'est-à-dire qu'ils venaient de la Basse-Écosse, des comtés septentrionaux de l'Angleterre, et de l'Ulster, en Irlande du Nord.

Ces terres frontalières – comme on appelait ces contrées – étaient des territoires sauvages et sans loi, pour lesquels on se battait depuis des centaines d'années. Les habitants étaient imbus de violence. Ces bergers gagnaient leur vie de peine et de misère sur une terre rocailleuse et infertile. Ils avaient un esprit de clan, réagissaient à la dureté et à l'agitation de leur environnement en formant des liens familiaux serrés, et en plaçant la loyauté du sang au-dessus de tout le reste. Et lorsqu'ils ont émigré en Amérique du Nord, ils se sont établis à l'intérieur du continent, dans des endroits sauvages, sans loi, rocailleux et à peine fertiles, comme Harlan, ce qui leur a permis de reproduire dans le Nouveau Monde la culture de l'honneur qu'ils avaient créée dans l'Ancien.

« Pour les premiers colons, les zones rurales américaines constituaient un milieu dangereux, tout comme l'avaient été les terres frontalières britanniques, écrit l'historien David Hackett Fischer dans *Albion's Seed*. Une grande part des régions montagneuses du Sud étaient des "terres litigieuses", au sens limitrophe de "territoire contesté", sans loi ni gouvernement établi. Les frontaliers étaient plus à l'aise que les autres dans cet environnement anarchique, qui convenait bien à leur système familial, à leur éthique guerrière, à leur économie basée sur la ferme et le troupeau, à leurs attitudes envers la terre et la richesse, et à leur conception du travail et du pouvoir. La culture frontalière était si bien adaptée à cet environnement que d'autres groupes ethniques ont eu tendance à l'imiter. L'ethos des frontières du Nord britannique a fini par dominer ce "sol noir et sanglant", en partie par la force du nombre, mais surtout en tant que moyen de survie dans un monde âpre et dangereux [1]. »

---

1. Le livre de David Hackett Fischer, *Albion's Seed : Four British Folkways in America*, expose d'une façon concluante et convaincante l'idée que les héritages culturels jettent une ombre historique fort longue. (Si vous avez lu mon premier livre, *Le Point de bascule* [« Champs », 2016], vous vous rappellerez que le passage sur Paul

Le triomphe de la culture de l'honneur permet d'expliquer les traits si caractéristiques de la criminalité dans le sud des États-Unis. Le taux d'homicide y est plus élevé que dans le reste du pays. Mais les crimes contre la propriété et les crimes d'« inconnus » – comme les agressions – y sont plus rares.

Comme l'écrit le sociologue John Shelton Reed, « dans un cas typique d'homicide du Sud, la victime connaît son meurtrier, pour des raisons que les deux comprennent ». Reed ajoute ceci : « Les statistiques montrent que l'habitant du Sud qui peut éviter les disputes et l'adultère est aussi en sécurité que n'importe quel autre Américain, et probablement davantage. » Dans les régions rurales, la violence n'était motivée par aucun gain économique. Elle était *personnelle*. On se battait pour l'honneur.

Il y a plusieurs années, Hodding Carter, un journaliste du Sud, a raconté la fois où, dans sa jeunesse, il avait fait partie d'un jury. Voici comment Reed décrit cet épisode :

> « L'affaire soumise au jury impliquait un monsieur irascible qui habitait à côté d'une station d'essence. Depuis plusieurs mois, il était la cible de divers canulars de la part

---

Revere s'inspirait du livre de Fischer, *Paul Revere's Ride*.) Dans *Albion's Seed*, Fischer distingue quatre vagues migratoires britanniques distinctes en Amérique au cours des cent cinquante premières années : d'abord les puritains, dans les années 1630, arrivés d'East Anglia jusqu'au Massachusetts ; puis les cavaliers et les domestiques liés par contrat d'apprentissage, arrivés du sud de l'Angleterre en Virginie au milieu du XVIIe siècle ; ensuite les quakers, arrivés des Midlands du Nord dans la vallée du Delaware entre la fin du XVIIe siècle et le début du XVIIIe ; et enfin, la population des terres frontalières, installés au cœur des Appalaches, au XVIIIe siècle. Fischer défend brillamment l'idée que ces quatre cultures – toutes profondément différentes – caractérisent encore aujourd'hui ces quatre régions des États-Unis.

du personnel et de la clique de flâneurs qui fréquentaient la station, malgré ses avertissements et son sale caractère notoire. Un beau matin, il a vidé son fusil de chasse sur ses tortionnaires, tuant l'un, infligeant à l'autre une mutilation permanente, et blessant un troisième. [...] Lorsque, après le procès, le jury a été interrogé par le juge incrédule devant le verdict de non-culpabilité, Carter était le seul à s'être positionné pour un verdict de culpabilité. Selon les mots de l'un des jurés : "L'accusé n'aurait pas été un vrai homme s'il n'avait pas tiré sur ces gars-là." »

Seule une culture de l'honneur pouvait laisser croire à l'irascible rentier qu'un coup de fusil était une réaction appropriée à une insulte personnelle. Seule une culture de l'honneur pouvait convaincre un jury qu'un meurtre – dans ces circonstances – n'est pas un crime.

J'ai conscience que nous hésitons souvent à faire ce genre de vaste généralisation à propos de divers groupes culturels – avec raison. Ainsi se forment les stéréotypes raciaux et ethniques. Nous voulons croire que nous ne sommes pas prisonniers de nos antécédents ethniques.

Mais la vérité, c'est que si nous voulons comprendre ce qui est arrivé dans ces petites villes du Kentucky au XIXe siècle, il faut retourner dans le passé – et pas seulement d'une ou deux générations. Il faut reculer de deux, trois ou quatre siècles, vers l'autre côté de l'océan, et examiner de près le gagne-pain des gens d'une région géographique bien précise. Selon l'hypothèse de la culture de l'honneur, il importe de savoir d'où les gens viennent, non pas seulement à quel endroit eux et leurs parents ont grandi, mais à quel endroit leurs arrière-grands-parents et arrière-arrière-grands-parents ont grandi, et même leurs arrière-arrière-arrière-grands-parents. C'est une réalité étrange et saisissante. Mais ce n'est que le début, car lorsqu'on y regarde de plus près, les héritages culturels s'avèrent encore plus étranges et saisissants.

3.

Au début des années 1990, deux psychologues de l'université du Michigan – Dov Cohen et Richard Nisbett – décidèrent de mener une expérience sur la culture de l'honneur. Ils savaient que le mode de vie dans des endroits comme Harlan au XIXe siècle résultait vraisemblablement de tendances établies dans les terres frontalières britanniques, des siècles auparavant. Mais en réalité, ils s'intéressaient à l'époque actuelle. Pouvait-on trouver des traces de la culture de l'honneur à l'ère moderne ? Ils ont donc rassemblé des jeunes hommes pour les insulter. « Nous nous sommes réunis en essayant d'imaginer quelle insulte ferait mouche chez un homme de 18 à 20 ans, dit Cohen. Il ne nous a pas fallu chercher longtemps pour trouver "connard". »

L'expérience s'est déroulée comme suit. Au sous-sol du pavillon des sciences sociales de l'université du Michigan se trouve un long corridor étroit, bordé de classeurs. Un à un, les jeunes hommes étaient appelés dans une salle de cours, et on leur demandait de remplir un questionnaire. Puis on leur disait de déposer le questionnaire au bout du corridor avant de retourner en classe – un exercice universitaire simple et apparemment innocent.

Pour la moitié des jeunes hommes, c'était tout. Ils formaient le groupe témoin. Pour l'autre moitié, il y avait une ruse. Alors qu'ils parcouraient le corridor avec leur questionnaire, un homme – un complice des expérimentateurs – les dépassait et ouvrait un tiroir d'un des classeurs. Le corridor déjà étroit l'était encore plus, à présent. Alors que le jeune homme tentait de se frayer

une petite place, le complice levait les yeux, agacé. Il
fermait violemment le tiroir, bousculait le jeune homme
d'un coup d'épaule et, d'une voix basse mais audible,
prononçait les mots déclencheurs : « Connard. »

Cohen et Nisbett voulaient mesurer aussi précisément
que possible ce qui se passait quand on se faisait traiter
ainsi. Ils observaient le visage de leurs sujets et évaluaient
le degré de colère qu'ils y voyaient. Ils serraient la main
des jeunes hommes pour voir si leur poigne était plus
ferme que d'habitude. Ils prélevaient des échantillons de
la salive des étudiants, à la fois avant et après l'insulte,
pour voir si celle-ci faisait monter leur taux de testostérone et de cortisol – les hormones qui gouvernent l'exci-
tation et l'agressivité. Finalement, ils demandaient aux
étudiants de lire l'histoire suivante et de fournir une
conclusion :

> « Une vingtaine de minutes seulement après leur arrivée
> à la fête, Jill, de toute évidence embêtée, prit Steve à part.
>
> « "Qu'est-ce qui ne va pas ?" lui demanda Steve.
>
> « "C'est Larry. Écoute, il sait que nous sommes fiancés,
> mais ce soir, il m'a déjà fait deux fois des avances."
>
> « Jill regagna la foule, tandis que Steve décidait de garder
> un œil sur Larry. Évidemment, moins de cinq minutes plus
> tard, Larry tentait d'enlacer Jill et de l'embrasser. »

Si on vient juste de vous insulter, aurez-vous plus facilement tendance à imaginer Steve agresser Larry ?

Les résultats ont été sans équivoque. Il y avait des
différences nettes dans la réaction des jeunes hommes à
l'injure. L'insulte faisait réagir certains, mais pas tous. Le
facteur décisif de leur réaction n'était pas leur émotivité,
ni le fait d'être intellectuel ou sportif, ni leur carrure
physique. L'important – et je crois que vous devinez la
suite –, c'était *leur lieu d'origine*. La plupart des jeunes
hommes du nord des États-Unis ont ri de l'incident.

Leur poignée de main n'avait pas changé. En fait, leur taux de cortisol avait baissé, comme s'ils essayaient inconsciemment de désamorcer leur propre colère. Seuls quelques-uns d'entre eux ont incité Steve à devenir violent à l'égard de Larry.

Mais les étudiants du Sud ? Oh là là. Ils vibraient de colère. Leurs taux de cortisol et de testostérone ont bondi. Leur poignée de main est devenue musclée. Steve a cassé la gueule de Larry.

« Nous avons même joué à un jeu d'intimidation, dit Cohen. Nous avons de nouveau envoyé des étudiants dans les corridors, tandis qu'un autre complice arrivait du bout du couloir. Comme le corridor était alors bloqué, il n'y avait de place que pour l'un des deux. Notre homme mesurait près de deux mètres, pesait bien ses cent dix kilos. C'était un ancien footballeur de l'université qui travaillait désormais comme videur dans un bar d'étudiants. Il s'avançait dans le couloir, l'air sérieux et intimidant – l'air du videur dans un bar, en somme, qui s'apprête à séparer deux bagarreurs. Nous cherchions à savoir à quelle distance les sujets allaient laisser s'avancer le videur avant de s'écarter de son chemin. Et croyez-moi, ils s'écartaient toujours du chemin. »

Chez les étudiants du Nord, cela ne faisait presque aucun effet. Insultés ou non, ils s'écartaient à deux mètres. Ceux du Sud, par contraste, étaient, en temps normal, pratiquement obséquieux, et s'écartaient à au moins trois mètres du videur. Mais s'ils venaient d'être insultés ? À moins de soixante centimètres ! Traitez un type du Sud de connard, et ça le démange de se battre. Ce que Cohen et Nisbett voyaient dans ce long corridor, c'était la culture de l'honneur en action : ceux du Sud réagissaient comme Wix Howard quand Little Bob Turner l'avait accusé de tricher au poker.

4.

Étrange étude, n'est-ce pas ? C'est une chose que de conclure que des groupes de gens dont le mode de vie est à peu de chose près la réplique de celui de leurs ancêtres agissent comme ces derniers. Mais ces étudiants du Sud, dans l'étude du corridor, vivaient dans un cadre tout à fait différent de celui de leurs ancêtres britanniques. Ils n'avaient d'ailleurs pas tous des ancêtres britanniques.

Ils avaient tout simplement grandi dans le Sud. Ils n'étaient pas gardiens de troupeaux. Leurs parents non plus. Ils vivaient à la fin du XXe siècle, et non du XIXe. Ils étudiaient à l'université du Michigan, dans l'un des États américains les plus septentrionaux, ce qui voulait donc dire qu'ils étaient suffisamment cosmopolites pour fréquenter cette université à des centaines de kilomètres de chez eux. Et rien de cela ne comptait. *Ils agissaient tout de même comme s'ils vivaient à Harlan, Kentucky, au XIXe siècle.*

« L'étudiant lambda, dans ces études, provient d'une famille dont les revenus dépassent les 100 000 $ – et on parle en dollars de 1990, dit Cohen. Les étudiants du Sud chez qui nous constatons cet effet ne sont pas des jeunes originaires des montagnes des régions pauvres des Appalaches. Ce sont surtout des fils de cadres moyens et supérieurs de chez Coca-Cola, à Atlanta. Et voilà la grande question : pourquoi provoque-t-on cet effet chez eux ? Pourquoi des centaines d'années plus tard ? Pourquoi ces jeunes de la banlieue d'Atlanta agissent-ils selon l'ethos des pionniers [1] ? »

---

1. Cohen a effectué d'autres expériences, toujours à la recherche de preuves de la « culture du Sud » et, chaque fois, il a obtenu les mêmes résultats. « Un jour, nous avons harcelé des étudiants au moyen de contrariétés persistantes, dit-il. Ils sont arrivés au laboratoire et étaient censés dessiner des images de leur enfance. Ils faisaient

*

Les héritages culturels sont des forces puissantes. Ils ont des racines profondes et durent longtemps. Ils persistent, quasi intacts, d'une génération à l'autre, même lorsque les conditions économiques, sociales et démographiques qui les ont engendrés ont disparu. Ils gouvernent nos attitudes et nos comportements, à tel point que, si nous ne les identifions pas, nous ne pouvons comprendre le monde qui nous entoure [1].

---

cela avec notre complice, qui est devenu odieux. Celui-ci faisait tout ce qui pouvait agacer obstinément le sujet. Il formait une boulette avec le dessin et le jetait dans la corbeille à papier, et il frappait le sujet. Il volait les crayons de couleur du sujet et ne les lui redonnait pas. Il appelait sans arrêt le sujet *“slick”* (sournois), et lui disait : "Je vais écrire ton nom sur ton dessin", et il écrivait "Slick". Ce qu'on découvre, c'est que les étudiants du Nord avaient tendance à montrer des signes de colère, jusqu'à un certain point, puis ils se stabilisaient. Les étudiants du Sud, eux, étaient beaucoup moins susceptibles de se mettre en colère dès le départ. Mais à un certain moment, ils rattrapaient ceux du Nord et les dépassaient. Ils étaient plus à même d'exploser, beaucoup plus instables, beaucoup plus explosifs. »

1. Comment ce genre d'attitude se transmet-il d'une génération à l'autre ? Par l'héritage social. Songez à la façon dont les accents persistent avec le temps. David Hackett Fischer fait remarquer que les premiers colons des régions pauvres des Appalaches disaient : « *whar* à la place de *where*, *thar* à la place de *there*, *hard* à la place de *hired*, *critter* à la place de *creature*, *sartin* à la place de *certain*, *a-goin* à la place de *going*, *hit* à la place de *it*, *he-it* à la place de *hit*, *far* à la place de *fire*, *deef* à la place de *deaf*, *pizen* à la place de *poison*, *nekkid* à la place de *naked*, *eetch* à la place de *itch*, *boosh* à la place de *bush*, *wrassle* à la place de *wrestle*, *chaw* à la place de *chew*, *poosh* à la place de *push*, *shet* à la place de *shut*, *ba-it* à la place de *bat*, *be-it* à la place de *be*, *narrer* à la place de *narrow*, *winder* à la place de *window*, *widder* à la place de *widow*, et *youguns* à la place de *young one* ». Vous reconnaissez cela ? C'est la façon dont bien des ruraux des Appalaches parlent aujourd'hui. Le mécanisme, quel qu'il soit, qui transmet les schémas de parole transmet probablement, aussi, les schémas comportementaux et émotionnels.

Jusqu'ici, dans ce livre, nous avons vu que la réussite provient de l'accumulation constante d'avantages : le moment et le lieu de votre naissance, la profession de vos parents et les circonstances de votre éducation, tout cela influence vos chances de succès dans la vie. Dans la seconde partie de cet ouvrage, nous nous demanderons si les traditions et les attitudes héritées de nos ancêtres peuvent jouer le même rôle. Pouvons-nous, en prenant au sérieux les héritages culturels, mieux comprendre le pourquoi du succès, et les façons d'améliorer son activité ? Je crois que oui.

Chapitre 7

LA THÉORIE ETHNIQUE
DES ACCIDENTS D'AVION

« Commandant, le radar météo nous a été fort utile. »

1.

Le matin du 5 août 1997, le commandant de bord du vol 801 de Korean Air s'est réveillé à 6 heures. Sa famille dira plus tard aux enquêteurs qu'il a passé une heure à la salle de sport, puis qu'il est revenu à la maison pour étudier le plan de vol de ce soir-là, vers Guam. Il a fait la sieste et dîné. À 15 heures, dira sa femme, il est parti pour Séoul, suffisamment tôt pour poursuivre ses préparatifs à l'aéroport international de Kimpo.

Il était pilote de Korean Air depuis presque quatre ans, depuis son départ de l'armée de l'air coréenne. Il avait accumulé huit mille neuf cents heures de vol, dont trois mille deux cents sur des avions gros-porteurs. Quelques mois plus tôt, sa ligne aérienne lui avait décerné un prix pour la sécurité en vol, pour avoir réussi à traiter une défaillance de moteur sur un gros-porteur à faible altitude. À 42 ans, il était en excellente santé, à l'exception d'une bronchite diagnostiquée dix jours plus tôt.

À 19 heures, le commandant de bord, son copilote et le mécanicien de bord se sont rencontrés et ont rassemblé les documents de vol. Ils allaient piloter un Boeing 747 – le modèle dit « classique » dans le monde de l'aviation. L'appareil était en parfait état de fonctionnement. C'était l'ancien avion présidentiel coréen. Le vol 801 a quitté la porte d'embarquement à 20 h 30 et, vingt minutes plus tard, il était en vol. Le décollage s'est effectué sans incident. Juste avant 1 h 30 du matin, l'avion a émergé des nuages, et l'équipage a aperçu des lumières au loin.

« Est-ce que c'est Guam ? » demanda alors le mécanicien de bord. Puis, après une pause, il annonça : « C'est Guam, Guam. »

Le commandant de bord eut un petit rire. « Bien ! »

Le copilote rapporta à la tour de contrôle que l'avion était « loin de tout Charlie Bravo [cumulonimbus] » et demanda « des vecteurs radars pour la piste six gauche ».

L'avion entama sa descente vers l'aéroport de Guam. Ils allaient effectuer une approche visuelle, expliqua le commandant de bord. Huit fois déjà, ils avaient atterri à l'aéroport de Guam en provenance de Kimpo, la dernière fois un mois plus tôt, et il connaissait bien l'aéroport et ses environs. Ils sortirent le train d'atterrissage et braquèrent les volets à dix degrés. À 1 h 41 et 48 secondes, le commandant de bord ordonna : « Actionnez les essuie-glaces », ce que fit le mécanicien de bord. Il pleuvait. Le copilote demanda alors : « Pas en vue ? » Il cherchait la piste d'atterrissage. Il ne la voyait pas. Une seconde plus tard, le dispositif avertisseur de proximité du sol annonça, de sa voix électronique : « Cinq cents [pieds]. » L'avion était à cinq cents pieds du sol. Mais comment se faisait-il qu'ils ne voyaient pas la piste ? Après deux secondes, le mécanicien de bord lâcha un « Hein ? », d'un ton stupéfait.

À 1 h 42 et 19 secondes, le copilote dit : « Procédons à une approche interrompue », ce qui voulait dire remonter, faire un grand cercle et essayer à nouveau d'atterrir.

Une seconde plus tard, le mécanicien de bord dit de nouveau : « Pas en vue. » Le copilote ajouta : « Pas en vue, approche interrompue. »

À 1 h 42 et 22 secondes, le mécanicien de bord annonça : « Demi-tour. »

À 1 h 42 et 23 secondes, le commandant de bord répéta : « Demi-tour », mais tarda à interrompre la descente.

À 1 h 42 et 26 secondes, l'avion heurta le flanc de Nimitz Hill, une montagne à la végétation dense, située à cinq kilomètres au sud-ouest de l'aéroport – une masse de deux cent douze tonnes d'acier, valant 60 millions de dollars, s'écrasait à 160 km/h contre un sol rocheux. L'avion dérapa sur six cents mètres, coupant un pipe-line de pétrole et cassant des pins, avant de tomber dans un ravin et de prendre feu. Lorsque les secouristes arrivèrent sur le site de l'écrasement, deux cent vingt-huit des deux cent cinquante-quatre personnes à bord étaient mortes.

2.

Vingt ans avant l'écrasement du vol KAL 801, un Boeing 707 de Korean Air qui s'était égaré dans l'espace aérien russe a été abattu par un avion à réaction militaire soviétique au-dessus de la mer de Barents. C'était un accident, c'est-à-dire le genre d'événement rare et catastrophique qui aurait pu arriver à n'importe quelle ligne aérienne. On a enquêté et analysé. On en a tiré des leçons. On a rédigé des rapports.

Puis, deux ans plus tard, un Boeing 747 de Korean Air s'est écrasé à Séoul. Deux accidents en deux ans, ce n'est pas bon signe. Trois ans plus tard, la ligne aérienne a perdu un autre 747 près de l'île de Sakhaline, en Russie, suivi d'un Boeing 707 au-dessus de la mer d'Andaman en 1987, deux autres écrasements en 1989 à Tripoli et à Séoul, puis un autre en 1994 à Cheju, en Corée du Sud [1].

Pour replacer ces événements dans leur contexte, le taux de « pertes » pour une ligne aérienne comme United Airlines, aux États-Unis, de 1988 à 1998, était de 0,27 par million de départs. Autrement dit, on perdait un avion dans un accident environ une fois tous les quatre millions de vols. Le taux de pertes de Korean Air, au cours de la même période, était de 4,79 par million de départs, au moins *dix-sept fois* plus élevé.

Les avions de Korean Air s'écrasaient si souvent que, lorsque la Commission nationale de sécurité dans les transports (NTSB) – l'agence américaine responsable d'enquêter sur les accidents aériens survenus sous juridiction américaine – a publié son rapport sur l'accident de Guam, on a dû inclure une annexe énumérant tous les nouveaux accidents de Korean Air qui s'étaient produits uniquement depuis le début de l'enquête : le 747 de Korean Air qui s'était écrasé à l'aéroport de Kimpo, à Séoul, presque un an jour pour jour après Guam ; l'avion de ligne qui s'était arrêté au-delà de la piste à l'aéroport coréen d'Ulsan huit semaines plus tard ; le McDonnell Douglas MD83 de Korean Air qui avait heurté un remblai à l'aéroport de Pohang, en mars suivant ; puis, un mois plus tard, l'avion de passagers de Korean Air qui s'était écrasé dans une zone résidentielle de Shanghai.

Si la NTSB avait attendu seulement quelques mois, elle aurait pu en ajouter un autre : l'écrasement d'un

---

1. Korean Air s'appelait Korean Airlines avant de changer son nom à la suite de l'accident de Guam. Et l'incident de la mer de Barents a été précédé, en fait, par deux autres écrasements, en 1971 et en 1976.

avion-cargo juste après son décollage de l'aéroport de Londres Stansted, malgré la sonnerie d'avertissement qui s'était déclenchée pas moins de quatorze fois dans le poste de pilotage.

En avril 1999, Delta Air Lines et Air France ont suspendu leur partenariat de vol avec Korean Air. Sans attendre, l'armée américaine, qui a des milliers de soldats en Corée du Sud, a interdit à son personnel de prendre des vols de la ligne aérienne. L'Agence fédérale américaine de l'aviation civile (FAA) a abaissé l'indice de sécurité de la Corée du Sud, et des fonctionnaires canadiens ont informé la direction de Korean Air de leur intention de révoquer ses privilèges de vol et d'atterrissage dans l'espace aérien du Canada.

En pleine controverse, une vérification externe de l'exploitation de Korean Air a fait l'objet d'une fuite dans les médias. Des représentants de Korean Air ont rapidement récusé le rapport de quarante pages qui, disaient-ils, n'était pas représentatif et avait été traité avec sensationnalisme, mais à ce stade, il était trop tard pour sauver la réputation de la compagnie.

Le rapport exposait en détail des cas dans lesquels les équipages de vol avaient fumé des cigarettes sur le tarmac durant le ravitaillement en carburant et dans la zone de fret, et lorsque l'avion était en vol. « Tout au long du vol, disait le rapport de vérification, des membres de l'équipage lisaient les journaux, souvent en les tenant de telle façon que, si un voyant de signalisation s'était allumé, ils ne l'auraient pas remarqué. »

Le rapport révélait des détails sur le moral bas des employés et les nombreuses infractions aux procédures, et concluait de façon alarmante que les normes de formation pour le « classique » 747 étaient si médiocres qu'on se demandait avec inquiétude « si les copilotes de la flotte de classiques pourraient faire atterrir l'avion si le commandant de bord était soudain frappé d'incapacité ».

Après l'écrasement de Shanghai, le président coréen, Kim Dae-jung, a senti la nécessité de prendre la parole. « La question de Korean Air n'est pas l'affaire d'une seule compagnie, mais de tout le pays, a-t-il dit. La crédibilité de notre pays est en jeu. » Dae-jung a accordé alors le contrat de l'avion présidentiel à la nouvelle concurrente de Korean Air, Asiana.

Mais alors, un petit miracle s'est produit. Korean Air s'est remise sur pied. Aujourd'hui, la ligne aérienne est membre en règle de la prestigieuse alliance SkyTeam. Depuis 1999, son dossier de la sécurité est sans tache. En 2006, Korean Air a reçu le prix Phoenix d'Air Transport World en reconnaissance de sa transformation. Des experts en aviation vous diront que Korean Air est maintenant plus sûre que toute autre ligne aérienne du monde.

Au cours de ce chapitre, nous mènerons une enquête accélérée : écouter l'enregistrement du poste de pilotage provenant de la boîte noire ; scruter les registres de vols ; examiner la météo, le terrain et les conditions à l'aéroport ; et comparer l'écrasement de Guam à d'autres très semblables, tout cela pour essayer de comprendre précisément comment la compagnie s'est transformée, passant du statut d'exception statistique, dans le pire sens imaginable, à l'une des meilleures lignes aériennes du monde.

Cette histoire est complexe et parfois étrange. Mais elle repose sur un simple fait, le même qui parcourt l'histoire complexe de Harlan et des étudiants du Michigan : Korean Air n'a réussi – elle ne s'est corrigée – qu'à partir du moment où elle a reconnu l'importance de son héritage culturel.

3.

Les accidents d'avion se produisent rarement dans la vie comme dans les films. Pas de pièce de moteur qui prend feu dans une déflagration incandescente. Pas d'aileron qui casse net sous la force du décollage. Pas de commandant de bord précipité contre son dossier, haletant : « Oh là là, mon Dieu ! » L'avion de ligne typique, aujourd'hui, est à peu près aussi fiable qu'un grille-pain. Les accidents aériens sont beaucoup plus susceptibles de résulter d'une accumulation de difficultés mineures et de pannes apparemment banales [1].

---

1. Ceci ne vaut pas que pour les accidents aériens. C'est vrai de presque tous les accidents industriels. Un des plus célèbres de l'histoire, par exemple, a été la quasi-fusion du cœur du réacteur de la centrale nucléaire de Three Mile Island, en Pennsylvanie, en 1979. Three Mile Island a tellement traumatisé le public américain que l'industrie nucléaire américaine est tombée en chute libre et ne s'en est jamais tout à fait remise. En réalité, les événements ont commencé sous une forme beaucoup moins spectaculaire. Comme le montre le sociologue Charles Perrow dans son classique *Normal Accidents*, il y avait un blocage relativement ordinaire de ce qu'on appelait le « polisseur » de la centrale – une sorte de filtre à eau géant. Le blocage a provoqué une fuite d'humidité dans le système d'aération de la centrale, déclenchant accidentellement deux soupapes et fermant la circulation d'eau froide dans la génératrice à vapeur. Comme tous les réacteurs nucléaires, Three Mile Island avait un système de refroidissement d'appoint, prévu pour cette situation précise. Mais ce jour-là, pour des raisons que personne ne comprend vraiment, les soupapes du système d'appoint n'étaient pas ouvertes. Quelqu'un les avait fermées, mais l'indicateur, dans la salle des commandes, était obstrué par une étiquette de réparation accrochée à un commutateur situé au-dessus. Cela laissait le réacteur dépendant d'un autre système d'appoint, un genre particulier de soupape de secours. Mais par malchance, la soupape de secours ne fonctionnait pas non plus convenablement, ce jour-là. Elle est restée ouverte alors qu'elle était censée se fermer et, pour empirer encore les choses, une jauge de la salle de commande, qui aurait dû indiquer aux opérateurs que la soupape de secours ne fonctionnait pas, était elle-même défaillante. Au moment

Au cours d'un accident aérien typique, par exemple, il arrive souvent que la météo soit mauvaise – pas nécessairement épouvantable, mais assez mauvaise pour que le pilote se sente un peu plus stressé que d'habitude. Dans un nombre accablant d'accidents, l'avion est en retard sur l'horaire et, par conséquent, les pilotes se dépêchent. Dans 52 % des cas, le pilote, au moment de l'accident, est resté éveillé depuis au moins douze heures, ce qui signifie qu'il est fatigué et que ses facultés mentales sont émoussées. Et 44 % du temps, les deux pilotes volent ensemble pour la première fois et ne sont pas à l'aise l'un avec l'autre.

Alors, les erreurs commencent – et pas seulement une. L'accident typique implique sept erreurs humaines consécutives. L'un des pilotes commet une erreur qui, en soi, n'est pas un problème. Puis l'un d'eux en commet une autre qui, combinée à la première, n'équivaut toujours pas à une catastrophe. Mais ensuite, ils font une troisième erreur, puis une autre, et une autre, et une autre, et une autre, et c'est la combinaison de toutes ces erreurs qui mène au désastre.

De plus, ces sept erreurs sont rarement causées par une incompétence technique – par exemple une manœuvre pointue et cruciale que le pilote échouerait à négocier. Non, le genre d'erreurs qui cause les accidents aériens concerne invariablement le travail en équipe et la communication. L'un des pilotes sait quelque chose d'important et, pour une raison quelconque, n'en parle

---

où les ingénieurs de Three Mile Island ont pris conscience de la situation, le cœur du réacteur était dangereusement proche de la fusion.

L'accident n'a pas été causé par un unique ennui majeur. Ce sont plutôt cinq événements sans aucun rapport qui se sont produits à la suite, et chacun, s'il était arrivé isolément, n'aurait causé rien de plus qu'un hoquet dans le fonctionnement ordinaire de l'usine.

pas à l'autre. Un pilote commet une maladresse que l'autre ne repère pas. Une situation délicate doit être résolue au moyen d'une série complexe d'étapes – et, pour une raison quelconque, les pilotes n'arrivent pas à se coordonner, et en ratent une.

« Toute la cabine de pilotage est conçue en fonction de deux personnes, de telle façon que l'une vérifie ce que fait l'autre, ou que les deux consentent à participer, explique Earl Weener, qui fut pendant plusieurs années l'ingénieur en chef de la sécurité chez Boeing. Les avions sont impitoyables si on ne fait pas ce qu'il faut. Et depuis longtemps, il est clair que si un avion est dirigé par un binôme qui coopère, l'exploitation sera plus sûre que si un seul pilote s'occupe du vol et que l'autre n'est là que pour prendre la relève si le premier est frappé d'incapacité. »

Prenez, par exemple, un accident célèbre (dans le milieu de l'aviation, en tout cas), celui du vol 052 de la ligne colombienne Avianca, en janvier 1990. L'accident d'Avianca illustre si bien les caractéristiques d'un accident aérien « moderne » qu'on l'étudie dans les écoles d'aviation. En fait, les détails de ce vol ressemblent tellement à ce qui est arrivé sept ans plus tard à Guam que c'est un bon point de départ de notre enquête sur le mystère de la série d'écrasements de Korean Air.

Le commandant de bord de l'avion s'appelait Laureano Caviedes. Son copilote était Mauricio Klotz. Partis de Medellín, en Colombie, ils descendaient vers l'aéroport John-F.-Kennedy, à New York. Ce soir-là, le temps était mauvais. Un fort vent du nord-est soufflait le long de la côte est, entraînant dans son sillage un brouillard dense et des rafales violentes. Des retards touchèrent deux cent trois vols à l'aéroport Newark Liberty, deux cents à l'aéroport de LaGuardia, cent soixante et un à

Philadelphie, cinquante-trois à l'aéroport Logan de
Boston, et quatre-vingt-dix-neuf à l'aéroport Kennedy.

À cause du mauvais temps, le vol Avianca a été retenu
à trois reprises par la tour de contrôle, au cours de son
trajet vers New York. L'avion a volé en rond au-dessus
de Norfolk, en Virginie, pendant dix-neuf minutes, au-
dessus d'Atlantic City pendant vingt-neuf minutes, et à
soixante-cinq kilomètres au sud de l'aéroport Kennedy,
de nouveau pendant vingt-neuf minutes.

Après un délai d'une heure et quinze minutes, le vol
Avianca a reçu la permission d'atterrir. Alors que l'avion
effectuait sa dernière approche, les pilotes ont rencontré
un sérieux vent de travers. À un moment, un fort vent
contraire les a obligés à augmenter la force des moteurs
pour garder leur élan pendant la descente. L'instant suivant, sans avertissement, le vent de travers a fortement
baissé, et ils allaient beaucoup trop vite pour atteindre
la piste.

Généralement, dans cette situation, l'avion aurait volé
sur pilote automatique, réagissant d'une façon immé-
diate et appropriée au vent de travers. Mais comme le
pilote automatique de l'avion était défectueux, on l'avait
fermé. Au dernier moment, le pilote est remonté, en
remettant les gaz. L'avion a décrit un grand cercle au-
dessus de Long Island, et a recommencé son approche
de l'aéroport Kennedy. C'est alors que l'un des moteurs
de l'avion est tombé en panne. Quelques secondes plus
tard, un second moteur a fait de même. « Montrez-moi
la piste ! » s'est écrié le pilote, espérant désespérément se
trouver assez près de Kennedy pour réussir à faire planer
son avion invalide à bon port. Mais Kennedy était à
vingt-cinq kilomètres de là.

Le 707 s'est écrasé sur la propriété du père du cham-
pion de tennis John McEnroe, dans l'élégante ville
d'Oyster Bay, à Long Island, où soixante-treize des cent

cinquante-huit passagers ont péri. Il a fallu moins d'une journée pour déterminer la cause de l'écrasement : panne sèche. Il n'y avait rien de fautif dans l'appareil. Il n'y avait rien de fautif à l'aéroport. Les pilotes n'étaient ni ivres ni sous l'effet d'une drogue. L'avion n'avait plus d'essence.

4.

« C'est un cas classique », confirme Suren Ratwatte, un pilote expérimenté qui mène depuis des années une recherche sur les « facteurs humains », c'est-à-dire l'analyse de l'interaction des humains avec des systèmes complexes, comme les centrales nucléaires et les avions. Ce Sri-Lankais plein de vie, dans la quarantaine, a piloté des avions de ligne pendant toute sa vie adulte. Nous sommes assis dans le hall de l'hôtel Sheraton, à Manhattan. Il vient de faire atterrir un gros-porteur à l'aéroport Kennedy, après un long vol en provenance de Dubai.

Ratwatte connaît bien l'affaire Avianca. Il commence par éliminer les conditions habituelles préalables à un écrasement. Le vent du nord-est. Le retard du vol. La défectuosité technique mineure du pilote automatique. Les trois longs circuits d'attente – ce qui voulait dire non seulement un temps de vol supplémentaire de quatre-vingts minutes, mais un vol supplémentaire à faible altitude, alors qu'un avion y brûle beaucoup plus de carburant que dans l'air raréfié au-dessus des nuages.

« Ils pilotaient un 707, c'est-à-dire un vieil avion, très difficile à piloter, explique Ratwatte. Ce truc-là demande beaucoup de travail. Les commandes de vol ne sont pas hydrauliques. Elles sont reliées par une série de poulies et de bielles aux surfaces métalliques physiques de l'avion. Il faut être plutôt fort pour piloter cet avion. On le traîne littéralement dans le ciel. Ça demande autant d'effort physique que pour faire de l'aviron. Mon avion actuel, je le pilote du bout des doigts. J'utilise un manche à balai. Mes instruments sont immenses. Les leurs avaient la taille de tasses de café. Et le pilote automatique était en panne. Du coup, le commandant de bord devait continuellement faire le tour de ces neuf instruments, chacun de la taille d'une tasse de café, pendant que sa main droite contrôlait la vitesse, et que la gauche pilotait l'avion. Il était débordé. Il n'avait plus de ressources pour faire autre chose. C'est ce qui se passe quand on est fatigué. Notre faculté de décision s'émousse. On commence à louper des choses – des choses qu'on aurait remarquées un autre jour. »

Dans la boîte noire retrouvée sur le site de l'accident, on entend le commandant de bord Caviedes, au cours de la dernière heure du vol, demander à maintes reprises que les directives de la tour de contrôle soient traduites en espagnol, comme s'il n'avait plus assez d'énergie pour utiliser son anglais. À neuf reprises, il a également fait répéter les directives. « Parlez plus fort, dit-il vers la fin. Je n'entends rien. » Pendant les quarante minutes où l'avion volait en cercle au sud-est de Kennedy – quand tout le monde dans la cabine savait très bien qu'on allait manquer de carburant –, le pilote aurait facilement pu demander d'atterrir à Philadelphie, à seulement une centaine de kilomètres. Mais il ne l'a pas fait : on aurait dit qu'il s'entêtait à aller à New York.

Au cours de l'atterrissage avorté, l'avertisseur de proximité du sol s'est déclenché pas moins de quinze fois pour indiquer au commandant de bord qu'il faisait descendre l'avion trop bas. C'était comme si celui-ci ne l'entendait pas. Après avoir interrompu l'atterrissage, le commandant aurait dû tout de suite faire demi-tour, et il ne l'a pas fait. Il était épuisé.

Pendant tout ce temps, le poste de pilotage était lourd de silence. Caviedes était accompagné de son copilote, Mauricio Klotz, et l'enregistrement de vol comporte de longs passages où on n'entend qu'un froissement et le bruit des moteurs. Klotz était en charge de toutes les communications avec la tour de contrôle, ce qui voulait dire que son rôle, ce soir-là, était absolument crucial. Mais son comportement était étrangement passif. Ce n'est qu'au troisième circuit d'attente au sud-ouest de l'aéroport Kennedy que Klotz a informé la tour de contrôle qu'il ne leur restait sans doute pas assez de carburant pour se rendre à un autre aéroport.

Puis, ce que l'équipage a ensuite entendu de la tour de contrôle, c'est : « Attendez » et, par la suite : « Voie dégagée à l'aéroport Kennedy. » L'hypothèse des enquêteurs, c'est que les pilotes d'Avianca ont alors supposé que la tour de contrôle les faisait passer en tête de file, devant les dizaines d'autres avions survolant Kennedy. En réalité, ce n'était pas le cas. C'est ce malentendu crucial qui a déterminé le sort de l'avion. Mais les pilotes ont-ils de nouveau soulevé le problème, pour clarifier la situation ? Non. Ils n'ont pas non plus reparlé du problème de carburant avant trente-huit minutes.

5.

Pour Ratwatte, ce silence dans la cabine de pilotage n'avait aucun sens. En guise d'explication, il a entrepris de raconter ce qui lui était arrivé ce matin-là, en revenant de Dubai. « Il y avait une dame à l'arrière, dit-il. On pense qu'elle a eu un accident vasculaire cérébral. Des convulsions. Des vomissements. Mal en point. C'est une Indienne dont la fille habite aux États-Unis. Son mari ne parlait ni l'anglais ni l'hindi, seulement le pendjabi.

« Personne ne pouvait communiquer avec eux. On les aurait dits tout juste sortis d'un village du Pendjab, et absolument démunis. En fait, c'est arrivé au-dessus de Moscou, mais je savais qu'on ne pouvait pas atterrir à Moscou, parce que je ne savais pas ce qui allait arriver à ces gens si nous le faisions. J'ai dit au copilote : "Prends les commandes. Il faut aller à Helsinki." »

Le problème immédiat, pour Ratwatte, c'était qu'il n'était même pas à mi-chemin d'un très long vol, et il y avait donc beaucoup plus de carburant dans les réservoirs que lors d'un atterrissage en temps et en heure. « Nous avions soixante tonnes de plus que le poids maximum à l'atterrissage, dit-il. Je devais donc faire un choix. Je pouvais décharger le carburant. Mais certains pays détestent qu'on décharge du carburant. C'est un truc sale, et on m'aurait dirigé au-dessus de la mer Baltique, ce qui aurait demandé quarante minutes – entre-temps la dame serait probablement morte. J'ai décidé d'atterrir malgré tout. C'était mon problème. »

Cela voulait dire que l'avion serait lourd en arrivant au sol. Il aurait été impossible d'utiliser le système d'atterrissage automatisé, car il n'était pas réglé pour un avion aussi lourd.

« Au stade final, j'ai repris les commandes, continue-t-il. J'ai dû m'assurer que l'avion allait se poser très doucement ; autrement, je courais le risque de dommages structurels. Cela aurait pu être un vrai dégât. Il y avait aussi des problèmes de performance à cause du poids. Si nous rations la piste et qu'il fallait faire demi-tour, la poussée ne serait peut-être pas suffisante pour remonter.

« C'était beaucoup de travail. C'était comme jongler avec plusieurs balles. Il faut bien faire. Comme c'était un long vol, il y avait deux autres pilotes. Alors je les ai réveillés, et ils se sont mis de la partie, eux aussi. Nous étions quatre, ce qui aidait vraiment à tout coordonner.

Je n'avais jamais été à Helsinki. Je n'avais aucune idée de la forme de l'aéroport, je ne savais pas si les pistes étaient assez longues. J'ai dû déterminer une approche, évaluer si nous pouvions atterrir là, établir les paramètres de performance et informer la compagnie de ce que nous faisions. À un moment donné, j'avais trois discussions différentes – avec un interlocuteur à Dubaï, avec un médecin du service MedLink, en Arizona, et avec les deux médecins qui, à l'arrière de l'avion, s'occupaient de la dame. Ça s'est passé ainsi, sans arrêt pendant quarante minutes.

« Nous avons eu de la chance, car le temps était limpide à Helsinki, dit-il. Essayer de faire une approche par mauvais temps, avec un avion lourd, sur un aéroport inconnu, ce n'est pas bien. Comme c'était la Finlande, un pays industrialisé, leurs installations sont bien aménagées, et ils étaient très souples. Je leur ai dit : "J'ai un surplus de charge. J'aimerais atterrir contre le vent." Dans cette situation, il faut ralentir. Ils ont dit : "Pas de problème." Ils nous ont fait atterrir dans la direction contraire à celle qu'ils utilisent normalement. Nous sommes arrivés au-dessus de la ville, ce qu'ils évitent habituellement, à cause du bruit. »

Pensez à ce qu'il fallait à Ratwatte. Être un bon pilote, cela va sans dire : il devait avoir la compétence technique nécessaire pour atterrir avec un poids supplémentaire. Mais presque tous les autres gestes qui lui ont permis de réussir cet atterrissage d'urgence sortaient de la stricte définition des compétences de pilotage.

Ratwatte devait évaluer le risque d'endommager son avion contre le risque de perdre la vie de la femme et, ensuite, une fois ce choix arrêté, il devait songer aux implications d'un atterrissage à Helsinki plutôt qu'à Moscou pour la passagère malade. Il devait s'informer rapidement des paramètres d'un aéroport qu'il n'avait jamais vu : pouvait-il supporter un des plus gros avions à réaction qui soient, à soixante tonnes au-dessus de son poids d'atterrissage normal ? Mais avant tout, il devait parler – aux passagers, aux médecins, à son copilote, au second équipage qu'il tira de sa sieste, à ses supérieurs à Dubaï, à la tour de contrôle à Helsinki.

On peut dire sans se tromper qu'au cours des quarante minutes qui se sont écoulées entre l'AVC de la passagère et l'atterrissage à Helsinki, il n'y a pas eu plus que quelques secondes de silence dans le poste de pilotage. Ce qu'on exigeait de Ratwatte, c'était qu'il communique, pour émettre des ordres, mais aussi pour encourager, persuader, calmer, négocier et échanger de l'information de la manière la plus claire et la plus transparente possible.

6.

À titre de comparaison, voici la transcription provenant du vol 052 d'Avianca, alors que l'avion se dirige vers son premier atterrissage interrompu. Le problème est le mauvais temps. Le brouillard est si dense que Klotz et Caviedes ne peuvent s'orienter. Accordez toutefois votre attention, non pas au contenu, mais à la *forme* de leur conversation. Remarquez surtout la longueur des silences entre les paroles, et le ton des remarques de Klotz.

CAVIEDES : La piste, où est-elle ? Je ne la vois pas. Je ne la vois pas.

On remonte le train d'atterrissage. Le commandant de bord dit à Klotz de demander un autre couloir d'approche. Dix secondes s'écoulent.

CAVIEDES [comme à lui-même] : On n'a pas de carburant…

Pendant dix-sept secondes, les pilotes se transmettent des instructions techniques.

CAVIEDES :   Je ne sais pas où est passée la piste. Je ne l'ai pas vue.
KLOTZ :   Je ne l'ai pas vue.

La tour de contrôle intervient pour leur dire de bifurquer vers la gauche.

CAVIEDES :   Dites-leur qu'on a une urgence !
KLOTZ [à la tour de contrôle] : Cap à un-huit-zéro et, euh, on va essayer encore une fois. On va manquer de carburant.

Imaginez la scène dans la cabine de pilotage. L'avion manque dangereusement de carburant. On vient de rater la première tentative d'atterrissage. On ne sait absolument pas combien de temps on peut encore voler. Le commandant de bord est désespéré : « Dites-leur qu'on a une urgence ! » Que dit Klotz ? « Cap à un-huit-zéro et, euh, on va essayer encore une fois. On va manquer de carburant. »

Tout d'abord, l'expression « manquer de carburant » ne veut rien dire dans la terminologie de la tour de contrôle. Tous les avions, à l'approche de leur destination, n'ont pas assez de carburant, par définition. Klotz voulait-il dire que le 052 n'avait plus suffisamment de carburant pour se rendre jusqu'à un autre aéroport, un itinéraire de rechange ? Voulait-il dire qu'on commençait à s'inquiéter d'une éventuelle panne sèche ?

Ensuite, considérez la structure de la phrase cruciale. Klotz commence par répondre aux instructions de la tour de contrôle, et ce n'est que dans la seconde moitié de cette phrase qu'il communique son inquiétude à propos du carburant. C'était comme s'il avait dit, dans un restaurant : « Oui, je reprendrai un peu de café et,

euh, je suis en train de m'étouffer avec un os de poulet. »
Comment le serveur pourrait-il le prendre au sérieux ?

Le contrôleur aérien à qui s'adressait Klotz a plus tard
déclaré qu'il « a pris ça comme un simple commentaire
en passant ». Les soirs de tempête, les contrôleurs aériens
entendent continuellement des pilotes dire qu'ils vont
manquer de carburant. Même le « euh » que Klotz insère
entre les deux moitiés de sa phrase sert à diminuer
l'importance de son propos. Selon un autre des contrôleurs en charge du vol 052 ce soir-là, Klotz parlait
« d'une manière très nonchalante. […] Il n'y avait
aucune urgence dans sa voix. »

7.

Pour décrire ce à quoi se livrait Klotz à ce moment-
là, les linguistes utilisent l'expression « discours atténué »,
qui fait référence à toute tentative d'édulcorer ou de
minimiser l'importance de ce qu'on dit. Nous atténuons
par politesse, par honte ou par gêne, ou encore par déférence envers l'autorité. Si vous voulez que votre patron
vous rende un service, vous ne lui direz pas : « J'en ai
besoin d'ici lundi. » Vous atténuerez. Vous direz : « Ne
vous en occupez pas si c'est trop compliqué, mais si vous
aviez l'occasion d'examiner cela au cours du week-end,
ce serait merveilleux. » Dans une situation pareille, l'atténuation est tout à fait appropriée. Dans d'autres situations, cependant – comme dans une cabine de pilotage,
un soir de tempête –, elle est problématique.

Les linguistes Ute Fischer et Judith Orasanu ont
exposé le scénario hypothétique suivant à un groupe de
commandants de bord et de copilotes, en leur demandant comment ils réagiraient :

« Vous remarquez sur le radar météo une zone de fortes précipitations à quarante kilomètres devant vous. [Le pilote] maintient son cap à Mach 0,73, même si on a signalé dans votre zone des orages de grêle et que vous rencontrez une turbulence modérée. Vous voulez vous assurer que l'avion n'entrera pas dans cette zone.

« Question : que dites-vous au pilote ? »

Dans l'esprit de Fischer et Orasanu, il y avait au moins six façons d'essayer de persuader le pilote de changer de cap et d'éviter le mauvais temps, chacune comportant un niveau différent d'atténuation.

1. Ordre : « Tournez à 30 degrés à droite. » C'est la façon la plus directe et la plus explicite de dire ce qu'on a à dire. C'est zéro atténuation.

2. Énoncé d'une obligation à l'intention de l'équipage : « Je pense que nous devons dévier vers la droite, maintenant. » Remarquez l'usage du « nous » et le fait que la demande est maintenant beaucoup moins spécifique. C'est un peu plus mou.

3. Suggestion à l'équipage : « Contournons le mauvais temps. » Cette formulation comporte l'idée implicite que « nous sommes dans le même bateau ».

4. Question : « Dans quelle direction aimeriez-vous dévier ? » C'est encore plus mou qu'une suggestion à l'équipage, car celui qui parle avoue qu'il n'est pas responsable.

5. Préférence : « Je crois qu'il serait sage de tourner à gauche ou à droite. »

6. Allusion : « Ce retour à quarante kilomètres ne me dit rien de bon. » C'est l'énoncé le plus atténué de tous.

Fischer et Orasanu ont découvert que la très grande majorité des commandants de bord disaient que dans une telle situation, ils donnaient un ordre : « Tournez à 30 degrés à droite. » Ils parlaient à un subordonné. Ils ne craignaient pas d'être tranchants. Les copilotes, par contre, comme ils s'adressaient à leur patron, ont donc choisi en grande majorité la forme la plus atténuée. Ils ont fait une allusion.

Il est difficile de lire l'étude de Fischer et Orasanu sans s'alarmer un tout petit peu, car l'allusion est la demande la plus difficile à décoder et la plus facile à refuser. Dans l'écrasement d'un vol d'Air Florida, en 1982, près de Washington, le copilote a essayé trois fois de dire au commandant de bord qu'il y avait une quantité dangereuse de glace sur les ailes. Mais écoutez sa façon de le dire, toute en allusions :

COPILOTE : Voyez-vous la glace accrochée à son, euh, arrière, là-bas, à l'arrière, vous la voyez ?

Puis :

COPILOTE : Voyez-vous tous ces glaçons à l'arrière, là-bas ?

Puis :

COPILOTE : Mon Dieu, c'est peine perdue, on n'arrivera jamais à déglacer ces choses-là, ça vous [donne] un faux sentiment de sécurité, c'est tout.

Finalement, au moment où ils reçoivent la permission de décoller, le copilote monte de deux crans, vers une suggestion à l'équipage :

COPILOTE : Vérifions encore une fois le dessus [des ailes], puisqu'on est resté ici un moment.
COMMANDANT DE BORD : Je crois qu'on part dans un moment.

La dernière chose que le copilote dit au commandant de bord, juste avant que l'avion ne plonge dans le Potomac, n'est pas une allusion, une suggestion ni un ordre. C'est un simple énoncé de fait – et cette fois, le commandant de bord est d'accord.

> COPILOTE :   Larry, on s'écrase, Larry.
> COMMANDANT DE BORD :   Je sais.

L'atténuation explique une des grandes anomalies des écrasements d'avion. Dans les lignes aériennes commerciales, les commandants de bord et les copilotes se partagent à égalité les tâches du pilotage. Mais sur le plan historique, les écrasements sont beaucoup plus susceptibles de se produire lorsque c'est le commandant qui pilote.

Au départ, cela paraît absurde, car ce dernier est presque toujours le pilote le plus expérimenté. Mais songez au vol d'Air Florida. Si le copilote avait commandé, aurait-il fait une allusion à trois reprises ? Non, il aurait donné un ordre – et l'avion ne se serait pas écrasé. Les avions sont plus sûrs lorsque le pilote le moins expérimenté est aux commandes, car cela veut dire que le copilote n'aura pas peur de parler franchement.

Au cours des quinze dernières années, la lutte contre l'atténuation est devenue une des principales croisades de l'aviation commerciale. Toutes les grandes lignes aériennes ont maintenant ce qu'on appelle une formation en « gestion des ressources du poste de pilotage », conçue pour enseigner à des membres d'équipage subalternes comment communiquer clairement et avec assurance. Par exemple, bien des lignes aériennes enseignent une procédure normalisée qui demande aux copilotes de discuter les décisions du pilote s'ils pensent que quelque chose a très mal tourné. (« Commandant, je suis inquiet de… » Puis, « Commandant, je me sens mal à l'aise à cause de… » Et si le commandant de bord ne réagit toujours pas, « Commandant, je crois que la situation est dangereuse. » Et si cela échoue, le copilote doit prendre les commandes.)

Les experts en aviation vous diront que c'est avant tout le succès de cette guerre à l'atténuation qui explique le déclin extraordinaire des accidents de l'aviation au cours des dernières années.

« Tout simplement, une des choses sur lesquelles nous insistons dans ma ligne aérienne, c'est que le copilote et le commandant de bord se tutoient, dit Ratwatte. Nous croyons que c'est utile. Il est vraiment plus difficile de dire "Commandant, vous faites erreur" plutôt que de tutoyer ce dernier et de l'appeler par son prénom. » Ratwatte prend l'atténuation très au sérieux. Quiconque a étudié l'accident du vol Avianca en fait autant.

« En ce qui me concerne, il y a une chose que j'essaie de faire, poursuit-il. J'essaie de me rabaisser un petit peu. Je dis à mes copilotes : "Je ne vole pas très souvent. Trois ou quatre fois par mois. Toi, tu voles beaucoup plus. Si tu me vois faire quelque chose d'idiot, c'est parce que je ne vole pas très souvent. Alors, dis-le-moi. Tu peux m'aider." Avec un peu de chance, ça les aide à parler avec assurance. »

8.

Revenons au poste de pilotage du vol 052 d'Avianca. L'avion se détourne à présent de l'aéroport Kennedy, après l'échec de la première tentative d'atterrissage. Klotz vient de s'entretenir par radio avec la tour de contrôle pour tâcher de savoir quand ils pourraient tenter un nouvel atterrissage. Caviedes s'adresse à lui.

CAVIEDES : Qu'est-ce qu'il a dit ?
KLOTZ : Je l'informe déjà qu'on va essayer de nouveau, parce que maintenant, on ne peut pas…

Quatre secondes de silence.

CAVIEDES : Informez-le de notre état d'urgence.

Encore quatre secondes de silence. Le commandant de bord fait une nouvelle tentative.

CAVIEDES :   Le lui avez-vous dit ?
KLOTZ :   Oui, monsieur. Je l'ai déjà informé.

Klotz se met à parler à la tour de contrôle, passant en revue de menus détails.

KLOTZ :   Un-cinq-zéro à deux mille pieds, Avianca zéro-cinq-deux gros-porteur.

Le commandant de bord frôle carrément la panique.

CAVIEDES :   Informez-le que nous n'avons pas de carburant !

Klotz reprend la communication radio avec la tour de contrôle.

KLOTZ :   On remonte et on se maintient à trois mille et, cuh, on manque de carburant, monsieur.

Encore une fois. Aucune mention du mot magique, « urgence », que les contrôleurs aériens sont formés à repérer. Juste « on manque de carburant, monsieur », à la fin d'une phrase, précédé de l'atténuateur « cuh ». Si vous comptez les erreurs, l'équipage d'Avianca en a maintenant accumulé une dizaine.

CAVIEDES :   L'avez-vous déjà informé que nous n'avons pas de carburant ?
KLOTZ :   Oui, monsieur. Je l'ai déjà informé…
CAVIEDES :   *Bueno.*

Si on ne savait pas que cet échange était le prélude d'une tragédie, on jurerait avoir affaire à un sketch d'Abbott et Costello.

Une longue minute s'écoule.

TOUR DE CONTRÔLE : Et Avianca zéro-cinq-deux gros-porteur, euh, je vais vous envoyer à environ vingt-cinq kilomètres au nord-est, puis vous ramener à l'approche. Ça va pour vous, avec votre carburant ?
KLOTZ : J'imagine. Merci beaucoup.

« J'imagine. Merci beaucoup. » Pour l'amour du ciel, ils sont sur le point de s'écraser ! Un des agents de bord entre dans la cabine pour savoir si la situation est grave. Le mécanicien de bord montre la jauge de carburant vide, et fait mine de se couper la gorge avec un doigt [1]. Mais il ne dit rien. Personne d'autre ne dit rien non plus pendant les cinq minutes suivantes. Il y a du bavardage à la radio et des opérations de routine, puis le mécanicien de bord s'écrie : « Extinction du réacteur numéro quatre ! »

Caviedes dit : « Montrez-moi la piste », mais la piste est à plus de vingt-cinq kilomètres.

Trente-six secondes de silence. Le contrôleur aérien de l'avion appelle une dernière fois.

TOUR DE CONTRÔLE : Avez-vous, euh, avez-vous assez de carburant pour vous rendre à l'aéroport ?

Fin de la transcription.

9.

« Ce qu'il faut comprendre, dans le cas de cet accident, dit Ratwatte, c'est que les contrôleurs aériens de New York sont notoirement impolis, agressifs et intimidateurs. Mais ils sont très bons. Ils dirigent une quantité phénoménale de trafic dans un cadre très contraignant.

---

1. Nous le savons parce que l'agent de bord a survécu à l'accident et témoigné lors de l'enquête.

Il y a une anecdote bien connue à propos d'un pilote qui s'est perdu en roulant sur la piste, à JFK. On n'a pas idée à quel point c'est facile de s'égarer, à JFK, lorsqu'on est au sol. C'est un labyrinthe. Alors une contrôleuse s'impatiente et dit : "Stop ! Ne fais rien. Tais-toi tant que je ne t'adresse pas la parole." Et elle le laisse en plan, tout simplement. Finalement, le pilote reprend le micro et dit : "Madame. Est-ce que nous étions mari et femme dans une vie antérieure ?"

« Ils sont incroyables. Leur position est la suivante : "C'est moi qui commande. La ferme, et fais ce que je dis." Ils vous aboient dessus. Et si vous n'êtes pas d'accord avec leurs ordres, vous devez leur aboyer dessus en retour. Et dans ce cas, ils vous diront : "Bon, OK." Mais sinon, ils vous forceront la main. Je me souviens d'un vol de la British Airways en direction de New York. Les pilotes britanniques, qui se faisaient malmener par la tour de contrôle de New York, ont fini par lâcher : "Vous autres, vous devriez aller à Heathrow pour apprendre à contrôler un avion…" C'est l'esprit de l'endroit. Pour ceux qui ne sont pas habitués à ce type de joute, la tour de contrôle de New York peut être très, très intimidante. Et ces gars d'Avianca ont tout simplement été très intimidés par cet échange en rafale. »

Quant à Ratwatte, impossible de l'imaginer se faire malmener par la tour de contrôle de Kennedy – non pas qu'il soit détestable ou arrogant, mais parce qu'il voit le monde différemment.

Lorsqu'il a eu besoin d'aide dans la cabine de pilotage, il a réveillé le second équipage. Lorsqu'il a estimé que Moscou ne convenait pas, eh bien, il est tout simplement allé à Helsinki, et comme Helsinki lui disait d'approcher dans la direction du vent, eh bien, il les a convaincus de le faire approcher contre le vent. Ce matin-là, lorsqu'ils ont quitté Helsinki, il s'était trompé de piste de départ

– et son copilote lui avait rapidement signalé l'erreur. Le souvenir fait rire Ratwatte. « Masa est suisse. Il était très heureux de me corriger. Il m'a asticoté pendant tout le trajet du retour. »

Ratwatte poursuit : « Les gars n'avaient qu'à dire au contrôleur : "Nous n'avons pas le carburant nécessaire pour nous conformer à ce que vous voulez faire." Ils n'avaient qu'à dire : "Nous ne pouvons pas faire ça. Nous devons atterrir d'ici dix minutes." Mais ils n'ont pas su le communiquer au contrôleur. »

Ici, Ratwatte commence à peser ses mots, car il est sur le point d'effectuer le genre de généralisation culturelle qui nous laisse souvent mal à l'aise. Mais ce qui est arrivé dans le cas d'Avianca était si étrange – tellement inexplicable, en apparence – qu'il fallait une explication plus complète que l'incompétence de Klotz et la fatigue du commandant. Il se passait dans cette cabine quelque chose de plus profond, de plus structurel. Et si l'accident avait quelque chose à voir avec le fait que les pilotes étaient colombiens ? « Écoutez, aucun pilote américain ne se laisserait faire. C'est ça qu'il faut comprendre, dit Ratwatte. Il dirait : "Écoute, mon vieux. Il faut que j'atterrisse." »

10.

Dans les années 1960 et 1970, le psychologue hollandais Geert Hofstede travaillait au service des ressources humaines du siège social européen d'IBM. Le travail d'Hofstede consistait à parcourir le monde en interviewant des employés, pour les interroger, par exemple, sur leur façon de résoudre les problèmes ou de collaborer, et leur attitude envers l'autorité. Les questionnaires étaient longs et complexes et, au fil du temps, Hofstede a pu développer une énorme base de données afin d'analyser les différences entre les cultures. Aujourd'hui, les « dimensions d'Hofstede » constituent un des paradigmes les plus répandus en psychologie interculturelle.

Pour Hofstede, par exemple, on peut distinguer les cultures selon le degré d'autonomie qu'elles exigent de leurs membres pour subvenir à leurs propres besoins. Il a baptisé cette mesure l'« échelle individualisme / collectivisme ». Sur cette échelle, le pays qui obtient le plus haut score sur le plan de l'individualisme, ce sont les États-Unis. Il n'est pas étonnant que ce soit également le seul pays industrialisé du monde à ne pas fournir à ses citoyens un système de soins médicaux pour tous. À l'autre bout de l'échelle se trouve le Guatemala.

Une autre des dimensions d'Hofstede est l'« évitement de l'incertitude ». Dans quelle mesure une culture tolère-t-elle l'ambiguïté ? Voici les cinq premiers pays où l'on pratique l'« évitement de l'incertitude », selon la base de données d'Hofstede – c'est-à-dire les pays qui s'appuient le plus sur les règles et les plans, et les plus susceptibles de s'en tenir aux procédures, quelles que soient les circonstances :

1. Grèce
2. Portugal
3. Guatemala
4. Uruguay
5. Belgique

Les cinq derniers – c'est-à-dire les cultures les mieux capables de tolérer l'ambiguïté – sont :

49. Hong Kong
50. Suède
51. Danemark
52. Jamaïque
53. Singapour

Notez que Hofstede ne prétendait pas qu'il y avait un bon et un mauvais palier sur l'une ou l'autre de ces échelles. Il ne disait pas non plus que la position d'une culture par rapport à l'une de ces dimensions était un indice en béton du comportement d'un individu originaire du pays en question : il n'est pas impossible, par exemple, qu'une personne du Guatemala soit hautement individualiste.

Ce qu'il disait est très similaire à ce qu'ont affirmé Nisbett et Cohen après avoir mené leurs études dans un corridor de l'université du Michigan : chacun de nous a sa personnalité distincte mais, au-dessus, il y a des schémas, des *a priori* et des réflexes qui nous sont transmis par l'histoire de la collectivité dans laquelle nous avons grandi, et ces différences sont extraordinairement précises.

Par exemple, la Belgique et le Danemark ne sont qu'à environ une heure d'avion. Les Danois ressemblent beaucoup aux Belges, et si on vous déposait à un coin de rue de Copenhague, vous ne le trouveriez pas tellement différent d'un coin de rue de Bruxelles. Mais si l'on se penche sur leur rapport respectif à l'incertitude, les deux pays sont on ne peut plus éloignés l'un de l'autre.

En fait, les Danois sont plus proches des Jamaïcains, quant à la tolérance à l'ambiguïté, que de leurs semblables européens. Le Danemark et la Belgique partagent peut-être une sorte de vaste tradition libérale et démocratique à l'européenne, mais leur histoire est différente, leurs structures politiques, leurs traditions religieuses, leurs langues, leur alimentation, leur architecture et leur littérature sont différentes – et cela remonte à des centaines et des centaines d'années. Et la somme de toutes ces différences, c'est que dans certaines situations qui confrontent au risque et à l'incertitude, les Danois ont tendance à réagir d'une façon très différente des Belges.

De toutes les dimensions d'Hofstede, cependant, la plus intéressante est peut-être ce qu'il appelle l'« indice de distance hiérarchique » (IDH). La distance hiérarchique concerne les attitudes envers la hiérarchie, plus précisément la mesure dans laquelle telle culture valorise et respecte l'autorité. Pour l'évaluer, Hofstede posait des questions comme : « À quelle fréquence, selon votre expérience, se produit le problème qui consiste en ce que des employés craignent d'exprimer leur désaccord à leurs supérieurs ? » Dans quelle mesure les « membres moins puissants des organisations et des institutions acceptent-ils et s'attendent-ils à une distribution inégale du pouvoir ? » Dans quelle mesure les gens âgés inspirent-ils le respect et la crainte ? Ceux qui détiennent le pouvoir ont-ils droit à des privilèges particuliers ?

« Dans les pays à faible indice de distance hiérarchique, écrivait Hofstede dans son texte classique, *Culture's Consequences*, […] ceux qui détiennent le pouvoir en ont presque honte, et essaient d'en minimiser l'importance. J'ai un jour entendu un dirigeant d'université suédois (faible IDH) dire que pour exercer le pouvoir, il tentait de se donner moins d'importance. Les chefs peuvent améliorer leur statut informel en renonçant à des symboles formels. En Autriche (faible IDH), le Premier ministre Bruno Kreisky se rendait parfois au travail en tramway. En 1974, j'ai vu de mes yeux le Premier ministre des Pays-Bas (faible IDH), Joop den Uyl, en vacances dans sa caravane sur un terrain de camping du Portugal. Un tel comportement chez les puissants serait très peu susceptible d'arriver en Belgique ou en France (IDH élevé) [1]. »

---

1. De même, Hofstede réfère à une étude effectuée il y a quelques années, qui comparait des usines de fabrication allemandes et françaises de la même industrie et à peu près de la même taille. Dans les usines françaises, en moyenne, 26 % des employés étaient des cadres et des spécialistes ; chez les Allemands, 16 %. En outre, les Français versaient à leurs hauts dirigeants des sommes beaucoup plus élevées que les Allemands. Ce que nous constatons dans cette comparaison,

On imagine l'effet qu'ont eu les recherches d'Hofstede sur les gens de l'aviation. Après tout, leur grand combat pour le travail en équipe et contre l'atténuation du discours, était-ce autre chose qu'une tentative de réduire la distance hiérarchique dans le poste de pilotage ? La question d'Hofstede à propos de la distance hiérarchique – « À quelle fréquence, selon votre expérience, se produit le problème qui consiste en ce que des employés craignent d'exprimer leur désaccord à leurs supérieurs ? » –, c'était celle-là même que les experts de l'aviation posaient aux copilotes sur leurs rapports avec les commandants de bord. Et le travail d'Hofstede suggérait quelque chose qui n'était venu à l'esprit de personne dans le monde de l'aviation : que la tâche de convaincre les copilotes de parler avec assurance allait largement dépendre du rang de leur culture sur l'échelle de la distance hiérarchique.

C'est ce que voulait dire Ratwatte en affirmant qu'aucun Américain n'aurait été intimidé d'une manière aussi fatale par les contrôleurs de l'aéroport Kennedy. L'Amérique est typiquement une culture à faible distance hiérarchique. Le moment venu, les Américains ont recours à leur américanité, et le contrôleur aérien est considéré comme un égal. Mais quel pays se situe à l'autre extrémité de l'échelle de la distance hiérarchique ? La Colombie.

Le psychologue Robert Helmreich a fait plus que quiconque pour défendre le rôle de la culture dans l'explication du comportement des pilotes. Après l'écrasement

---

affirme Hofstede, c'est une différence sur le plan des attitudes culturelles envers la hiérarchie. Les Français ont un indice de distance hiérarchique deux fois plus élevé que les Allemands. Ils exigent et soutiennent la hiérarchie d'une façon complètement différente des Allemands.

du vol Avianca, il a affirmé, dans une brillante analyse de l'accident, qu'on ne peut comprendre le comportement de Klotz sans tenir compte de sa nationalité, et que sa difficulté, ce jour-là, était uniquement son respect profond et constant de l'autorité. Helmreich a écrit ceci :

> « La distance hiérarchique élevée des Colombiens aurait pu frustrer le copilote, car le commandant de bord n'a pas su prendre une décision de façon claire (sinon autocratique), comme on s'y attend dans des cultures à distance hiérarchique élevée. Le copilote et l'officier en second avaient beau attendre que le commandant de bord prenne des décisions, ils n'étaient peut-être pas prêts malgré tout à lui proposer de solutions de rechange. »

Klotz se considère comme un subordonné. Résoudre la crise n'est pas son rôle, mais celui du commandant de bord – qui est épuisé et ne dit rien. Et puis il y a les contrôleurs aériens autoritaires de l'aéroport Kennedy, avec leurs ordres. Klotz tente de leur dire qu'il est en difficulté. Mais il utilise son propre langage culturel, comme un subordonné parlerait à un supérieur. Cependant, les contrôleurs ne sont pas des Colombiens. Ce sont des New-Yorkais à faible distance hiérarchique. Ils ne voient aucun écart hiérarchique entre eux et les pilotes de l'avion et, pour eux, le discours atténué d'un pilote ne veut pas dire que celui qui parle fait montre d'une déférence appropriée envers un supérieur. Cela veut dire que le pilote *n'a aucun problème*.

À un moment donné, dans la transcription, le manque de communication culturelle entre les contrôleurs et Klotz devient si évident que c'en est presque pénible à lire. C'est le dernier échange entre le vol Avianca et la tour de contrôle, seulement quelques minutes avant l'écrasement. Klotz vient de dire : « J'imagine. Merci beaucoup » en réponse à la question du contrôleur sur le niveau de carburant. Le commandant Caviedes s'adresse alors à Klotz.

CAVIEDES :   Qu'est-ce qu'il a dit ?
KLOTZ :   Le type est en colère.

« En colère » ! Klotz est blessé ! Son avion est à quelques instants du désastre. Mais il ne peut échapper à la dynamique que lui a dictée sa culture, dans laquelle des subordonnés doivent respecter les diktats de leurs supérieurs. Pour lui, après avoir échoué à communiquer son problème, il conclut tout simplement qu'il a dû, d'une façon ou d'une autre, offenser ses supérieurs de la tour de contrôle.

À la suite de l'écrasement de l'aéroport Kennedy, la direction d'Avianca a fait un bilan. Avianca venait de subir quatre accidents dans un court délai – Barranquilla, Cucuta, Madrid et New York – et les quatre, concluait la ligne aérienne, « se sont produits avec des avions en parfait état de vol, un équipage sans limites physiques et considéré comme étant d'une capacité de vol moyenne ou supérieure, et malgré cela, les accidents se sont produits ».

Dans l'écrasement d'un autre vol de la compagnie, à Madrid, poursuivait le rapport, le copilote avait tenté de prévenir le commandant de bord du danger que posait la situation :

> « Le copilote avait raison. Mais ils sont morts parce que [...] lorsque le copilote a posé des questions, ses suggestions et sous-entendus étaient très faibles. La réponse du commandant de bord a été de l'ignorer complètement. Le copilote ne voulait peut-être pas passer pour un rebelle en contestant le jugement du commandant de bord, ou pour un imbécile parce qu'il savait que le pilote avait beaucoup d'expérience de vol dans cette région. Le copilote aurait dû défendre plus fortement ses opinions [...]. »

Notre capacité de réussir est profondément liée à nos origines, et il est difficile d'être un bon pilote lorsque nous sommes issus d'une culture à forte distance hiérarchique. D'ailleurs, la Colombie n'a aucunement l'IDH le plus élevé. Helmreich et un collègue, Ashleigh Merritt, ont mesuré l'IDH de pilotes du monde entier. Le numéro un était le Brésil. Le numéro deux, la Corée du Sud[1].

11.

La Commission nationale de sécurité dans les transports (NTSB), l'agence américaine responsable des enquêtes sur les écrasements d'avions, a son siège social dans un édifice de bureaux années 1970 massif, situé sur la rive du Potomac, à Washington DC. Au bout des longs corridors de l'agence se trouvent des laboratoires remplis de débris d'avions : le morceau mutilé d'une turbine de moteur, une pièce problématique d'un rotor d'hélicoptère.

Sur l'étagère d'un des laboratoires se trouve l'enregistreur de vol – ce qu'on appelle la « boîte noire » – de l'accident dévastateur d'un appareil ValuJet en Floride, en 1996, dans lequel cent dix personnes ont été tuées. L'enregistreur est enfermé dans un boîtier de la taille d'une boîte à chaussures, en acier trempé d'une forte

---

1. Voici les cinq plus forts IDH chez les pilotes, par pays. En comparant cette liste au classement des écrasements d'avions par pays, on remarque une très étroite correspondance.

1. Brésil – 2. Corée du Sud – 3. Maroc – 4. Mexique – 5. Philippines.

Les cinq plus faibles IDH chez les pilotes, par pays, sont : 15. États-Unis – 16. Irlande – 17. Afrique du Sud – 18. Australie – 19. Nouvelle-Zélande.

épaisseur, et une extrémité de la boîte comporte un trou aux bords déchiquetés, comme si quelqu'un – ou plutôt quelque chose – y avait enfoncé un pieu avec une force monstrueuse.

Certains des enquêteurs de la NTSB sont des ingénieurs, qui reconstruisent des écrasements à partir de preuves matérielles. D'autres sont des pilotes. Mais il y a un nombre étonnant de psychologues, dont le travail consiste à écouter l'enregistrement de la cabine de pilotage et à reconstruire ce qui a été dit et fait par l'équipage au cours des minutes qui ont précédé l'accident. L'un des grands spécialistes des boîtes noires à la NTSB, la cinquantaine dégingandée, est un docteur en psychologie nommé Malcolm Brenner, qui a participé à l'enquête sur l'écrasement de Korean Air, à Guam.

« Normalement, cette arrivée à Guam n'est pas difficile », dit Brenner d'entrée de jeu. L'aéroport de Guam a ce qu'on appelle un faisceau d'atterrissage (ou *glide slope beam*), une espèce de faisceau de lumière géant qui s'élève dans le ciel à partir de l'aéroport, et le pilote n'a qu'à suivre ce rayon jusqu'à la piste. Mais ce soir-là en particulier, le faisceau était en panne. « Il était hors-service, dit Brenner. Il avait été envoyé dans une autre île pour y être réparé. On a donc prévenu les aviateurs que le faisceau d'atterrissage ne fonctionnait pas. »

Si on examine la situation dans son ensemble, cela n'aurait pas dû poser problème. Pendant le mois au cours duquel le faisceau d'atterrissage avait été en réparation, il y avait eu environ mille cinq cents atterrissages sans danger à l'aéroport de Guam. Ce n'était qu'un détail – un désagrément, en vérité – qui rendait juste un peu plus difficile la tâche de poser l'avion.

« La deuxième complication était la météo, poursuit Brenner. Normalement, dans le Pacifique Sud, on a ces brèves situations difficiles. Mais elles disparaissent rapidement. On n'a pas d'orages. C'est un paradis tropical. Mais ce soir-là, il y avait des petites cellules orageuses, et il se trouve seulement que ce soir-là, on allait traverser une de ces petites cellules, à quelques kilomètres de l'aéroport. Donc, le commandant de bord devait déterminer avec précision sa procédure d'atterrissage. Il a alors reçu la permission d'effectuer une approche par VOR/DME [1]. C'est compliqué. C'est emmerdant. Ça demande beaucoup de coordination. Il faut descendre par étapes. Mais ensuite, il se trouve qu'à une distance de plusieurs kilomètres, le commandant voit les lumières de Guam. Alors il respire. Et il dit : "Nous allons effectuer une approche visuelle." »

Le VOR est un phare qui envoie un signal permettant aux pilotes de calculer leur altitude à mesure qu'ils approchent d'un aéroport. Les pilotes l'utilisaient avant l'invention du faisceau d'atterrissage. La stratégie du commandant consistait à utiliser le VOR pour rapprocher l'avion et, ensuite, lorsqu'il pouvait voir les lumières de la piste, à procéder à un atterrissage visuel. Cela semblait cohérent. Les pilotes effectuent couramment des atterrissages visuels. Mais chaque fois qu'un pilote choisit un plan, il est censé préparer un plan B au cas où les choses se gâteraient. Et ce commandant de bord ne l'a pas fait.

« Il aurait dû se coordonner avec les autres. Il aurait dû préparer les étapes de descente par [DME], poursuit Brenner. Mais il n'en parle pas. Les cellules orageuses sont là, tout autour, et le commandant semble tenir pour acquis qu'à un moment donné, il va sortir des nuages et voir l'aéroport, et, s'il ne le voit pas à cent soixante-dix

---

1. VOR ou VOR/DME : système de positionnement radioélectrique qui permet de déterminer la distance qui sépare un avion d'une station au sol.

mètres, il fera tout simplement demi-tour. Ça pourrait fonctionner, sauf qu'il y a autre chose. Le VOR sur lequel il base sa stratégie n'est pas à l'aéroport, mais à quatre kilomètres, à Nimitz Hill. C'est le cas d'un certain nombre d'aéroports dans le monde. Parfois, on peut suivre le VOR pour la descente, et il vous mène tout droit vers l'aéroport. Ici, si vous suivez le VOR pour la descente, il vous amène tout droit vers Nimitz Hill. »

Le pilote était au courant de l'emplacement du VOR. C'était clairement mentionné dans les tableaux de navigation de l'aéroport. Il avait déjà effectué huit vols vers Guam, et en fait, il l'avait précisé dans sa séance d'instructions, avant le décollage. Mais encore une fois, il était 1 heure du matin, et il n'avait pas fermé l'œil depuis 6 heures, le matin précédent.

« Nous croyons que la fatigue était en cause, poursuit Brenner. C'était un aller-retour le même jour. Le vol arrive à 1 heure du matin, heure de la Corée. Puis, après quelques heures au sol, on effectue le vol de retour au lever du soleil. Le commandant de bord l'a fait un mois auparavant. Dans ce cas-là, il a dormi sur le siège de première classe. À présent, à la veille d'arriver, il se dit vraiment fatigué. »

Alors voilà trois conditions préalables classiques à l'écrasement d'avion, les trois mêmes qui ont préparé le terrain à celui du vol 052 d'Avianca : une défaillance technique mineure ; le mauvais temps ; et un pilote fatigué. En soi, aucune ne suffirait à provoquer un accident. Mises ensemble, les trois exigent les efforts combinés de toutes les personnes présentes dans la cabine. Et c'est là que le vol 801 de Korean Air a eu des problèmes.

12.

Voici la transcription de l'enregistrement des trente dernières minutes du vol KAL 801. Elle commence au moment où le commandant de bord se plaint d'épuisement.

1 h 20 min 1 s. COMMANDANT DE BORD : Si cet aller-retour durait neuf heures ou plus, nous pourrions prendre un petit quelque chose. Huit heures, on n'a rien. Huit heures, ça ne nous aide pas du tout... Ils nous font travailler au maximum, vraiment au maximum. C'est comme ça qu'ils économisent sur les dépenses d'hôtel pour le personnel navigant, et qu'ils maximisent les heures de vol. De toute façon, ils nous font... travailler au maximum.

On entend le bruit d'un homme qui remue sur son siège. Une minute s'écoule.

1 h 21 min 13 s. COMMANDANT DE BORD : Eh... vraiment... tomber de sommeil. [paroles inintelligibles]
COPILOTE : Bien sûr.

Puis arrive un des moments cruciaux du vol. Le copilote décide de parler franchement :

COPILOTE : Ne trouvez-vous pas qu'il pleut davantage ? Dans cette région-ci ?

Le copilote a dû réfléchir longuement avant de faire ce commentaire. Ce n'est pas l'atmosphère de collégialité du poste de pilotage de Suren Ratwatte. Dans les équipages de Korean Air, pendant les escales, les subalternes étaient censés servir le commandant de bord, au point de lui préparer le repas ou de lui offrir des cadeaux. Comme le résume un ancien pilote de Korean Air, dans les cabines de pilotage de la ligne prévalait la philosophie suivante : « Le commandant de bord commande et fait ce qui lui plaît, quand et comme ça lui plaît ; les autres attendent en silence et ne font rien. »

Dans le rapport de Delta sur Korean Air, publié anonymement sur Internet, l'un des auditeurs raconte avoir pris part à un vol Korean Air au cours duquel le copilote a été désorienté par une instruction venue de la tour de contrôle et a placé par erreur l'avion sur une trajectoire destinée à un autre avion. « Le mécanicien de bord a compris que quelque chose n'allait pas, mais n'a rien dit. Le copilote non plus n'était pas content, mais n'a rien dit […]. Malgré de [bonnes] conditions visuelles, l'équipage n'a pas regardé à l'extérieur et n'a pas vu qu'ils ne se dirigeaient pas vers l'aérodrome. » Finalement, le radar de l'avion capte l'erreur, puis arrive la phrase clef : « Le commandant de bord a frappé le copilote du revers de la main pour cette erreur. »

Il l'a frappé du revers de la main ?

Quand les trois pilotes se sont rencontrés, ce soir-là, à Kimpo, pour préparer leur vol, le copilote et le mécanicien se sont probablement inclinés devant le commandant de bord. Ils se sont ensuite sans doute serré la main. « *Cheo eom boeb seom ni da* », a dû dire le copilote avec respect. « C'est première fois vous rencontrer. » En coréen, il n'y a pas moins de six niveaux de conversation, en fonction de la relation entre les interlocuteurs : déférence formelle, déférence informelle, tranchant, familier, intime et simple. Le copilote n'aurait pas osé utiliser une des formes les plus intimes ou familières en s'adressant au commandant de bord. Dans cette culture, on accorde une attention énorme au rang social relatif de l'un ou l'autre interlocuteur.

Le linguiste coréen Ho-min Sohn écrit ceci :

> « À table, une personne de rang inférieur doit attendre qu'une personne de rang supérieur s'assoie et commence à

manger, tandis que l'inverse n'est pas vrai ; il ne faut pas fumer en présence d'une personne de rang supérieur ; lorsqu'il boit avec un supérieur, le subordonné cache son verre et se détourne ; […] en saluant un supérieur (mais pas un inférieur), un Coréen doit s'incliner ; un Coréen doit se lever lorsqu'un supérieur évident apparaît sur les lieux, et ne peut passer devant un supérieur évident. Tout le comportement et les gestes sociaux sont menés selon l'ordre d'ancienneté ou de rang ; comme le dit le proverbe, *chanmul to wi alay ka issta*, "il y a de l'ordre même dans l'eau froide". »

Alors, lorsque le copilote demande : « Ne croyez-vous pas qu'il pleut davantage ? Dans cette région-ci ? », nous savons ce qu'il veut dire : « Commandant. Vous nous avez engagés dans une approche visuelle, sans plan B, et il fait un temps affreux dehors. Vous pensez que nous allons sortir des nuages à temps pour voir la piste d'atterrissage. Mais si nous ne la voyons pas ? Il fait un noir d'encre dehors, il pleut à verse et le faisceau d'atterrissage est en panne. »

Mais il ne peut le dire. Il suggère et considère qu'il en a dit autant qu'il pouvait à un supérieur. Le copilote ne mentionnera plus la météo.

Aussitôt après, l'avion émerge brièvement des nuages, et au loin, les pilotes voient les lumières.

« Est-ce que c'est Guam ? » demande le mécanicien de bord. Puis, au bout d'un moment, il dit : « C'est Guam, Guam. »

Le commandant de bord émet un petit rire. « Bien ! »

Mais ça va tout sauf « bien ». C'est une illusion. Ils sont sortis des nuages depuis un moment. Mais ils sont encore à plus de trente kilomètres de l'aéroport, et doivent traverser beaucoup de mauvais temps. Comme il a la responsabilité de suivre la météo, le mécanicien de bord le sait et décide de parler.

« Commandant, le radar météo nous a beaucoup aidés », dit-il.

« Le radar météo nous a beaucoup aidés » ? Deuxième allusion en cabine de pilotage. Ce que veut dire le mécanicien, c'est tout simplement ce que le copilote voulait dire. « Ce n'est pas une nuit où vous pouvez vous fier uniquement à vos yeux pour atterrir. Regardez ce que nous dit le radar météo : nous allons au-devant de problèmes. »

Aux oreilles d'Occidentaux, il paraît étrange que le mécanicien de bord ne soulève ce sujet qu'une seule fois. Les linguistes disent que la communication occidentale est « axée sur le transmetteur » – autrement dit, on considère que celui qui parle a la responsabilité de communiquer les idées clairement et sans ambiguïté. Dans l'accident tragique du vol d'Air Florida, même si le copilote se contente d'allusions sur le danger que représente la glace, il le fait tout de même *quatre fois*, reformulant ses commentaires de quatre façons différentes, s'efforçant coûte que coûte de faire passer le message. Il a beau être limité par la distance hiérarchique entre lui et le commandant de bord, il agit dans un contexte culturel occidental, qui soutient que s'il y a confusion, c'est la faute de celui qui parle.

Mais la Corée, comme beaucoup de pays asiatiques, est axée sur le récepteur. Il appartient à celui qui écoute de comprendre ce qui est dit. Le mécanicien considère qu'il en a dit assez.

Sohn donne en exemple la conversation suivante, un échange entre un employé (M. Kim) et son patron, un chef de division (*kwacang*).

KWACANG :   Il fait froid et j'ai un peu faim.
[En clair : *Pourquoi ne m'offrez-vous pas un verre ou quelque chose à manger ?*]
M. KIM :   Que diriez-vous d'un verre d'alcool ?

[En clair : *Je vais vous payer de l'alcool.*]
KWACANG :   Ça va. Ne vous en donnez pas la peine.
[En clair : *Je vais accepter votre offre si vous la répétez.*]
M. KIM :   Vous devez avoir faim. Et si nous allions quelque part ?
[En clair : *J'insiste pour vous offrir quelque chose.*]
KWACANG :   Est-ce que j'y vais ?
[En clair : *J'accepte.*]

Il y a quelque chose de magnifique dans la subtilité de cet échange, dans l'attention que chaque interlocuteur doit accorder aux motivations et aux désirs de l'autre. Il est civilisé, au sens véritable du mot : il ne permet ni l'insensibilité ni l'indifférence.

Mais la communication dans un contexte de distance hiérarchique élevée ne fonctionne que lorsque celui qui écoute est capable d'accorder une attention suivie, et si chaque interlocuteur peut prendre le temps de deviner ce que dit l'autre. Elle ne fonctionne pas dans une cabine de pilotage d'avion, par une nuit de tempête, avec un pilote épuisé essayant d'atterrir dans un aéroport dont le faisceau d'atterrissage est défectueux.

13.

En 2000, Korean Air a enfin décidé d'agir, faisant intervenir un spécialiste externe provenant de Delta Air Lines, David Greenberg, pour diriger ses opérations aériennes.

La première étape de Greenberg n'a de sens que si l'on comprend les causes véritables des problèmes de Korean Air. Il a évalué l'aptitude à parler anglais de tous ses membres d'équipage. « Certains d'entre eux parlaient très bien et d'autres pas, se rappelle-t-il. Nous avons donc établi un programme d'assistance et d'amélioration de la maîtrise de l'anglais de l'aviation. »

Sa deuxième étape a été d'amener une firme occidentale – une filiale de Boeing appelée Alteon – à prendre en charge les programmes de formation et d'instruction de la compagnie. « Alteon donnait sa formation en anglais, dit Greenberg. On n'y parlait pas coréen. » La règle de Greenberg était simple. La nouvelle langue de Korean Air était l'anglais et, pour rester un pilote à l'emploi de la compagnie, il fallait parler cette langue couramment. « Ce n'était pas une purge, dit-il. Tout le monde avait les mêmes chances, et ceux qui trouvaient difficile la question de la langue avaient reçu l'autorisation de partir étudier par leurs propres moyens. Mais la langue était le filtre. Je ne me rappelle pas qu'on ait congédié qui que ce soit pour avoir eu de la difficulté à parler l'anglais de l'aviation. »

Le raisonnement de Greenberg partait du fait que l'anglais constituait la langue du monde de l'aviation. Les listes de contrôle destinées aux pilotes, détaillant chaque élément important d'une procédure, étaient en anglais. Lorsque les pilotes s'adressaient à la tour de contrôle, peu importe à quel endroit du monde, ces conversations se déroulaient en anglais.

« Si vous essayez d'atterrir à JFK à l'heure de pointe, il n'y a aucune communication non verbale, dit Greenberg. Que des paroles. Il faut être vraiment certain de comprendre ce qui se passe. On peut dire que deux Coréens côte à côte n'ont pas à parler anglais. Mais s'ils discutent de ce que ces types-là ont dit en anglais, la langue devient alors importante. »

Greenberg voulait donner une seconde identité à ses pilotes. Leur problème, c'était d'être pris au piège des rôles dictés par le poids considérable de l'héritage culturel de leur pays. Ils avaient besoin d'une occasion qui leur permettrait de sortir de ces rôles lorsqu'ils étaient assis dans le poste de pilotage, et la langue était la clef de cette transformation. En anglais, ils étaient libérés des rangs sévèrement définis de la hiérarchie coréenne : déférence formelle, déférence informelle, tranchant, familier, intime et simple. Les pilotes pouvaient participer à une culture et à une langue dont l'héritage était fort différent.

L'aspect essentiel de la réforme de Greenberg, toutefois, c'est ce qu'il n'a pas fait. Il n'a pas baissé les bras en désespoir de cause. Il n'a pas congédié tous ses pilotes coréens pour reprendre à zéro avec des pilotes issus d'une culture à faible distance hiérarchique. Il savait que les héritages culturels sont importants – qu'ils sont forts et omniprésents, et qu'ils persistent fort longtemps après la disparition de leur rôle initial. Mais il a refusé de tenir pour acquis que ces héritages constituent une part indélébile de notre identité.

Il était convaincu que, si les Coréens considéraient leurs origines avec honnêteté et voulaient bien faire face aux aspects de leur héritage qui ne convenaient pas au monde de l'aviation, ils pourraient changer. Il a offert à ces pilotes ce que tout le monde avait reçu pour arriver au succès, des joueurs de hockey aux magnats du logiciel, en passant par les avocats spécialisés en acquisitions : une occasion de transformer leur relation à leur travail.

Après avoir quitté Korean Air, Greenberg a apporté son aide pour lancer une ligne aérienne de fret, appelée Cargo 360, et il a pris un certain nombre de pilotes coréens avec lui. C'étaient tous des mécaniciens de bord qui avaient été numéro trois, après le commandant de bord et le copilote, dans la stricte hiérarchie de la version originale de Korean Air. « Ces types avaient passé jusqu'à quinze ou dix-huit ans dans le milieu ancien de Korean Air, dit-il. Ils avaient accepté ce rôle subalterne. Ils s'étaient trouvés au bas de l'échelle. Nous les avons formés de nouveau et les avons placés dans des équipages occidentaux.

« Cela a été une belle réussite. Ils ont tous changé de style. Ils prennent des initiatives. Ils mettent la main à la pâte. Ils n'attendent pas qu'on les dirige. Ce sont des gens plus âgés, dans la cinquantaine, avec un long historique dans un contexte donné, qui ont été ré-entraînés, et qui travaillent maintenant avec succès dans un poste de pilotage occidental. Nous les avons sortis de leur culture et leur avons donné de nouvelles normes. »

C'est un exemple extraordinairement libérateur. Lorsque nous comprenons ce que cela veut vraiment dire, être un bon pilote – quand nous comprenons toute l'importance, pour le succès professionnel, de la culture, de l'histoire et du monde extérieur à l'individu –, alors nous n'avons pas à baisser les bras, en désespoir de cause, devant une ligne aérienne dont certains pilotes laissent s'écraser des avions à flanc de montagne. Nous avons trouvé une façon de faire réussir ceux qui n'ont pas de succès.

Mais d'abord, nous devons considérer avec sincérité un sujet que nous préférerions tous ignorer. En 1994, lorsque Boeing a pour la première fois publié des données sur la sécurité, qui montraient une nette corrélation entre les écrasements d'avions originaires d'un pays donné et le score obtenu par ce dernier dans les « dimensions d'Hofstede », les chercheurs de la compagnie ont fait mille circonvolutions pour n'insulter personne. « Nous ne disons pas que c'est le cas ici, mais nous pensons qu'il y a de ça », déclara l'ingénieur en chef de la sécurité chez Boeing.

Pourquoi tant de scrupules ? Pourquoi nous est-il si difficile de reconnaître que chacun de nous vient d'une culture ayant son propre mélange distinctif de forces et de faiblesses, de tendances et de prédispositions ? Nous ne pouvons séparer notre identité de nos origines – et lorsque nous ignorons ce fait, des avions s'écrasent.

14.

De retour au poste de pilotage.

« Commandant, le radar météo nous a beaucoup aidés. » Aucun pilote ne dirait cela, à présent. Mais c'était en 1997, avant que Korean Air ne prenne au sérieux ces questions de distance hiérarchique. Le commandant de bord était fatigué, et ce que l'ingénieur voulait vraiment dire lui a complètement échappé.

« Oui, répond le commandant de bord. Ils sont très utiles. » Il n'écoute pas.

L'avion se dirige vers le phare VOR, qui se trouve sur le flanc d'une montagne. Le temps ne s'est pas éclairci. Par conséquent, les pilotes ne voient rien. Le commandant de bord fait descendre le train d'atterrissage et braque les volets.

À 1 h 41 min 48 s, le commandant de bord dit : « Essuie-glaces », et le mécanicien de bord démarre les essuie-glaces. Il pleut, à présent.

À 1 h 41 min 59 s, le copilote demande : « Pas en vue ? » Il cherche la piste d'atterrissage. Il ne la voit pas. Depuis un certain temps, il a un pressentiment désagréable. Une seconde plus tard, la voix mécanique atone de l'avertisseur de proximité du sol résonne dans la cabine : « Cinq cents [pieds]. » L'avion est à cinq cents pieds du sol. Le sol, en l'occurrence, c'est le flanc de Nimitz Hill. Mais l'équipage est confus, car il croit que le sol veut dire la piste d'atterrissage, et comment est-ce possible, s'ils ne la voient pas ? Le mécanicien de bord lâche un : « Hein ? » abasourdi. Vous pouvez tous les imaginer en train de réfléchir à grande vitesse, essayant de comparer l'idée qu'ils se font de l'emplacement de l'avion avec les indications que leur donnent leurs instruments.

À 1 h 42 min 19 s, le copilote dit : « Faisons une approche interrompue. » Il a finalement monté d'un

cran, de l'allusion à l'obligation pour l'équipage : il veut
mettre fin à l'atterrissage. Plus tard, au cours de l'enquête
sur l'écrasement, on déterminera que s'il avait pris le
contrôle de l'avion à cet instant, il aurait eu le temps de
remonter le nez et d'éviter Nimitz Hill. On enseigne aux
copilotes à le faire lorsqu'ils estiment qu'un commandant
de bord est nettement dans son tort. Mais l'apprendre
en classe, c'est une chose, et c'en est une autre que de le
faire en plein vol, face à quelqu'un qui peut vous frapper
du revers de la main si vous vous trompez.

1 h 42 min 20 s. MÉCANICIEN DE BORD : Pas en vue.

Devant le désastre, le copilote et le mécanicien ont
finalement parlé haut et clair. Ils veulent que le commandant de bord fasse demi-tour, remonte et recommence
l'atterrissage à partir du début. Mais il est trop tard.

1 h 42 min 21 s. COPILOTE : Pas en vue, approche
interrompue.
1 h 42 min 22 s. MÉCANICIEN DE BORD : Demi-tour.
1 h 42 min 23 s. COMMANDANT DE BORD : Demi-tour.
1 h 42 min 24 s 05. DISPOSITIF AVERTISSEUR DE LA
PROXIMITÉ DU SOL (GPWS) : Cent.
1 h 42 min 24 s 84. GPWS : Cinquante.
1 h 42 min 25 s 19. GPWS : Quarante.
1 h 42 min 25 s 50. GPWS : Trente.
1 h 42 min 25 s 78. GPWS : Vingt.
1 h 42 min 25 s 78. [bruit de l'impact initial]
1 h 42 min 28 s 65. [tonalité]
1 h 42 min 28 s 91. [gémissements]
1 h 42 min 30 s 54. [tonalité]

Fin de l'enregistrement.

Chapitre 8

RIZIÈRES ET TESTS DE MATHÉMATIQUES

> « Celui qui se lève avant l'aube trois
> cent soixante fois par an ne peut qu'enri-
> chir sa famille. »

1.

La voie d'accès au cœur industriel de la Chine du Sud grimpe la vaste et verdoyante étendue du delta de la rivière des Perles. Une épaisse brume de pollution drape le paysage. Les autoroutes sont chargées de semi-remorques. Des lignes à haute tension s'entrecroisent dans le panorama. Des usines de caméras, d'ordinateurs, de montres, de parapluies et de tee-shirts jouxtent des édifices résidentiels densément peuplés et des champs de bananiers et de manguiers, de canne à sucre, de papayers et d'ananas destinés au marché de l'exportation.

Peu de paysages, dans le monde, ont autant changé en si peu de temps. Il y a une génération, le ciel aurait été clair, et le chemin, une route à deux voies. Et une génération auparavant, on n'y aurait vu que des rizières.

Au bout de deux heures de route, aux sources de la rivière des Perles, se trouve la ville de Guangzhou et, passé Guangzhou, il est plus facile de trouver des restes de la vieille Chine. La campagne se change en collines ondoyantes d'une beauté à couper le souffle, parsemées de promontoires de calcaire, avec les monts Nan-ling en toile de fond. Çà et là ressortent les traditionnelles huttes de brique crue des paysans chinois. Les petites villes offrent des marchés en plein air : des poulets et des oies dans des paniers de bambou aux formes élaborées, des légumes alignés au sol, des pièces de porc sur les tables, du tabac vendu en gros paquets.

Et partout, il y a du riz, sur des kilomètres et des kilomètres. L'hiver, les rizières sont sèches et jonchées du chaume de la récolte précédente. Après les plantations du début du printemps, lorsque les vents humides commencent à souffler, elles prennent une teinte verte magique, et, au moment de la première récolte, lorsque les grains apparaissent au bout des pousses de riz, la terre devient une infinie mer jaune.

On cultive le riz en Chine depuis des milliers d'années. De là, les techniques de riziculture se sont répandues dans toute l'Asie de l'Est – le Japon, la Corée, Singapour et Taïwan. Bon an, mal an, depuis le début de l'histoire, les fermiers asiatiques s'adonnent au même modèle d'agriculture, complexe et inlassable.

Les rizières sont « construites », et non « ouvertes » comme les champs de blé. On ne se contente pas de dégager les arbres, les broussailles et les pierres, puis de labourer. Les champs de riz sont taillés à flanc de montagne, en une série élaborée de terrasses, ou minutieusement construits à partir de marécages et de plaines de rivières. Pour irriguer une rizière, il faut l'entourer d'un complexe système de digues. Il faut creuser des canaux à partir de la source d'eau la plus proche et munir les digues de portes, pour ajuster avec précision la circulation de l'eau et inonder la plante à la bonne hauteur.

La rizière elle-même, toutefois, doit avoir un bon fond argileux, pour éviter que l'eau ne s'infiltre dans le sol. Bien sûr, comme on ne peut planter les semences de riz dans de l'argile dure, celle-ci doit être recouverte d'une couche de boue épaisse et molle. Et le banc d'argile, comme on l'appelle, doit être réalisé avec soin pour se drainer convenablement et garder les plantes submergées au niveau optimal. Il faut fertiliser le riz à maintes reprises, et c'est aussi un art. Traditionnellement, les fermiers utilisaient les « matières de vidange » (les excréments humains) et une combinaison de compost brûlé, de boue de rivière, de gâteau de riz et de chanvre – et il fallait être prudent, car trop d'engrais, ou la bonne quantité appliquée au mauvais moment, pouvait être aussi nocif que trop peu.

Lorsque vient le temps de planter, un fermier chinois a le choix entre des centaines de variétés de riz, dont chacune offre un compromis légèrement différent – par exemple, entre le rendement et la rapidité de croissance, la résistance à la sécheresse, ou la résilience en sol médiocre. Un fermier peut planter au moins une douzaine de variétés différentes à la fois, ajustant le mélange d'une saison à l'autre afin de gérer le risque d'un échec des récoltes.

L'homme ou la femme (ou, plus précisément, toute la famille, car la culture du riz est une affaire familiale) plante la graine dans un lit de semences spécialement préparé. Après quelques semaines, on transplante les semis dans la rizière, en rangées soigneusement espacées de quinze centimètres, puis on les entretient minutieusement.

Le désherbage se fait à la main, avec zèle et sans interruption, car les semis sont aisément étouffés par d'autres espèces de plantes. Parfois, on soigne individuellement chaque pousse de riz avec un peigne en bambou, pour la débarrasser d'insectes. Pendant ce temps, les agriculteurs doivent vérifier et revérifier le niveau de l'eau, pour s'assurer que celle-ci ne devient pas trop chaude sous le soleil de l'été. Et lorsque le riz est mûr, les agriculteurs rassemblent amis et famille, et, en un seul élan coordonné, le cueillent aussi rapidement que possible, afin de pouvoir en tirer une seconde récolte avant le début de la saison sèche, c'est-à-dire l'hiver.

En Chine du Sud, le petit déjeuner, du moins pour ceux qui ont les moyens de s'en offrir un, est le *congee* – une bouillie de riz blanc garnie de laitue, de pâte de vandoise et de pousses de bambou. Pour le déjeuner, c'est encore du *congee*. Le souper consiste en riz « garni ».

Le riz est ce qu'on vend au marché pour acheter les autres produits indispensables. Il est une mesure de la richesse et du statut. Il dicte presque chaque instant de travail de la journée. « Le riz, c'est la vie, dit l'anthropologue Gonçalo dos Santos, qui a étudié un village traditionnel de la Chine du Sud. Sans riz, on ne survit pas. Pour être quelqu'un dans cette partie de la Chine, il faut avoir du riz. C'est lui qui fait tourner le monde. »

2.

Jetez un coup d'œil à cette liste de nombres : 4, 8, 5, 3, 9, 7, 6. Lisez-la à haute voix. Maintenant, détournez les yeux et mémorisez cette séquence pendant vingt secondes avant de la redire à haute voix.

Si vous êtes anglophone et faites l'exercice en anglais, vous avez environ 50 % de chances de vous rappeler parfaitement cette séquence. Mais en chinois, vous êtes presque certain de vous en souvenir chaque fois. Pourquoi ? Parce qu'en tant qu'êtres humains, nous enregistrons les chiffres dans une boucle de mémoire d'environ deux secondes. Nous mémorisons le plus facilement tout ce que nous pouvons dire ou lire dans cet intervalle de deux secondes. Et ceux qui parlent chinois produisent cette liste de nombres – 4, 8, 5, 3, 9, 7, 6 – presque chaque fois correctement car, à la différence des anglo-phones, leur langue leur permet de comprimer ces sept nombres en deux secondes.

Cet exemple vient du livre *The Number Sense*, de Sta-nislas Dehaene. Voici son explication :

> « Les mots chinois désignant les nombres sont remarqua-blement brefs. La plupart d'entre eux peuvent être pronon-cés en moins d'un quart de seconde (par exemple, 4 est *si*, et 7, *qi*). Leurs équivalents en anglais – *four, seven* – sont plus longs : environ un tiers de seconde. Apparemment, l'écart de mémoire entre l'anglais et le chinois est entière-ment attribuable à cette différence de durée. Dans des langues aussi diverses que le gallois, l'arabe, le chinois, l'anglais et l'hébreu, il existe une corrélation reproductible entre le temps requis pour prononcer des nombres dans une langue donnée et la durée de la mémoire de ceux qui la parlent. Dans ce domaine, la palme de l'efficacité va au dialecte cantonais du chinois, dont la brièveté accorde aux résidents de Hong Kong une fulgurante mémorisation d'une dizaine de chiffres. »

Il y a aussi une grande différence entre la façon systé-matique dont sont construits les noms des chiffres dans les langues occidentales et asiatiques. En anglais, on dit *fourteen, sixteen, seventeen, eighteen* et *nineteen*, et on s'attendrait donc à dire aussi *one teen, two teen, three teen* et *five teen*. Mais ce n'est pas le cas. On utilise une forme différente : *eleven, twelve, thirteen* et *fifteen*.

De même, *forty* et *sixty* ressemblent aux mots auxquels ils sont reliés (*four* et *six*). Et *fifty, thirty* et *twenty* res-semblent un peu à *five, three* et *two*, mais pas vraiment. D'ailleurs, pour les nombres supérieurs à vingt, la dizaine vient d'abord et l'unité ensuite (*twenty-one, twenty-two*), tandis que pour les nombres inférieurs à vingt, c'est le contraire (*fourteen, seventeen, eighteen*).

En anglais, le système des nombres est hautement irrégulier. Ce n'est pas le cas en Chine, au Japon et en Corée. Ces pays ont un système de calcul logique. Onze se dit « dix-un ». Douze, c'est « dix-deux ».Vingt-quatre, c'est « deux-dizaines-quatre », et ainsi de suite.

Cette différence signifie que les enfants asiatiques apprennent à compter beaucoup plus rapidement que les enfants américains. Les enfants chinois de 4 ans savent compter, en moyenne, jusqu'à quarante. À cet âge, les enfants américains ne savent compter que jusqu'à quinze, et la plupart n'atteignent pas quarante avant d'avoir 5 ans. Autrement dit, dès l'âge de 5 ans les enfants américains ont déjà un an de retard sur leurs pairs asiatiques quant aux aptitudes mathématiques les plus fondamentales.

La régularité de leur système numérique veut aussi dire que les enfants asiatiques peuvent mieux accomplir des opérations de base telles que l'addition. Demandez à un enfant anglophone de 7 ans d'additionner mentalement trente-sept plus vingt-deux, et il doit convertir les mots en nombres (37 + 22). C'est alors qu'il peut effectuer le calcul : 2 plus 7 font 9, et 30 plus 20 font 50, ce qui fait 59. Demandez à un enfant asiatique d'additionner « trois-dizaines-sept » et « deux-dizaines-deux », et voilà, l'équation nécessaire est déjà là, incluse dans la phrase. On n'a pas à traduire de nombre : c'est « cinq-dizaines-neuf ».

« Le système asiatique est transparent, explique Karen Fuson, une psychologue de l'université Northwestern qui a étudié de près les différences entre Asiatiques et Occidentaux. Je crois que cela crée toute une différence dans leur attitude envers les mathématiques. Au lieu d'apprendre machinalement, j'ai un modèle que je peux comprendre, quelque chose que j'anticipe de pouvoir faire. Je peux m'attendre à trouver cela raisonnable.

Nous, pour les fractions, nous disons trois cinquièmes. En chinois, c'est littéralement "sur cinq parties, prenez-en trois". Sur le plan conceptuel, cela indique ce qu'est une fraction. Ça différencie le dénominateur du numérateur. »

Le désenchantement si souvent évoqué vis-à-vis des mathématiques chez les enfants occidentaux débute entre le CE2 et le CM1, et Fuson affirme que ce désenchantement est peut-être dû en partie au fait que les mathématiques paraissent dépourvues de sens ; leur structure linguistique est maladroite ; leurs règles de base semblent arbitraires et compliquées.

Les enfants asiatiques, par contraste, ne ressentent absolument pas cette confusion. Ils peuvent retenir plus de nombres et calculer plus rapidement, et l'expression des fractions, dans leur langue, correspond exactement à la nature véritable d'une fraction – ce qui les rend peut-être un petit peu plus susceptibles d'apprécier les mathématiques, et c'est peut-être pour cela qu'ils font un peu plus d'efforts, prennent plus de cours de mathématiques et sont plus désireux de faire leurs devoirs, et ainsi de suite, en une sorte de cercle vertueux.

Autrement dit, les Asiatiques ont un avantage inhérent en mathématiques. Mais cet avantage est rare. Depuis des années, les étudiants de la Chine, de la Corée du Sud et du Japon – et les enfants d'immigrants de fraîche date en provenance de ces pays – dépassent substantiellement leurs pairs occidentaux en mathématiques, et on tient généralement pour acquis que cela est relié à une sorte de propension innée des Asiatiques aux mathématiques [1]. Le psychologue Richard Lynn va même jusqu'à

---

1. Au cours des tests comparatifs internationaux, des étudiants provenant du Japon, de Corée du Sud, de Hong Kong, de Singapour et de Taïwan obtiennent tous, dans l'ensemble, les mêmes résultats en mathématiques : autour de 98 %. Les États-Unis, la France, l'Angleterre, l'Allemagne et les autres pays industrialisés de l'Occident

proposer, pour expliquer le QI élevé des Asiatiques, une théorie élaborée de l'évolution, impliquant l'Himalaya, le climat vraiment froid, les pratiques de chasse prémodernes, la taille du cerveau, et des sons de voyelles spécialisés [1].

C'est ainsi que nous considérons les mathématiques : nous tenons pour acquis que le fait d'être fort en calcul et en algèbre est une simple fonction de l'intelligence. Mais les différences entre les systèmes numériques de l'Orient et de l'Occident suggèrent quelque chose de fort différent : le fait d'être fort en mathématiques peut également être enraciné dans la culture d'un groupe.

Dans le cas des Coréens, une sorte d'héritage lointain faisait obstacle à la tâche très moderne de piloter un avion. Nous avons ici une autre sorte d'héritage, qui s'avère parfaitement adapté aux tâches du XXIᵉ siècle. Les héritages culturels comptent, et en voyant les effets étonnants de la distance hiérarchique ou de la lecture des nombres en un quart de seconde plutôt qu'en un tiers de seconde, il est difficile de ne pas se demander combien d'autres héritages culturels ont un effet sur nos occupations intellectuelles du XXIᵉ siècle. Et si le fait d'être issu d'une culture formée par les exigences de la

---

ont une moyenne située, dans l'ensemble, entre 26 % et 36 %. C'est une différence considérable.

1. L'affirmation de Lynn selon laquelle les Asiatiques ont un QI plus élevé a été réfutée, d'une façon convaincante, par un certain nombre d'autres experts, qui ont démontré qu'il fonde son argument sur des échantillons de QI tirés d'une façon disproportionnée de foyers urbains aux revenus élevés. James Flynn, l'un des plus grands experts du monde du QI, a fait par la suite une fascinante contre-proposition. Sur le plan historique, dit-il, le QI des Asiatiques a été légèrement *inférieur* à celui des Blancs, ce qui signifie que leur suprématie en mathématiques est arrivée en dépit de leur QI, et non grâce à lui. L'argument de Flynn a été évoqué dans son livre *Asian Americans : Achievement Beyond IQ* (1991).

riziculture rendait également meilleur en mathématiques ? La rizière pourrait-elle faire une différence en
classe ?

3.

Le fait le plus frappant dans une rizière – et qu'on ne
peut tout à fait saisir à moins d'y mettre les pieds –, c'est
sa taille. Elle est *minuscule*. Une rizière moyenne mesure
à peu près la taille d'une chambre d'hôtel. Une plantation asiatique est généralement composée de deux ou
trois rizières. En Chine, un village de mille cinq cents
personnes pourrait survivre au complet avec cent quatre-
vingts hectares de terre, ce qui correspond à la taille
d'une ferme familiale du Midwest américain. À cette
échelle, lorsqu'une famille de cinq ou six personnes vit
d'une ferme grande comme deux chambres d'hôtel,
l'agriculture change radicalement.

Sur le plan historique, l'agriculture occidentale est
axée sur la mécanisation. En Occident, si un fermier
voulait augmenter son efficacité ou son rendement, il
faisait l'acquisition d'un équipement de plus en plus éla-
boré, ce qui lui permettait de remplacer la main-d'œuvre
humaine par de la main-d'œuvre mécanique : une bat-
teuse, une ramasseuse-presse, une moissonneuse-batteuse,
un tracteur. Il dégageait un nouveau champ et augmen-
tait sa superficie, car sa machinerie lui permettait alors
de travailler une plus grande surface sans fournir plus
d'efforts.

Mais au Japon ou en Chine, les agriculteurs n'avaient
pas l'argent nécessaire pour acheter de l'équipement – et,
en tout cas, ils ne disposaient certainement d'aucune
superficie supplémentaire qu'ils pouvaient facilement
convertir en nouveaux champs. Les riziculteurs ont donc

amélioré leurs récoltes par une plus grande intelligence, une meilleure gestion de leur temps et de meilleurs choix.

Comme l'affirme l'anthropologue Francesca Bray, la riziculture repose sur le savoir-faire : si on est prêt à désherber avec un peu plus de diligence, à perfectionner ses techniques de fertilisation, à surveiller le niveau d'eau, à garder le banc d'argile absolument horizontal et à mieux utiliser chaque centimètre carré de rizière, les récoltes seront plus abondantes. Il n'est pas étonnant qu'à travers l'histoire, les riziculteurs aient toujours travaillé plus que presque tous les autres types d'agriculteurs.

Cette dernière affirmation peut sembler un peu bizarre, car la plupart d'entre nous ont l'impression qu'avant la modernité, tout le monde travaillait vraiment dur. Mais ce n'est tout simplement pas vrai. Par exemple, nous descendons tous, dans une certaine mesure, de chasseurs-cueilleurs, dont un grand nombre, selon toutes les analyses, menaient une vie assez tranquille.

Les Bochimans !Kung du désert du Kalahari, au Botswana, qui figurent parmi les derniers praticiens de ce mode de vie, subsistent grâce à un riche assortiment de fruits, de baies, de racines et de noix – en particulier la noix mongongo, une source alimentaire incroyablement abondante et riche en protéines, dont une épaisse couche couvre le sol. Ils n'ont rien à cultiver, or c'est le fait de cultiver – de préparer, de planter, de désherber, de récolter, d'emmagasiner – qui prend du temps. Ils n'élèvent pas d'animaux non plus. À l'occasion, les hommes !Kung vont à la chasse, mais c'est surtout pour le sport.

En somme, les hommes et les femmes !Kung travaillent en tout et pour tout douze à dix-neuf heures par semaine, et passent le reste du temps à danser, à recevoir et à rendre visite à leurs parents et amis. C'est, tout au plus, mille heures de travail par année. (Lorsqu'on a un jour demandé à un Bochiman pourquoi son peuple n'avait pas entrepris l'agriculture, il a paru perplexe et a répondu : « Pourquoi devrions-nous planter, alors qu'il y a tant de noix mongongo dans le monde ? »)

Considérez également la vie d'un paysan dans l'Europe du XVIIIe siècle. À l'époque, les hommes et les femmes travaillaient probablement de l'aube jusqu'à midi, deux cents jours par an, ce qui revient à environ mille deux cents heures de travail annuelles. Pendant la récolte ou la plantation au printemps, la journée pouvait être plus longue. L'hiver, beaucoup moins. Dans *Une histoire buissonnière de la France*, l'historien Graham Robb affirme que, même en plein XIXe siècle, la vie des paysans français était essentiellement composée de brefs épisodes de travail suivis de longues périodes d'oisiveté.

> « Quatre-vingt-dix-neuf pour cent de l'ensemble des activités humaines décrites dans ce récit [de la vie rurale en France] et d'autres se déroulaient entre la fin du printemps et le début de l'automne. »

Dans les Alpes et les Pyrénées, des villages entiers hibernaient essentiellement dès la première neige, en novembre, jusqu'en mars ou en avril. Dans les régions plus tempérées de la France, où les températures hivernales descendaient rarement sous zéro, le même schéma se répétait. Robb continue :

> « Pendant une bonne partie de l'année, on ne voyait pas âme qui vive dans les champs de Flandre. En 1844, un rapport officiel sur la Nièvre décrivait l'étrange métamorphose du journalier bourguignon une fois qu'il avait rentré sa moisson et brûlé ses sarments de vigne : "Après avoir fait chez eux les réparations nécessaires à leurs instruments, ces hommes tout de vigueur passeront leurs journées dans leurs

lits, serrés les uns contre les autres pour avoir chaud et moins manger. Ils s'affaiblissent volontairement."

L'hibernation humaine était un besoin physique et économique. Ralentir le métabolisme permettait de ne plus éprouver la faim et, par là même, de faire durer les provisions. [...] Même durant l'été, les gens traînaient et lambinaient. [...] Après la Révolution, en Alsace et dans le Pas-de-Calais, des observateurs déploraient qu'au lieu de s'employer pendant la morte-saison à "quelque industrie paisible et sédentaire", les vignerons et les fermiers "se livrent à une oisiveté stupide". »

Par contraste, un fermier paysan de la Chine du Sud ne dormait pas de tout l'hiver. Au cours de la courte pause marquée par la saison sèche, de novembre à février, on s'adonnait à des tâches secondaires. On fabriquait des paniers ou des chapeaux de bambou qu'on vendait au marché. On réparait les digues de la rizière, et on reconstruisait sa hutte de boue. On envoyait un de ses fils travailler pour un parent dans un village voisin. On fabriquait du tofu (de la pâte de soja séchée), on attrapait des serpents (c'était un mets délicat), et on prenait des insectes au piège. À l'arrivée du *lahp cheun* (le retour du printemps), on revenait aux champs à l'aube. Une rizière exige un travail dix à vingt fois plus intense qu'un champ de maïs ou de blé d'une taille équivalente. Certaines estimations fixent la charge de travail annuelle d'un cultivateur de riz aquatique en Asie à trois mille heures.

4.

Imaginez un instant à quoi pouvait ressembler la vie d'un riziculteur du delta de la rivière des Perles. Trois mille heures de travail par année, c'est immense, surtout si on en passe un grand nombre penché dans la chaleur du soleil, à planter et à désherber une rizière.

Mais ce qui rachetait la vie d'un riziculteur, c'était la nature de ce travail, qui avait beaucoup en commun avec les tâches vestimentaires des immigrants juifs à New York : *il avait du sens*. Dès le départ, il y a une relation claire, en riziculture, entre l'effort et la récompense. Plus on travaille dans une rizière, meilleur est son rendement. Et c'est un travail complexe. Le riziculteur ne se contente pas de planter l'été pour récolter l'automne. Dans les faits, il dirige une petite entreprise, jongle avec une main-d'œuvre familiale, se prémunit contre l'incertitude par la sélection des semences, construit et gère un système d'irrigation évolué, et coordonne le processus compliqué qui consiste à effectuer une première récolte tout en préparant la suivante.

Et surtout, c'est un travail autonome. Les paysans européens étaient essentiellement les esclaves à faible revenu d'un propriétaire aristocrate, sans grand contrôle sur leur propre destinée. Mais la Chine et le Japon n'ont jamais développé ce type de système féodal oppressif, car le féodalisme ne peut tout simplement pas fonctionner dans une économie du riz. La culture du riz est trop compliquée et trop élaborée pour un système contraignant, qui force brutalement les fermiers à se rendre aux champs chaque matin. Dès les XIVe et XVe siècles, les propriétaires, dans la Chine centrale et du Sud, avaient un rapport presque non-interventionniste avec leurs locataires : ils recueillaient un loyer fixe et laissaient les fermiers s'occuper de leurs affaires.

« Non seulement la culture du riz aquatique nécessite-t-elle un dur labeur, mais elle est très astreignante, précise l'historien Kenneth Pomeranz. Il faut en prendre soin. Il est vraiment important que le champ soit parfaitement horizontal avant d'être inondé. Un nivellement approximatif, mais incomplet, donnera une récolte fort différente. Il est essentiel que l'eau arrive dans les champs juste au bon moment. Il y a une grande différence entre aligner et espacer les semis précisément et le faire n'importe comment. Ce n'est pas comme semer le grain de maïs à la mi-mars et le voir pousser pourvu qu'il pleuve avant la fin du mois. On contrôle tous les intrants d'une façon très directe.

« Et pour conserver une culture aussi exigeante, le suzerain doit entretenir un système qui donne à celui qui travaille un ensemble d'incitations : si la récolte est abondante, le fermier obtiendra une plus grande part. C'est la raison pour laquelle les loyers sont fixes. Le propriétaire dit : "Je reçois vingt boisseaux, quelle que soit la récolte, et si elle est vraiment bonne, tu auras un supplément." C'est une culture qui ne convient pas très bien à quelque chose comme l'esclavage ou la main-d'œuvre salariée. Il suffit de laisser ouverte quelques secondes de trop la porte qui contrôle l'eau d'irrigation pour que votre champ soit fichu. »

L'historien David Arkush a jadis comparé des proverbes paysans russes et chinois, et les différences sont frappantes. « Si Dieu ne l'apporte pas, la terre ne le donnera pas », dit un proverbe russe. Ce fatalisme pessimiste est représentatif d'un système féodal répressif, dans lequel les paysans n'ont aucune raison de croire à l'efficacité de leur propre travail. Par contre, écrit Arkush, les proverbes chinois véhiculent une conviction frappante : le travail intense, la préparation astucieuse et l'autosuffisance ou la coopération en petit groupe apportent avec le temps leur lot de récompenses.

Voici certaines des choses que des paysans sans le sou se diraient entre eux tout en travaillant trois mille heures par an dans la chaleur cuisante et l'humidité des rizières chinoises (qui, soit dit en passant, sont remplies de sangsues) :

« Pas de nourriture sans sang ni sueur. »

« Les fermiers sont occupés ; les fermiers sont occupés ; si les fermiers n'étaient pas occupés, d'où viendrait le riz qui nous permet de passer l'hiver ? »

« En hiver, le paresseux meurt de froid. »

« Ne dépends pas du ciel pour ta nourriture, mais de tes deux mains qui portent la charge. »

« Inutile de poser des questions sur les cultures, tout est une question de travail intense et d'engrais. »

« Si un homme travaille dur, la terre ne sera pas paresseuse. »

Et voici le plus révélateur de tous :

« Celui qui se lève avant l'aube trois cent soixante fois par an ne peut qu'enrichir sa famille. »

Se lève avant l'aube ? Trois cent soixante jours par an ? Pour les !Kung qui cueillent tranquillement des noix mongongo, ou le paysan français qui dort tout l'hiver, ou partout ailleurs que dans le monde de la riziculture, ce proverbe serait impensable.

Bien entendu, cette observation n'est pas étrangère à la culture asiatique. Allez sur n'importe quel campus occidental et vous constaterez que les étudiants asiatiques ont la réputation de rester à la bibliothèque après le départ de tous les autres. Parfois, des gens d'origine asiatique se sentent offusqués lorsque leur culture est décrite ainsi, car ils trouvent ce stéréotype dépréciateur. Mais croire au travail devrait être une belle chose. Presque toutes les histoires de réussite que nous avons vues jusqu'ici dans ce livre impliquent une personne ou un groupe qui travaille plus que ses pairs.

Le jeune Bill Gates était accro à son ordinateur. Tout comme Bill Joy. Les Beatles ont répété pendant des milliers d'heures à Hambourg. Joe Flom a travaillé ferme pendant des années, perfectionnant l'art de l'acquisition

avant d'avoir sa chance. Travailler vraiment dur, c'est ce
que font les gens qui réussissent, et le génie de la culture
formée dans les rizières, c'est que le travail intense a
permis à ceux qui sont aux champs de trouver un sens
au milieu d'une grande incertitude et d'une grande pauvreté. Cette leçon a bien servi aux Asiatiques dans de
nombreuses entreprises, mais rarement d'une façon aussi
parfaite que dans le cas des mathématiques.

5.

Il y a quelques années, Alan Schoenfeld, un professeur
de mathématiques à Berkeley, a filmé une femme
nommée Renée alors qu'elle tentait de résoudre un problème de mathématiques. Renée est une jeune femme
d'environ 25 ans, avec de longs cheveux noirs et des
lunettes rondes en métal. Dans la vidéo, elle joue avec
un logiciel conçu pour enseigner l'algèbre. Sur l'écran,
on voit un axe des y et un axe des x. Le programme
demande à l'utilisateur de taper un ensemble de coordonnées, puis dessine la ligne à partir de ces coordonnées
à l'écran. Par exemple, lorsqu'elle a tapé 5 sur l'axe des y
et 5 sur l'axe des x, l'ordinateur a montré ceci :

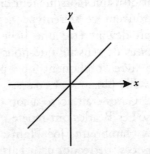

À présent, j'en suis sûr, vous revient un vague souvenir de l'algèbre au collège. Mais soyez rassuré, vous n'en avez pas besoin pour comprendre le sens de l'exemple de Renée. En fait, dans les prochains paragraphes, lisez les paroles de Renée en vous concentrant non pas sur ce qu'elle dit, mais sur la façon dont elle l'exprime et la raison pour laquelle elle le dit.

Le logiciel créé par Schoenfeld avait pour but d'enseigner aux étudiants comment calculer la pente d'une ligne. La pente, comme vous vous le rappelez, j'en suis sûr (ou plutôt, comme vous ne vous le rappelez sûrement *pas* ; assurément, moi, je l'avais oublié), est le taux de variation de la ligne, c'est-à-dire la variation des ordonnées divisée par la variation des abscisses. La pente de la ligne, dans notre exemple, est 1, puisque la variation des ordonnées est de 5, tout comme celle des abscisses.

Voici donc Renée, assise au clavier, qui essaie de trouver les nombres à entrer afin que l'ordinateur dessine une ligne absolument verticale, c'est-à-dire directement superposée sur l'axe des y. Bon, ceux d'entre vous qui se rappellent leurs mathématiques de collège savent qu'en fait, c'est impossible. Une ligne verticale a une pente indéterminée. Sa variation des ordonnées est infinie : il s'agit de n'importe quel nombre de l'axe des y, de zéro à l'infini. Sa variation des abscisses, elle, est de zéro. L'infini divisé par zéro n'est pas un nombre.

Mais Renée ne voit pas qu'elle tente l'impossible. Elle est plutôt aux prises avec ce que Schoenfeld appelle une « glorieuse méprise », et la raison pour laquelle Schoenfeld aime montrer cette vidéo-ci, c'est qu'elle démontre parfaitement comment cette idée fausse finit par être dissipée.

Renée est infirmière. Par le passé, elle ne s'est jamais particulièrement intéressée aux mathématiques. Mais il se trouve qu'elle a mis la main sur le logiciel et en est devenue accro.

« Donc, ce que je veux faire, c'est trouver la formule qui me permettra de tracer une ligne droite, parallèle à l'axe des y », commence-t-elle. Schoenfeld est assis à côté d'elle. Elle tourne anxieusement la tête vers lui : « Je n'ai pas touché à ça depuis cinq ans. »

Elle commence à jouer avec le programme, tapant différents nombres.

« Alors, si je change la pente de cette façon… moins 1… alors, ce que je veux faire, c'est une ligne droite. »

À l'écran, la ligne change à mesure qu'elle tape les nombres.

« Oh. Ça ne va pas. »

Elle paraît perplexe.

« Qu'est-ce que vous essayez de faire ? » demande Schoenfeld.

« J'essaie de tracer une ligne droite, parallèle à l'axe des y. Qu'est-ce qu'il faut que je fasse ? Je pense qu'il faut changer un peu ceci. » Elle désigne le nombre qui correspond à l'axe des y. « C'est une chose que j'ai découverte : lorsqu'on passe de 1 à 2, elle change pas mal. Mais maintenant, si on monte jusque-là, elle devrait continuer à changer. »

Telle est la glorieuse méprise de Renée. Elle a remarqué que plus sa coordonnée de l'axe des y est élevée, plus la ligne est verticale. Elle croit donc que la clef, pour tracer une ligne verticale, consiste tout simplement à trouver une coordonnée suffisamment élevée sur l'axe des y.

« Je crois que 12 ou même 13 pourrait aller. Peut-être même 15. »

Elle fronce les sourcils. Elle interagit avec Schoenfeld. Elle lui pose des questions. Il la pousse doucement dans la bonne direction. Elle continue d'essayer, sans relâche, une approche, puis une autre.

À un moment donné, elle tape 20. La ligne devient un peu plus verticale.

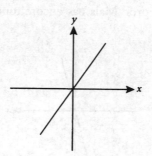

Elle tape 40. La ligne devient encore plus verticale.

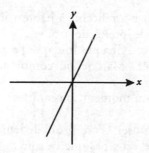

« Je vois qu'il y a une relation, ici. Mais laquelle ? Ça ne me paraît avoir aucun sens… Et si je fais 80 ? Si 40 m'amène à mi-chemin, alors 80 devrait m'amener jusqu'à l'axe des y. Bon, voyons ce qui se passe. »

Elle tape 80. La ligne est plus verticale. Mais pas encore à la verticale.

« Ohhh. C'est l'infini, non ? On n'y arrivera jamais. » Renée est proche. Mais elle retourne à sa méprise d'origine.

« Alors, j'ai besoin de quoi ? 100 ? Chaque fois qu'on double le nombre, on arrive à mi-chemin de l'axe des y. Mais on n'y arrive jamais... »

Elle tape 100.

« C'est plus près. Mais pas encore tout à fait. »

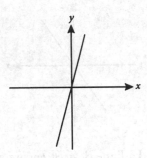

Elle commence à réfléchir à haute voix. Il est évident qu'elle est sur le point de trouver. « Alors, je le sais, mais... j'ai su ça. Chaque fois que j'augmente, la ligne est plus inclinée. Mais je ne comprends toujours pas pourquoi... »

Elle s'arrête un moment, plissant les yeux en direction de l'écran.

« Je suis confuse. C'est à un dixième du trajet vers le 1. Mais je ne veux pas que ce soit... »

Puis elle comprend.

« Oh ! C'est n'importe quel nombre en haut, et zéro en bas. C'est n'importe quel nombre divisé par zéro ! » Son visage s'éclaire. « Une ligne verticale, c'est n'importe quoi divisé par zéro – et c'est un nombre indéterminé. Ohhh. D'accord. Maintenant, je vois. La pente d'une ligne verticale est indéterminée. Ahhh. Ça a du sens, maintenant. Je ne vais pas l'oublier ! »

6.

Au cours de sa carrière, Schoenfeld a filmé un grand nombre d'étudiants en train de résoudre des problèmes de mathématiques. Mais la vidéo de Renée est une de ses préférées, parce qu'elle illustre magnifiquement ce qui constitue, selon lui, le secret de l'apprentissage des mathématiques. Il s'écoule vingt-deux minutes entre le moment où Renée commence à jouer avec le logiciel et celui où elle dit : « Ahhh. Ça a du sens, maintenant. » C'est long. « Ce sont des mathématiques de quatrième, dit Schoenfeld. Si je place un élève de quatrième lambda dans la même position que Renée, j'imagine qu'après les quelques premières tentatives, il dira : "Je ne comprends pas. Il faut me l'expliquer." »

Schoenfeld a un jour demandé à un groupe de collégiens combien de temps ils travailleraient à une question de devoir en classe avant de conclure qu'elle était trop difficile pour qu'ils trouvent jamais la solution. Leur temps de réponse variait de trente secondes à cinq minutes, pour une moyenne de deux minutes.

Mais Renée persiste. Elle expérimente. Elle revient aux mêmes problèmes, à maintes reprises. Elle réfléchit à haute voix. Elle continue, sans relâche. Elle ne cède tout simplement pas. Elle sait vaguement que quelque chose cloche dans sa théorie sur la façon de dessiner une ligne verticale, et elle ne s'arrêtera pas avant d'avoir la certitude absolue d'avoir trouvé.

Renée n'avait pas la bosse des maths. Elle ne concevait pas facilement des concepts abstraits comme « pente » et « indéterminé ». Mais Schoenfeld l'a trouvée très impressionnante.

« Il y a une volonté de cohérence qui la motive, dit-il. Elle ne voulait pas se contenter de dire : "Ouais, vous avez raison", et s'en aller. Elle n'est pas comme ça. Et c'est vraiment rare. » Il rembobine la bande et pointe un moment où Renée réagissait avec une véritable surprise à quelque chose à l'écran.

« Voyez, dit-il. Elle y regarde à deux fois. Bien des étudiants laisseraient passer cela. Elle se dit plutôt : "Ça ne concorde pas avec ce que je suis en train de penser. Je ne comprends pas. C'est important. Je veux une explication." Et lorsqu'elle finit par la trouver, elle dit : "Ouais, ça colle." »

À Berkeley, Schoenfeld donne un cours sur la résolution de problèmes, entièrement axé, dit-il, sur le fait d'amener ses étudiants à désapprendre les habitudes mathématiques qu'ils ont prises avant l'université. « Je choisis un problème que je ne sais pas résoudre, dit-il. Je dis à mes étudiants : "Vous aurez deux semaines pour faire un travail à la maison. Je connais vos habitudes. Vous ne ferez rien la première semaine et vous commencerez la semaine suivante, mais je tiens à vous avertir tout de suite : si vous ne passez qu'une semaine là-dessus, vous ne trouverez pas. Si, par contre, vous vous mettez au travail seulement le jour où je vous donnerai l'examen du milieu du trimestre, vous serez frustrés. Vous viendrez me voir en disant 'C'est impossible.' Je vous dis ceci : continuez de travailler, et avant la deuxième semaine, vos progrès seront visibles." »

Nous pensons parfois que l'aptitude aux mathématiques est une capacité innée. On l'a ou on ne l'a pas. Mais pour Schoenfeld, ce n'est pas tant une aptitude qu'une *attitude*. On maîtrise les mathématiques si on est prêt à essayer. C'est ce que Schoenfeld tente d'enseigner à ses étudiants. Le succès est fonction de la persévérance, de la ténacité et de la volonté de travailler dur pendant vingt-deux minutes pour trouver un sens à quelque chose que la plupart des gens abandonneraient après trente secondes.

Placez un groupe de gens semblables à Renée dans une salle de cours, et donnez-leur l'espace et le temps nécessaires pour explorer eux-mêmes les mathématiques : vous irez loin. Ou imaginez un pays où la ténacité de Renée n'est pas l'exception, mais un trait culturel, gravé aussi profondément que la culture de l'honneur dans le plateau de Cumberland. Ça, ce serait un pays fort en mathématiques.

7.

Tous les quatre ans, un groupe d'éducateurs venant de plusieurs pays fait passer un examen détaillé de mathématiques et de sciences à des élèves du monde entier, du primaire au collège. C'est le TIMSS (celui-là même que nous avons vu dans le passage sur les différences entre des élèves de CM1 dont la date d'anniversaire est juste après ou juste avant la date limite pour l'année scolaire), et le TIMSS a pour but de comparer les réussites scolaires entre un pays et un autre.

Lorsque des élèves passent l'examen du TIMMS, ils doivent également remplir un questionnaire. On leur pose toutes sortes de questions, sur le niveau d'éducation de leurs parents, ce qu'ils pensent des mathématiques, qui sont leurs amis, etc. Ce n'est pas une sinécure ; ce questionnaire compte cent vingt questions. En fait, il est si fastidieux et exigeant que bien des élèves laissent jusqu'à dix ou vingt questions sans réponse.

Alors, voici la partie intéressante : il s'avère que le nombre moyen de réponses à ces questions varie d'un pays à un autre. En fait, il est possible de dresser un classement de tous les pays participants en fonction du nombre de questions auxquelles les élèves ont répondu. Alors, que se passe-t-il, d'après vous, si on compare le classement du questionnaire avec celui du test de mathématiques ? *Ce sont exactement les mêmes.* Autrement dit, les pays dont les élèves sont disposés à se concentrer et à rester assis assez longtemps pour s'appliquer à répondre à chaque question d'un questionnaire sans fin sont aussi les pays dont les élèves réussissent le mieux à résoudre des problèmes de mathématiques.

Ce fait a été découvert – par hasard – par un chercheur en éducation de l'université de Pennsylvanie, du nom d'Erling Boe. « C'est arrivé d'une façon complètement inattendue », raconte-t-il. Boe n'a même pas pu publier ses découvertes dans une revue scientifique, car, dit-il, elles sont tout simplement trop étranges. Attention, il ne dit pas que la capacité de terminer le questionnaire et celle d'exceller au test de mathématiques sont corrélées. Il dit que ce sont *les mêmes* : si on compare les deux classements, ils sont identiques.

Réfléchissons-y sous un autre angle. Imaginez que, chaque année, il y ait une olympiade de mathématiques dans une ville fabuleuse. Et chaque pays du monde y enverrait sa propre équipe de mille étudiants de quatrième. Boe soutient que nous pourrions prédire avec précision le classement de chaque pays aux olympiades *sans poser une seule question de mathématiques.* Il suffirait de leur donner une tâche quelconque, en mesurant jusqu'à quel point ils sont prêts à travailler. En fait, nous n'aurions même pas à leur donner une tâche. Pour prédire quels pays sont meilleurs en mathématiques, il suffirait de déterminer quelles cultures nationales mettent le plus d'insistance sur l'effort et le travail ardu.

Alors, quels endroits figurent au sommet des deux listes ? La réponse ne devrait pas vous étonner : Singapour, la Corée du Sud, la Chine (Taïwan), Hong Kong et le Japon. Ce que ces cinq endroits ont en commun, bien sûr, c'est d'avoir des cultures formées par la tradition de la culture du riz aquatique et du travail porteur de sens [1]. C'est le genre d'endroit où, depuis des centaines d'années, des paysans sans le sou, s'escrimant dans les rizières trois mille heures par an, se disaient entre eux des choses comme celle-ci : « Celui qui se lève avant l'aube trois cent soixante fois par an ne peut qu'enrichir sa famille [2]. »

---

1. Deux détails. Premièrement, si la Chine continentale ne figure pas dans la liste, c'est parce qu'elle ne prend pas encore part à l'étude du TIMSS. Mais le fait que Taïwan et Hong Kong occupent des places aussi élevées nous pousse à penser que la Chine continentale aussi aurait probablement de très bons résultats.

Deuxièmement, surtout, que dire de la Chine du Nord, qui n'est pas une société de riziculture aquatique mais, sur le plan historique, une culture du blé, à la manière de l'Europe occidentale ? Sont-ils forts en mathématiques, eux aussi ? La réponse courte, c'est que nous ne le savons pas. Le psychologue James Flynn souligne cependant que la très grande majorité des immigrants chinois en Occident – les gens qui ont de si bons résultats en mathématiques ici – viennent de la Chine du Sud. Les étudiants chinois qui terminent au sommet de leur classe au MIT sont les descendants, principalement, des habitants du delta de la rivière des Perles. Il souligne aussi que les Sino-Américains qui obtiennent les moins bons résultats viennent de la région appelée Sze Yap, en périphérie du delta, « dont le sol était moins fertile et l'agriculture moins intense ».

2. Il existe en fait une importante documentation scientifique qui mesure la « ténacité asiatique ». Dans une de ces études, Priscilla Blinco a donné à de grands groupes d'élèves de CP, japonais et américains, un puzzle très difficile, puis a mesuré combien de temps ils y ont travaillé avant d'abandonner. Les enfants américains ont continué en moyenne pendant 9,47 minutes. Les enfants japonais ont persévéré pendant 13,93 minutes, soit environ 40 % plus longtemps.

Chapitre 9

LE MARCHÉ DE MARITA

« Maintenant, tous mes amis viennent de KIPP. »

1.

Au milieu des années 1990, une école publique expérimentale, appelée KIPP Academy [1], a ouvert ses portes au
quatrième étage du collège Lou Gehrig, à New York.
L'immeuble se trouve dans le septième district scolaire,
c'est-à-dire le South Bronx, l'un des quartiers les plus
pauvres de New York. C'est un édifice trapu et gris des
années 1960, situé en face d'un groupe de gratte-ciel
d'allure morne. Il est à quelques rues de Grand
Concourse, l'artère principale du secteur. Ce ne sont pas
des rues où il fait bon marcher seul, le soir.

KIPP est une *middle school*, c'est-à-dire qu'elle offre
des cours allant du CM2 à la troisième. Les classes sont
nombreuses : le CM2 compte deux sections de trente-
cinq élèves chacune. Il n'y a ni examen d'entrée ni exigences d'admission. Les élèves sont choisis au moyen
d'une loterie, et n'importe quel élève de CM1 habitant
le Bronx a le droit de s'y inscrire. Environ la moitié sont
Afro-Américains ; les autres sont Hispano-Américains.

---

1. KIPP est l'acronyme de « Knowledge Is Power Program » (Le
programme « Savoir, c'est pouvoir »).

Les trois quarts des enfants viennent de foyers monoparentaux. Quatre-vingt-dix pour cent bénéficient du programme « déjeuner gratuit ou à tarif réduit », car leurs familles gagnent si peu d'argent que le gouvernement fédéral met la main à la poche pour permettre aux enfants de déjeuner convenablement.

Sur le papier, KIPP a tout pour être le genre d'école, du genre de quartier, peuplé du genre d'élèves, qui pousseraient les éducateurs au désespoir. Mais dès que l'on en franchit le seuil, il est clair que c'est différent. Les élèves marchent tranquillement dans les corridors, en file indienne. Dans les salles de cours, on leur enseigne à se tourner vers un interlocuteur pour s'adresser à lui, selon un protocole appelé « SSLANT » : « *Smile, sit up, listen, ask questions, nod when being spoken to, and track with your eyes* [1]. » Sur les murs des couloirs de l'école sont accrochées des centaines de fanions : ceux des universités où sont allés étudier des diplômés de KIPP.

L'an dernier, des centaines de familles de tout le Bronx ont participé à la loterie pour que leur enfant puisse entrer dans l'une des deux classes de CM2. Il n'est pas exagéré de dire qu'en à peine plus de dix ans d'existence, KIPP est devenue une des écoles publiques les plus enviables de New York.

Ce qui fait la réputation de KIPP, ce sont surtout les mathématiques. Parmi tous les collégiens du South Bronx, seuls 16 % environ obtiennent des résultats en mathématiques égaux ou supérieurs au niveau attendu pour leur classe. Mais à KIPP, dès la fin du CM2, nombre d'élèves parlent des mathématiques comme de leur matière préférée. En cinquième, les élèves de KIPP commencent l'algèbre *niveau lycée*. Avant la fin de leur

---

1. « Souris, redresse-toi, écoute, pose des questions, fais des signes de la tête lorsqu'on te parle et suis des yeux. »

quatrième, 84 % des élèves ont des résultats égaux ou supérieurs au niveau attendu pour leur classe, c'est-à-dire que ce groupe disparate d'enfants pauvres, choisis au hasard, vivant dans des appartements miteux d'un des pires quartiers du pays – dont les parents, dans leur écrasante majorité, n'ont jamais mis les pieds à l'université –, ont d'aussi bons résultats en mathématiques que les enfants privilégiés des classes de quatrième des banlieues riches des États-Unis.

« Nos élèves ont une capacité de lecture satisfaisante », dit David Levin, qui a fondé KIPP avec un confrère enseignant, Michael Feinberg, en 1994. « Ils se débattent un peu avec l'écriture. Mais quand ils partent d'ici, ils assurent en maths ! »

Il y a à ce jour soixante-six écoles KIPP aux États-Unis, et au moins dix-sept autres en préparation. Le programme KIPP représente une des nouvelles philosophies de l'éducation les plus prometteuses aux États-Unis. Mais pour comprendre son succès, mieux vaut ne pas envisager celui-ci en termes de programmes, d'enseignants, de ressources ou de toute autre sorte d'innovation institutionnelle. KIPP est plutôt une organisation qui a réussi en prenant au sérieux l'idée des héritages culturels.

2.

Au début du XIXe siècle, un groupe de réformateurs avait entrepris d'établir un système d'éducation publique aux États-Unis. Ce qu'on appelait l'école publique, à l'époque, était un assortiment désordonné de petites écoles de campagne, avec salle de classe unique, et de classes urbaines bondées, gérées localement et éparpillées dans tout le pays. Dans les zones rurales, les écoles étaient ouvertes tout l'été et fermaient au printemps et à l'automne, pour que les enfants puissent, en haute saison, aider aux semailles et aux récoltes. À la ville, de nombreuses écoles adoptaient les horaires longs et chaotiques des parents ouvriers.

Les réformateurs voulaient que tous les enfants fréquentent l'école et que les écoles publiques soient polyvalentes, de telle sorte que tous les enfants reçoivent suffisamment d'instruction pour lire, écrire et calculer et, ainsi, jouer leur rôle de citoyens productifs.

Mais comme l'a souligné l'historien Kenneth Gold, les premiers réformateurs de l'éducation ne voulaient surtout pas que les enfants reçoivent *trop* d'instruction. En 1871, par exemple, le commissaire américain à l'éducation a publié un rapport, rédigé par Edward Jarris, sur la « relation entre l'éducation et la démence ». Après avoir étudié mille sept cent quarante et un cas de démence, Jarvis concluait que l'« excès d'étude » était responsable de deux cent cinq d'entre eux. « L'éducation jette les bases d'une forte proportion des causes de désordre mental », écrivait-il.

De même, le pionnier de l'éducation publique au Massachusetts, Horace Mann, croyait que faire trop travailler les élèves allait engendrer une « influence fort pernicieuse sur le caractère et les habitudes. [...] Il n'est pas rare que la santé même soit détruite par la surstimulation de l'esprit. » Dans les revues pédagogiques de l'époque, on s'inquiétait constamment de ce que les élèves soient surmenés ou que l'excès de travail scolaire émousse leurs talents naturels.

> « [Les réformateurs], écrit Gold, cherchaient des façons de réduire le temps d'étude, car de longues périodes de répit pouvaient empêcher l'esprit de subir un préjudice. D'où l'élimination des cours du samedi, l'allégement des journées

scolaires et l'allongement des vacances – tout cela s'est produit au XIXe siècle. On prévenait les enseignants : "Lorsqu'on demande aux élèves d'étudier, il ne faut pas épuiser leur corps par un long confinement, ni dérouter leur esprit par une application prolongée." Le repos présentait également des occasions particulières de renforcer les aptitudes cognitives et analytiques. Comme l'a suggéré un collaborateur de la revue *Massachusetts Teacher*, "c'est libérés de l'état de tension qui appartient à l'étude véritable que garçons et filles, hommes et femmes, acquièrent l'habitude de la pensée et de la réflexion, et apprennent à former leurs propres conclusions, sans se référer à ce qu'on leur enseigne ni à l'autorité des autres". »

Bien entendu, cette idée – qu'il faut équilibrer l'effort par le repos – est diamétralement opposée aux conceptions asiatiques de l'étude et du travail. Mais il faut dire que la vision du monde asiatique a été façonnée par la rizière. Dans le delta de la rivière des Perles, le riziculteur plantait deux, parfois trois fois par an. La terre ne restait que brièvement en jachère. En fait, l'une des caractéristiques singulières de la riziculture, c'est qu'à cause des nutriments transportés par l'eau d'irrigation, plus on cultive une parcelle, plus elle devient fertile.

Mais en agriculture occidentale, c'est le contraire. Si on omet de laisser un champ de blé ou de maïs en jachère, après quelques années, le sol s'épuise. Chaque hiver, les champs sont vides. Le dur labeur des semailles printanières et des récoltes automnales est suivi, avec une précision mécanique, par le rythme plus lent de l'été et de l'hiver.

Telle est la logique que le réformateur a appliquée à la culture des jeunes esprits. Pour formuler de nouvelles idées, nous procédons par analogie, du connu à l'inconnu, et ce que les réformateurs connaissaient, c'étaient les rythmes des saisons agricoles. Cultivons l'esprit, mais pas trop, pour ne pas l'épuiser. Et quel était le remède aux dangers de l'épuisement ? Les longues vacances d'été – un étrange et caractéristique héritage américain, qui a des conséquences profondes sur les schémas d'apprentissage des étudiants de l'époque actuelle.

3.

En Amérique, dans les débats sur l'éducation, on mentionne rarement les vacances estivales. On considère celles-ci comme une caractéristique permanente et inamovible de la vie scolaire, comme le football universitaire ou le bal de promo. Mais jetez un coup d'œil, ci-dessous, aux séries de résultats de tests effectués à l'école primaire, et voyez si votre foi en la valeur des longues vacances estivales ne s'en trouve pas profondément ébranlée.

Ces chiffres proviennent d'une étude menée par le sociologue Karl Alexander, de l'université Johns Hopkins. Alexander a suivi l'évolution de six cent cinquante élèves de CP du système scolaire public de Baltimore, analysant leurs résultats à un examen d'aptitude à la lecture et aux mathématiques largement utilisé, le California Achievement Test. Voici les résultats concernant la lecture pour les cinq premières années d'école primaire, répartis par classe socio-économique – inférieure, moyenne et supérieure.

Classe	CP	CE1	CE2	CM1	CM2
Inférieure	329	375	397	433	461
Moyenne	348	388	425	467	497
Supérieure	361	418	460	506	534

Voyez la première colonne. Les élèves commencent en CP avec des différences importantes, mais pas insurmontables, dans leurs connaissances et leurs aptitudes. Les élèves de CP des foyers les plus riches ont un avantage de trente-deux points sur ceux des foyers les plus pauvres – et qu'on se le dise, les élèves de CP des foyers pauvres de Baltimore sont *vraiment* pauvres.

À présent, regardez la colonne CM2. À ce stade, quatre ans plus tard, l'écart initialement modeste entre riches et pauvres a plus que doublé. Cet « écart de niveau » est un phénomène qu'on a observé à maintes reprises, et il provoque généralement l'une ou l'autre des réactions suivantes. La première est que les enfants désavantagés n'ont tout simplement pas la même capacité inhérente d'apprentissage que ceux d'origine plus privilégiée. Ils ne sont pas aussi intelligents. La seconde, légèrement plus optimiste, est que, d'une façon ou d'une autre, nos écoles font échouer les élèves pauvres : nous ne faisons tout simplement pas le nécessaire pour leur enseigner les compétences dont ils ont besoin.

Mais voici où l'étude d'Alexander devient intéressante, car il se trouve qu'aucune de ces explications ne semble convenir. La ville de Baltimore ne s'est pas contentée d'administrer le California Achievement Test à ses enfants à la fin de l'année scolaire, en juin.

Elle le leur a également fait passer en septembre, juste après la fin des vacances d'été. Ce qu'Alexander a compris, c'est que le second ensemble de résultats permettait une analyse légèrement différente.

En comparant les résultats d'un élève au début et à la fin de l'année scolaire, en septembre et en juin, il évaluait avec précision le degré d'apprentissage de cet élève au cours de l'année scolaire. Et s'il examinait la différence entre le score d'un élève en juin, puis en septembre, il constatait son degré d'apprentissage au cours de l'été. Autrement dit, il pouvait déduire – du moins en partie – jusqu'à quel point cet écart de niveau résultait de ce qui se passait durant l'année scolaire et durant les vacances estivales.

Commençons par les progrès effectués au cours de l'année scolaire. Ce tableau montre de combien de points les résultats au test ont augmenté du début à la fin des classes, soit de septembre à juin. La colonne « Total » représente leur apprentissage cumulé en classe pendant les cinq années d'études primaires.

Classe	CP	CE1	CE2	CM1	CM2	Total
Inférieure	55	46	30	33	25	189
Moyenne	69	43	34	41	27	214
Supérieure	60	39	34	28	23	184

C'est une version fort différente de celle que suggérait le premier tableau. Le premier ensemble de résultats de tests donnait l'impression que les enfants de familles à faibles revenus échouaient en classe. Mais ici, nous voyons clairement que ce n'est pas vrai. Regardez la dernière colonne. Au cours des cinq années d'études primaires, les enfants pauvres ont « mieux appris » que les enfants les plus riches, par 189 contre 184. Ils sont un peu à la traîne par rapport aux enfants de classe moyenne, mais de peu – de fait, en CE1, ils ont appris davantage que les enfants des classes moyenne ou supérieure.

Ensuite, examinons juste les variations des résultats aux tests de lecture après les vacances d'été.

Classe	Après le CP	Après le CE1	Après le CE2	Après le CM1	Total
Inférieure	– 3,67	– 1,70	2,74	2,89	0,26
Moyenne	– 3,11	4,18	3,68	2,34	7,09
Supérieure	15,38	9,22	14,51	13,38	52,49

Voyez-vous la différence ? Regardez la première colonne, qui indique les changements survenus au cours de l'été, après le CP. Quand les enfants les plus riches reviennent en septembre, leurs résultats en lecture ont bondi de plus de quinze points. Quand les enfants les plus pauvres reviennent de vacances, leurs résultats en lecture ont *baissé* de presque quatre points. Durant l'année scolaire, les enfants pauvres apprennent peut-être mieux que les enfants riches. Mais en été, ils prennent beaucoup de retard.

À présent, regardez la dernière colonne, qui totalise tous les gains de l'été, du CP au CM2. Les résultats aux tests de lecture des enfants pauvres montent de 0,26 point. *Pour ce qui est de l'aptitude à la lecture, les enfants pauvres n'apprennent rien en dehors de l'année scolaire.* Les résultats aux tests de lecture des enfants riches, par contraste, montent de 52,49 points – c'est énorme. Presque tout l'avantage des élèves riches sur les pauvres résulte de différences d'apprentissage des enfants privilégiés pendant qu'ils ne sont *pas* à l'école.

Que voyons-nous ici ? Il est fort possible qu'il s'agisse des conséquences des différences de styles d'éducation, dont nous avons parlé au chapitre sur Chris Langan. Songez de nouveau à Alex Williams, l'enfant de 9 ans qu'Annette Lareau a étudié. Ses parents croient en la culture concertée. Ils l'emmènent dans des musées et l'inscrivent à des programmes spéciaux, et il va au camp d'été, où il prend des cours. Lorsqu'il s'ennuie à la maison, il a beaucoup de livres à lire, et ses parents se considèrent responsables de son engagement actif dans le monde qui l'entoure. On voit aisément comment Alex peut améliorer sa lecture et ses mathématiques au cours de l'été.

Mais pas Katie Brindle, la petite fille du quartier pauvre. Il n'y a pas assez d'argent pour l'envoyer au camp d'été. Sa maman ne la conduit pas à des cours spéciaux et, à la maison, ne traîne aucun livre qu'elle peut lire si elle s'ennuie. Il n'y a sans doute qu'un téléviseur. Elle passe peut-être, malgré tout, des vacances merveilleuses, à se faire de nouveaux amis, à jouer à l'extérieur, à aller au cinéma, le genre de journées d'été insouciantes dont nous rêvons tous. Mais rien de cela n'améliorera son aptitude aux mathématiques et à la lecture, et chaque jour de vacances insouciantes supplémentaire creuse son retard par rapport à Alex. Alex n'est pas nécessairement plus intelligent que Katie. Seulement, il apprend mieux qu'elle : il consacre quelques bons mois d'été à son apprentissage, pendant qu'elle regarde la télévision et joue dehors.

Ce que suggère l'étude d'Alexander, c'est que, aux États-Unis, on envisage l'éducation à l'envers. On discute énormément de réduction de la taille des classes, de refonte des programmes, d'achat d'ordinateurs portables neufs et rutilants et d'augmentation du financement des écoles – tout cela suppose qu'il y a quelque chose de fondamentalement mauvais dans le travail des écoles. Mais regardez de nouveau le second tableau, qui montre ce qui se produit entre septembre et juin. Les écoles sont efficaces. Pour les enfants qui ne réussissent pas, le seul ennui, avec l'école, c'est qu'il n'y en a pas assez.

En fait, Alexander a effectué un calcul très simple qui démontre ce qui se produirait si les enfants de Baltimore allaient à l'école à longueur d'année. La réponse est qu'à la fin de l'école primaire, les enfants pauvres et les enfants riches auraient à peu près les mêmes résultats en lecture et en mathématiques.

Du coup, les causes de la supériorité des Asiatiques en mathématiques deviennent encore plus évidentes. Les élèves des écoles asiatiques n'ont pas de longues vacances estivales. Pourquoi en auraient-ils ? Les cultures qui croient que le succès vient du fait de se lever avant l'aube trois cent soixante jours par an accordent rarement à leurs enfants trois longs mois de congé durant l'été. Aux États-Unis, l'année scolaire dure en moyenne cent quatre-vingts jours. En Corée du Sud, elle est de deux cent vingt jours. Au Japon, deux cent quarante-trois jours.

Récemment, on a demandé aux élèves qui passaient un test international de mathématiques combien de ces questions d'algèbre, de calcul et de géométrie se rapportaient à un sujet qu'ils avaient déjà traité en classe. Pour les élèves japonais de terminale, la réponse était : 92 %. D'où l'importance d'aller à l'école deux cent quarante-trois jours par an. On a le temps d'apprendre tout ce qu'il faut – et moins de temps pour le désapprendre. Pour les élèves américains de terminale, en comparaison, le pourcentage de sujets déjà traités n'était que de 54 %. Pour les élèves les plus pauvres, l'Amérique n'a pas de problème d'école ; elle a un problème de vacances estivales, et c'est celui que les écoles KIPP ont entrepris de résoudre. Elles ont décidé de transplanter les leçons de la rizière dans les quartiers pauvres des États-Unis.

4.

« Ils commencent l'école à 7 h 25, dit David Levin à propos des élèves de l'académie KIPP, du Bronx. Jusqu'à 7 h 55, ils suivent tous un cours intitulé "capacités de réflexion". Chaque jour, ils ont une heure et demie d'anglais, une heure et demie de mathématiques (sauf en CM2, où ce sont deux heures de mathématiques quotidiennes), une heure de sciences, une heure de sciences humaines, une heure de musique au moins deux fois par semaine, puis une heure et quart d'orchestre en plus de tout cela. Tout le monde fait partie de l'orchestre. La journée s'étend de 7 h 25 à 17 heures. Après 17 heures, il y a les clubs de devoirs, les heures de retenue, les équipes sportives. Il y a ici des jeunes de 7 h 25 jusqu'à 19 heures. Si vous prenez une journée moyenne et que vous enlevez le déjeuner et la récréation, nos élèves ont entre 50 % et 60 % de temps d'apprentissage de plus qu'un élève de l'école publique traditionnelle. »

Levin est debout dans le couloir principal de l'école. C'est l'heure du déjeuner, et les élèves passent tranquillement en files ordonnées, tous en uniforme KIPP. Levin arrête une fille dont un pan de chemise dépasse. « Sois gentille : quand tu en auras l'occasion… », lui dit-il en mimant le mouvement de la rentrer. Il continue : « Le samedi, ils viennent de 9 heures à 13 heures. L'été, c'est de 8 heures à 14 heures. » En parlant de l'été, Levin fait allusion au fait que les élèves de KIPP ont trois semaines supplémentaires d'école, en juillet. Après tout, c'est précisément le genre de jeunes issus de familles à faibles revenus dont Alexander a découvert qu'ils prenaient du retard au cours des longues vacances d'été. Par conséquent, la réaction de KIPP est tout simplement de ne pas octroyer de longues vacances d'été.

« Au début, c'est difficile pour eux, poursuit-il. Vers la fin de la journée, ils sont agités. C'est en partie une question d'endurance et, en partie, de motivation. Nous offrons une part d'incitatifs, de récompenses et de trucs amusants, et une part de bonne discipline à l'ancienne. On jette tout cela dans la marmite. On parle beaucoup, ici, de cran et de maîtrise de soi. Les enfants savent ce que ces mots veulent dire. »

Levin traverse le couloir et entre dans une classe de quatrième, en cours de mathématiques. Il s'installe discrètement à l'arrière. Devant le reste de la classe, un élève nommé Aaron tente de résoudre un problème tiré de la page d'exercices de « capacités de réflexion », obligatoires tous les matins pour tous les élèves de KIPP. Le professeur, Frank Corcoran, la trentaine, portant la queue-de-cheval, est assis à l'écart sur une chaise et n'intervient qu'occasionnellement pour guider la discussion. Ce genre de scène se répète chaque jour dans les classes américaines – à une différence près.

Aaron, face à la classe, a travaillé à ce seul problème pendant *vingt minutes* – méthodiquement, soigneusement, avec la participation de la classe, essayant non seulement de trouver la réponse, mais aussi de savoir s'il y avait plus d'une façon d'y arriver. Je revoyais Renée en train de s'approprier avec minutie le concept de pente indéterminée.

« Ce temps supplémentaire permet une atmosphère plus détendue, dit Corcoran après la fin du cours. Je trouve que le problème, dans l'enseignement des mathématiques, c'est d'obliger les élèves à s'en tirer tout seuls. Ça roule à toute vitesse, et les jeunes qui comprennent les premiers sont ceux qu'on récompense. Alors on se dit qu'il y a des gens qui ont la bosse des mathématiques et d'autres qui ne l'ont pas. Je crois que ce temps supplémentaire donne à l'enseignant l'occasion d'expliquer des choses, et aux enfants de digérer tout cela – de revoir la matière, en prenant leur temps.

« Cela semble aller à l'encontre du bon sens mais, à ce rythme plus lent, au bout du compte, nous obtenons de bien meilleurs résultats. La mémorisation est meilleure, la compréhension de la matière aussi. Ça me permet d'être un peu plus détendu. Nous avons du temps pour jouer. Les enfants peuvent poser toutes les questions qu'ils veulent, et si je suis en train d'expliquer quelque chose, je ne me sens pas pressé par l'horaire. Je peux revenir sur un sujet sans pression. » Le temps supplémentaire permet à Corcoran de donner *un sens* aux mathématiques, pour que les élèves voient la relation nette entre l'effort et la récompense.

Sur les murs de la salle de cours, des dizaines de certificats de l'examen des conseils d'université de l'État de New York attestaient les mentions d'honneur obtenues par des élèves de Corcoran. « Dans cette classe de CM2, dit-il, une fille avait des résultats catastrophiques en mathématiques. Elle pleurait tous les samedis, pendant les séances de rattrapage – des torrents de larmes. » À ce souvenir, Corcoran lui-même est quelque peu gagné par l'émotion. Il baisse les yeux. « Il y a quelques semaines, elle m'a envoyé un e-mail. Elle est à l'université, maintenant. Sa matière principale est la comptabilité. »

5.

L'histoire de l'école miracle qui transforme des ratés en *winners* n'est, bien sûr, que trop familière. C'est celle qu'on retrouve dans les livres inspirants et les films sentimentaux de Hollywood. Mais la réalité des lieux comme KIPP est beaucoup moins glamour que cela. Pour avoir une idée de ce que veut dire un surplus d'apprentissage de 50 % à 60 %, vivons la journée typique d'une élève de KIPP.

L'élève s'appelle Marita. Elle est fille unique et habite dans un foyer monoparental. Sa mère n'est jamais allée à l'université. Toutes deux partagent un appartement avec une seule chambre à coucher, dans le Bronx. Marita fréquentait l'école paroissiale d'à côté, jusqu'à ce que sa mère entende parler de KIPP.

« Quand j'étais en CM1, mon amie Tanya et moi, nous avons toutes les deux fait une demande d'admission à KIPP, dit Marita. Je me souviens de Mlle Owens. Elle m'a reçue en entretien, et, à l'entendre, ça semblait si difficile que j'avais l'impression qu'on allait m'emmener en prison. J'ai failli pleurer. Et elle disait : "Si tu ne veux pas t'inscrire, rien ne t'y oblige." Mais comme ma mère était là avec moi, j'ai signé. »

À partir de ce moment, sa vie a changé. (Gardez à l'esprit, en lisant ce qui suit, que Marita a 12 ans.)

> « Je me lève à 5 h 45 pour prendre de l'avance, dit-elle. Je me brosse les dents, je prends une douche. Si je suis en retard, je prends un petit déjeuner à l'école. Je me fais souvent engueuler parce que je prends trop de temps. Je retrouve mes amis Diana et Steven à l'arrêt de bus, et nous prenons le bus n° 1. »

Se lever à 5 h 45 n'est pas rare pour les élèves de KIPP, surtout que, pour se rendre à l'école, beaucoup ont de longs trajets à faire en autobus et en métro. Levin, à un moment donné, est allé dans une classe de musique de cinquième comptant soixante-dix élèves, à qui il a demandé de lever la main en fonction de l'heure à laquelle ils sortaient du lit. Quelques-uns d'entre eux ont dit se lever après 6 heures. Les trois quarts ont déclaré se lever avant 6 heures. Et presque la moitié avant 5 h 30. Un confrère de classe de Marita, nommé José, a expliqué qu'il se réveille parfois à 3 ou 4 heures du matin, finit ses devoirs de la veille, puis « retourne dormir un peu ».

Marita poursuit :

> « Je quitte l'école à 17 heures et, si je ne traîne pas, j'arrive chez moi vers 17 h 30. Puis je dis très vite bonjour à ma mère et je commence mes devoirs. Et si je n'ai pas beaucoup de devoirs ce jour-là, ça me prend entre deux et trois heures, et je finis vers 21 heures. Ou si on a de la rédaction, je finis vers 22 heures ou 22 h 30.
>
> « Parfois, ma mère me fait faire une pause pour dîner. Je lui dis que je veux continuer sans m'arrêter, mais elle me

dit de manger. Alors, vers 20 heures, elle me fait faire une
pause pour dîner, disons, une demi-heure, et ensuite je
retourne travailler. Puis habituellement, après ça, ma mère
veut que je lui parle de l'école, mais je le fais en vitesse pour
me mettre au lit avant 23 heures. Alors je prépare toutes
mes affaires et je vais me coucher. Je lui raconte tout ce qui
s'est passé dans la journée, jusqu'à ce qu'elle soit à deux
doigts de s'endormir, ce qui doit être vers 23 h 15. Puis je
m'endors à mon tour, et le lendemain matin, nous recom-
mençons. Nous dormons dans la même chambre. Mais elle
est immense et on peut la séparer en deux, et nous avons
des lits des deux côtés. Ma mère et moi sommes très
proches. »

Elle parlait avec le détachement des enfants qui ne
savent pas à quel point leur situation est inhabituelle.
Elle avait l'horaire d'un avocat sans associé, ou d'un
interne en médecine. Il ne manquait plus que des cernes
profonds sous ses yeux et une tasse de café fumante, sauf
qu'elle était trop jeune pour avoir l'un ou l'autre.

« Parfois, je ne me couche pas à l'heure, a poursuivi
Marita. Je vais au lit vers, disons, minuit, et le lendemain
après-midi, ça me revient en pleine figure. Et je somnole
en classe. Mais je dois me réveiller, parce qu'il faut que
j'entende la leçon. Une fois, je me souviens, j'étais en train
de m'endormir pendant un cours. L'enseignant m'a vue et
m'a dit : "Puis-je te parler après le cours ?" Puis il m'a
demandé : "Pourquoi étais-tu en train de t'endormir ?" Et
je lui ai dit que je m'étais mise tard au lit. Et il a dit quelque
chose comme : "Tu dois aller au lit plus tôt." »

6.

La vie de Marita n'est pas celle de tous les enfants de
12 ans. Elle n'est pas non plus celle que nous souhaiterions

nécessairement à un enfant de 12 ans. Les enfants, aimons-nous à croire, doivent avoir du temps pour jouer, rêver et dormir. Marita a des responsabilités. Ce qu'on lui demande, c'est ce qu'on demandait aux pilotes coréens. Pour réussir dans leur occupation, ils devaient se dépouiller d'une partie de leur propre identité, car le profond respect de l'autorité qui imprègne la culture coréenne n'a tout simplement pas sa place dans un poste de pilotage.

Marita a dû faire de même parce que l'héritage culturel qu'on lui avait donné ne correspondait pas non plus à sa situation – pas lorsque des familles de classe moyenne et moyenne supérieure utilisent les week-ends et les vacances estivales pour donner de l'avance à leurs enfants. Sa collectivité ne lui donne pas ce dont elle a besoin. Alors que doit elle faire ? Laisser tomber ses soirées, ses week-ends et ses amis – tous les éléments de son monde antérieur – et les remplacer par KIPP.

Voici encore Marita, dans un passage presque déchirant :

> « Au début du CM2, j'étais restée en contact avec une des filles de mon ancienne école, et chaque fois que je sortais de l'école, le vendredi, j'allais chez elle, et j'y restais jusqu'à ce que ma mère revienne de son travail. Chez elle, je faisais mes devoirs. Elle, elle n'en avait jamais. Elle m'a dit : "Oh mon Dieu, tu restes tard à l'école." Elle a dit qu'elle voulait aller à KIPP, mais ensuite, que KIPP était trop difficile et qu'elle ne voulait plus. Et je lui ai dit : "Tout le monde trouve KIPP difficile, mais en fait, quand on s'y met, ça ne l'est pas tant que ça." Elle m'a dit : "C'est parce que tu es tellement intelligente." Et j'ai dit : "Non, nous sommes tous intelligents." Et elle était tellement découragée, parce que nous restions jusqu'à 17 heures et que nous avions beaucoup de devoirs, et je lui ai dit que le fait d'avoir beaucoup de devoirs nous aidait à avoir de

meilleurs résultats en classe. Et elle m'a dit qu'elle ne voulait pas entendre tout ce discours. Maintenant, tous mes amis viennent de KIPP. »

Est-ce beaucoup demander à un enfant ? Oui. Mais voyez les choses du point de vue de Marita. Elle a fait un marché avec son école. Elle se lève à 5 h 45 du matin, fait ses devoirs jusqu'à environ 23 heures et se présente aussi les samedis. En retour, KIPP s'engage à prendre des enfants comme elle, coincés dans la pauvreté, et à leur donner une chance d'en sortir. Pour 84 % des élèves, les résultats en mathématiques sont au moins aussi élevés, sinon plus, que ceux auxquels on s'attend à leur niveau scolaire. Grâce à ces résultats, 90 % des élèves de KIPP reçoivent des bourses qui leur permettent de s'inscrire à des lycées privés ou catholiques, au lieu d'avoir à fréquenter les lycées désorganisés du Bronx. Et à partir de cette expérience au lycée, plus de 80 % des diplômés de KIPP vont ensuite à l'université et, dans bien des cas, ils sont les premiers de leur famille à le faire.

Ce pacte n'est pas mal du tout, non ? Tout ce que nous avons appris, dans ce livre, c'est que le succès suit une trajectoire prévisible. Ce ne sont pas les plus intelligents qui réussissent. Si c'était le cas, Chris Langan serait au panthéon avec Einstein. Le succès ne se borne pas non plus à la somme des décisions et des efforts que chacun fait pour son propre compte. C'est plutôt un cadeau.

Ceux qui sortent du lot sont ceux à qui on a donné des occasions – et qui ont eu la force et la présence d'esprit nécessaires pour les saisir. Pour les joueurs de hockey et de football nés en janvier, il s'agit d'une meilleure chance de faire partie d'une équipe de vedettes. Pour les Beatles, c'était Hambourg. Bill Gates a eu la chance de naître au bon moment et de recevoir en cadeau un terminal d'ordinateur au début de ses études secondaires. Joe Flom et les fondateurs de Wachtell, Lipton, Rosen et Katz ont eu bien des chances. Ils sont nés au bon moment, de bons parents et dans le bon groupe ethnique, ce qui leur a permis de pratiquer le droit des acquisitions pendant vingt ans avant que le reste du monde juridique s'y mette. Et Korean Air, en se corrigeant, a donné à ses pilotes la chance d'échapper aux contraintes de leur héritage culturel.

Cette leçon est très simple. Mais il est frappant de voir à quel point elle est souvent négligée. Le fantasme des génies et des *self-made-men* nous obsède tellement que nous finissons par croire que les gens hors norme poussent naturellement sur les arbres.

Nous examinons le cas du jeune Bill Gates, et nous nous émerveillons du fait que notre monde a permis à ce garçon de 13 ans de devenir un entrepreneur fabuleusement prospère. Mais ce n'est pas la bonne leçon. En 1968, notre monde n'a donné qu'à *un seul* garçon de 13 ans un accès illimité à un terminal en temps partagé. Si un million d'adolescents avaient eu la même occasion, combien d'autres Microsoft aurions-nous aujourd'hui ?

Pour construire un monde meilleur, nous devons remplacer la série de coups de chance et d'avantages arbitraires qui, aujourd'hui, déterminent le succès – les dates de naissance favorables et les heureux accidents de l'histoire – par une société qui fournit des occasions à tous. Si le Canada disposait d'une seconde ligue de hockey pour les jeunes nés dans la seconde moitié de l'année, il aurait aujourd'hui deux fois plus de vedettes de hockey adultes. Alors multipliez cette soudaine floraison de talents par chaque domaine et profession. Le monde serait tellement plus riche que celui dont nous nous contentons.

Marita n'a pas besoin d'une école toute neuve, munie d'hectares de terrains de jeu et d'installations reluisantes. Elle n'a pas besoin d'un ordinateur portable, d'une classe moins nombreuse, d'un enseignant titulaire d'un doctorat, d'un plus grand appartement. Elle n'a pas besoin d'un QI plus élevé ni d'un intellect aussi rapide que celui de Chris Langan. Tout cela serait bien, évidemment, mais ce serait oublier l'essentiel : Marita avait juste besoin d'une chance. Et voyez celle qu'elle a reçue ! Quelqu'un a apporté un peu de la rizière dans le South Bronx et lui a expliqué le miracle du travail porteur de sens.

ÉPILOGUE

Une histoire arrivée en Jamaïque

« Si de cette union naissent de jeunes
enfants de couleur, ils seront affranchis. »

1.

Le 9 septembre 1931, une jeune femme nommée
Daisy Nation a donné naissance à des jumelles. Elle et
son mari, Donald, étaient instituteurs à Harewood, un
minuscule village de la paroisse Sainte-Catherine, située
au centre de la Jamaïque. Ils ont appelé leurs filles Faith
et Joyce. Lorsqu'on lui a annoncé qu'il avait engendré
des jumelles, Donald est tombé à genoux et a remis la
responsabilité de leurs vies entre les mains de Dieu.

Les Nation habitaient un petit cottage situé sur un
terrain de l'église anglicane de Harewood. La maison qui
servait d'école était voisine : on aurait dit une longue
grange sans cloisons intérieures, montée sur des pilotis
de béton. Certains jours, il y avait jusqu'à trois cents
enfants dans la salle, et d'autres, moins de deux dou-
zaines. Les enfants lisaient à haute voix ou récitaient
leurs tables de multiplication. On écrivait sur des
ardoises. Autant que possible, les cours se donnaient à
l'extérieur, sous les manguiers. Si enfants étaient tur-
bulents, Donald Nation allait d'une extrémité à l'autre
de la pièce, brandissant une courroie pendant que les
enfants se ruaient vers leurs places.

C'était un homme imposant, calme et digne, et un grand amateur de livres. Dans sa petite bibliothèque, il y avait des ouvrages de poésie et de philosophie, ainsi que des romans d'auteurs comme Somerset Maugham. Chaque jour, il lisait attentivement le journal, suivant le cours de l'actualité mondiale. Le soir, son meilleur ami, l'archidiacre Hay, le pasteur anglican qui habitait de l'autre côté de la montagne, venait s'asseoir sur la véranda de Donald et, ensemble, ils discutaient des problèmes de la Jamaïque. Daisy, la femme de Donald, était originaire de la paroisse de Sainte-Élisabeth. Son nom de jeune fille était Ford, et son père avait été propriétaire d'une petite épicerie. Elle avait deux sœurs, et elle était renommée pour sa beauté.

À l'âge de 11 ans, les jumelles ont obtenu des bourses d'études pour aller dans un pensionnat appelé Sainte-Hilda, près de la côte nord. C'était une vieille école privée anglicane, établie pour les filles du clergé anglais, les propriétaires et les contremaîtres. Après Sainte-Hilda, elles ont posé leur candidature à l'University College de Londres et ont été acceptées.

Peu de temps après, Joyce a été invitée au vingt et unième anniversaire d'un jeune mathématicien anglais nommé Graham. Durant la fête, ce dernier s'est levé pour réciter un poème, mais a oublié ses vers. Joyce en a été gênée pour lui – même si elle n'avait aucune raison de l'être, car elle ne le connaissait pas du tout. Joyce et Graham sont tombés amoureux, se sont mariés et sont partis habiter au Canada. Graham était professeur de mathématiques. Joyce est devenue une auteure à succès et une thérapeute familiale. Ils ont eu trois fils et ont construit une magnifique maison sur une colline, à la campagne. Le nom de famille de Graham est Gladwell. C'est mon père. Et Joyce Gladwell est ma mère.

2.

Telle est l'histoire du cheminement de ma mère vers le succès – mais elle n'est pas vraie. Ce n'est pas un mensonge au sens où les faits auraient été inventés, mais elle est fausse au sens où on ne peut raconter l'histoire de Bill Gates sans mentionner l'ordinateur de Lakeside, ni expliquer les prouesses mathématiques des Asiatiques sans remonter aux rizières. Cette histoire ne tient pas compte des nombreuses occasions qui se sont présentées à ma mère et de l'importance de son héritage culturel.

En 1935, par exemple, alors que ma mère et sa sœur avaient 4 ans, un historien nommé William M. MacMillan a visité la Jamaïque. Ce professeur de l'université de Witwatersrand, à Johannesburg, en Afrique du Sud, était en avance sur son temps : il était profondément préoccupé par les problèmes sociaux de la population noire sud-africaine, et il est arrivé aux Antilles pour défendre le même argument que dans son pays.

Le premier sujet d'inquiétude de MacMillan concernait le système d'éducation jamaïcain. L'école – si on pouvait qualifier ainsi la grange de bois voisine de la maison de mes grands-parents – ne s'adressait qu'aux enfants de moins de 14 ans. La Jamaïque n'avait ni lycée ni université publique. Ceux qui avaient des dispositions aux études supérieures prenaient des cours supplémentaires auprès du directeur durant leur adolescence et, avec de la chance, se rendaient dans un institut de formation des maîtres. Ceux qui avaient des ambitions plus grandes devaient en quelque sorte parvenir à l'école privée, et de là, à une université des États-Unis ou d'Angleterre.

Mais les bourses étaient rares, et le coût de la scolarité privée était prohibitif, sauf pour une poignée de privilégiés. Le « pont qui mène des écoles primaires » au lycée

« est étroit et précaire », écrivit un jour MacMillan dans une critique cinglante du traitement de ses colonies par l'Angleterre, sous le titre *Warning from the West Indies*. Le système scolaire ne faisait rien pour les classes « les plus humbles ». Il poursuivait ainsi : « Ces écoles constituent un facteur d'accroissement et d'accentuation des distinctions sociales. » À moins que le gouvernement ne fournisse des occasions à son peuple, prévenait-il, il y aura des problèmes.

Un an après la publication du livre de MacMillan, une vague d'émeutes et de désordre balayait les Antilles. À Trinidad, quatorze personnes furent tuées et cinquante-neuf blessées. À la Barbade, on compta quatorze morts et quarante-sept blessés. En Jamaïque, plusieurs grèves violentes menèrent à la fermeture du pays, et l'état d'urgence fut déclaré.

Paniqué, le gouvernement britannique prit à cœur les recommandations de MacMillan et, entre autres réformes, mit une série de bourses à la disposition des élèves de toutes les îles, afin que ceux qui désiraient se rendre à l'université puissent fréquenter des lycées privés. Le programme débuta en 1941.

L'année suivante, ma mère et sa sœur jumelle passèrent l'examen. Ainsi, elles pourraient parfaire leurs études ; si elles étaient nées deux, trois ou quatre ans plus tôt, elles n'auraient peut-être jamais reçu d'éducation complète. Ma mère doit le cours de sa vie au moment de sa naissance, aux émeutiers de 1937 et à William M. MacMillan.

J'ai dit que Daisy Nation, ma grand-mère, était « renommée pour sa beauté ». À vrai dire, c'était une façon négligente et condescendante de la décrire. Elle incarnait la force. Le fait que ma mère et sa sœur aient quitté Harewood pour Sainte-Hilda était l'œuvre de ma grand-mère. Même si mon grand-père était un homme imposant et instruit, c'était un idéaliste et un rêveur. Il s'enfermait dans ses livres. S'il avait des ambitions pour ses filles, il n'avait ni la prévoyance ni l'énergie nécessaires pour les réaliser. Ma grand-mère, oui. Aller à Sainte-Hilda, c'était son idée : certaines des familles les plus riches de la région y envoyaient leurs filles, et elle voyait que c'était une bonne école. Ses filles ne jouaient pas avec les autres enfants du village : elles lisaient. Comme le latin et l'algèbre étaient nécessaires pour entrer au lycée, elle avait placé ses filles sous le tutorat de l'archidiacre Hay.

« Si vous lui aviez demandé de vous parler de ses ambitions pour ses enfants, elle aurait dit qu'elle voulait qu'on quitte ce pays, se rappelle ma mère. Elle trouvait insuffisant ce qu'offrait le contexte jamaïcain. Et si l'occasion se présentait de continuer, et que vous étiez capable de la saisir, alors pour elle, tout était possible. »

Lorsque sont arrivés les résultats de l'examen pour la bourse, seule ma tante a été acceptée. Ma mère, non. C'est un autre fait que mon récit initial a négligé. Ma mère se rappelle le jour où ses parents, debout dans le cadre de la porte, discutaient. « On n'a plus d'argent. » Les droits de scolarité du premier trimestre et l'achat des uniformes avaient épuisé leurs économies. Comment allaient-ils payer les droits du deuxième trimestre de ma mère ? Par contre, il n'était pas question d'envoyer une fille sans l'autre. Ma grand-mère était inébranlable.

Elle a envoyé les deux – et a prié. À la fin du premier trimestre, il s'est trouvé qu'une autre élève avait remporté deux bourses, et la seconde a été accordée à ma mère. Une fois venu le temps d'aller à l'université, ma tante, la jumelle universitaire, a remporté ce qu'on appelait une « bourse du centenaire ». Ce « centenaire », c'était celui de l'abolition de l'esclavage en Jamaïque. Cette bourse était réservée aux diplômés des écoles primaires publiques et, pour mesurer le profond empressement des Britanniques à commémorer l'abolition, on accordait, au total, une bourse du centenaire par an pour toute l'île, et le prix allait, en alternance, à la meilleure fille et au meilleur garçon.

L'année où ma tante a posé sa candidature était une année « fille ». Elle a eu de la chance. Ma mère, non. Ma mère a assumé les frais du voyage en Angleterre, la chambre, la pension, ainsi que les frais de séjour et les droits de scolarité à l'University College de Londres. Pour vous donner une idée du caractère redoutable de la valeur de cette bourse que ma tante a remportée, celle-ci équivalait probablement à la somme des salaires de mes grands-parents. Il n'y avait aucun programme de prêt étudiant, ni aucune banque offrant des marges de crédit à des enseignants de la campagne. « Si j'avais demandé à mon père, dit ma mère, il aurait répondu : "Nous n'avons pas d'argent." »

Qu'a fait Daisy ? Elle est allée dans une boutique chinoise d'une ville des environs. La Jamaïque comptait une importante population chinoise qui dominait la vie commerciale de l'île depuis le XIXe siècle. En patois jamaïcain, un magasin n'est pas un magasin, mais une *Chinee-shop*. Daisy est allée voir M. Chance à la *Chinee-shop* et lui a emprunté de l'argent. Personne ne sait combien, mais ce devait être une somme énorme. Et personne ne sait pourquoi M. Chance a accepté d'accorder ce prêt à Daisy, sauf bien sûr parce qu'elle était Daisy Nation, qu'elle payait rapidement ses factures et qu'elle avait enseigné aux enfants Chance à l'école de Harewood.

Ce n'était pas toujours facile d'être un enfant chinois dans une cour d'école jamaïcaine. Les enfants jamaïcains raillaient les enfants chinois. « *Chinee nyan dog*. Les Chinois mangent du chien. » Daisy était un personnage bienveillant et apprécié, une oasis au milieu de l'hostilité. M. Chance sentait peut-être qu'il avait une dette envers elle.

« Est-ce qu'elle m'a dit ce qu'elle avait fait ? Je ne le lui ai même pas demandé, se rappelle ma mère. C'est arrivé, c'est tout. J'ai posé ma candidature à l'université et j'ai été reçue. J'ai agi en me reposant sur la confiance que j'avais pour ma mère, sans même m'en apercevoir. »

Joyce Gladwell doit sa formation universitaire, d'abord à William M. MacMillan, puis à l'élève de Sainte-Hilda qui a cédé sa bourse, puis à M. Chance, et puis, surtout, à Daisy Nation.

3.

Daisy Nation était originaire de l'extrémité nord-ouest de la Jamaïque. Son arrière-grand-père était William Ford. Originaire de l'Irlande, il était arrivé en 1784, après avoir acheté une plantation de café. Il a bientôt acheté une esclave et l'a prise comme concubine. Il l'avait remarquée sur les quais d'Alligator Pond, un village de pêcheurs de la côte sud. Elle était membre de la tribu Igbo, de l'Afrique occidentale. Ils ont eu un fils, qu'ils ont appelé John. Dans le langage de l'époque, c'était un mulâtre, une personne de couleur – et dès lors, tous les Ford ont été classés « personnes de couleur ».

Dans le Sud américain, durant la même période, il aurait été fort inhabituel, pour un propriétaire blanc, d'avoir une relation aussi notoire avec une esclave. Les relations sexuelles entre Blancs et Noirs étaient jugées moralement répugnantes. On a adopté des lois interdisant le métissage, dont la dernière n'a été abrogée qu'en 1967 par la Cour suprême américaine. Un planteur qui vivait ouvertement avec une esclave aurait été socialement ostracisé, et toute progéniture provenant de l'union d'une Noire et d'un Blanc aurait été soumise à l'esclavage.

En Jamaïque, les attitudes étaient fort différentes. Les Antilles, à l'époque, formaient surtout une énorme colonie d'esclaves. Les Noirs étaient au moins dix fois plus nombreux que les Blancs. Comme il y avait peu de Blanches à épouser, peut-être même aucune, la vaste majorité des Blancs des Antilles avaient des maîtresses noires ou mates.

Un planteur britannique installé en Jamaïque, connu pour garder un journal précis de ses exploits sexuels, a couché avec cent trente-huit femmes différentes au cours de ses trente-sept années sur l'île, presque toutes des esclaves, et peut-être pas toutes consentantes. Et les Blancs considéraient les mulâtres – les enfants de ces relations – comme des alliés potentiels, un tampon entre eux et le grand nombre d'esclaves de l'île.

Les mulâtresses étaient recherchées en tant que maîtresses, et leurs enfants, un ton plus pâle, grimpaient encore plus haut dans l'échelle sociale et économique. Les mulâtres travaillaient rarement dans les champs. Ils menaient une vie beaucoup plus aisée, travaillant à la « maison ». C'étaient ceux qui avaient les meilleures chances d'être affranchis. Un si grand nombre de maîtresses mulâtresses avaient hérité de fortunes substantielles de propriétaires blancs que, un jour, la législature jamaïcaine a adopté une loi plafonnant les legs à 2 000 livres (une somme énorme, à l'époque).

« Lorsqu'un Européen arrive dans les Antilles et s'installe pour une période donnée, il juge nécessaire de se trouver une gouvernante ou une maîtresse, a écrit un observateur au XVIIIᵉ siècle. Son choix est varié : une Noire, une mordorée, une mulâtresse ou une métisse, qu'il peut acheter pour 100 ou 150 livres. [...] Si de cette union naissent de jeunes enfants de couleur, ils seront affranchis, et surtout, les pères qui peuvent se le permettre les enverront, à 3 ou 4 ans, s'instruire en Angleterre. »

Tel est le monde dans lequel est né John, le grand-père de Daisy. Il était fils d'esclave dans un pays qu'on pourrait décrire comme étant une colonie pénitentiaire africaine, et affranchi, nanti de tous les avantages de l'éducation. Il a épousé une mulâtresse, une femme mi-européenne, mi-arawak (les Arawaks étaient les indigènes de la Jamaïque), qui a donné naissance à sept enfants.

« Ces gens – les personnes de couleur – avaient un statut élevé, souligne le sociologue jamaïcain Orlando Patterson. Dès 1826, ils disposaient d'une entière liberté civile, qu'ils avaient obtenue en même temps que les Juifs de la Jamaïque. Ils pouvaient voter et avaient les mêmes droits que les Blancs – dans le contexte d'une société d'esclavage.

« Idéalement, ils essayaient d'être artisans. Rappelez-vous que la Jamaïque a des plantations de sucre, qui sont très différentes des plantations de coton qu'on trouve dans le Sud américain. Le coton est surtout une activité agricole. Après la cueillette, presque tout le traitement se faisait dans le Lancashire, ou dans le Nord. Le sucre est un complexe agro-industriel, et comme il commence à perdre du sucrose quelques heures après avoir été cueilli, l'usine doit être sur place. Les usines à sucre fournissaient une large gamme d'occupations : des tonneliers, des chauffeurs, des menuisiers – et un grand nombre de ces emplois étaient occupés par des gens de couleur. »

Il était vrai, aussi, que les membres de l'élite anglaise de la Jamaïque, à la différence de leurs homologues des

États-Unis, avaient peu d'intérêt envers le projet grandiose de l'édification d'un pays. Ils voulaient gagner de l'argent et retourner en Angleterre. Ils n'avaient aucune envie de rester dans ce qu'ils considéraient comme un territoire hostile. Par conséquent, la tâche de construire une nouvelle société – avec les nombreuses occasions que cela représentait – revenait également aux gens de couleur.

« Dès 1850, on pouvait noter que le maire de Kingston [capitale de la Jamaïque] était une personne de couleur, poursuit Patterson. De même que le fondateur du *Daily Gleaner* [principal quotidien de la Jamaïque]. C'étaient des gens de couleur et, très tôt, ils en sont venus à dominer les classes professionnelles. Les Blancs étaient engagés dans les affaires ou les plantations. Les gens qui devenaient médecins et avocats étaient ces gens de couleur. C'étaient eux qui dirigeaient les écoles. L'évêque de Kingston était généralement brun de peau. Ce n'était pas l'élite économique, mais c'était l'élite culturelle. »

Le tableau ci-dessous montre une distribution de deux catégories professionnelles jamaïcaines – les avocats et les membres du Parlement – au début des années 1950. Le classement par catégories correspond à la teinte de la peau. « Blanc et pâle » désigne les gens qui sont soit entièrement blancs ou, plus probablement, qui ont un héritage noir qui n'est plus immédiatement apparent. « Olivâtre » est un degré en dessous, et « brun pâle », un degré sous olivâtre (bien que la différence entre ces deux teintes ne soit évidente que pour un Jamaïcain). Il faut garder à l'esprit le fait que, dans les années 1950, les « Noirs » composaient environ 80 % de la population jamaïcaine, étant cinq fois plus nombreux que les personnes de couleur.

Groupe ethnique	Avocats (%)	Membres du Parlement (%)
Chinois	3,1	–
Indiens du Sud-Est	–	–
Juifs	7,1	–
Syriens	–	–
Blancs et pâles	38,8	10
Olivâtres	10,2	13
Bruns pâles	17,3	19
Bruns foncés	10,2	39
Noirs	5,1	10
Inconnus	8,2	–

Voyez l'avantage extraordinaire qu'un peu de blancheur donnait à la minorité de couleur. Le fait d'avoir eu un ancêtre qui travaillait à la maison plutôt qu'aux champs, qui avait entièrement obtenu ses droits civils en 1826, qui était valorisé au lieu d'être esclave, qui avait tenté d'avoir un travail ayant un sens au lieu d'être relégué aux champs de canne à sucre, cela faisait toute la différence, deux ou trois générations plus tard, en matière de succès professionnel.

Autrement dit, l'ambition de Daisy Ford pour ses filles n'est pas née de nulle part. Elle était l'héritière d'un héritage de privilèges. Son frère aîné, Rufus, avec qui elle est allée vivre durant son enfance, était un enseignant et un homme de savoir. Son frère Carlos s'est rendu à Cuba, puis est revenu en Jamaïque pour ouvrir une usine de vêtements. Son père, Charles Ford, était grossiste en fruits et légumes. Sa mère, Ann, était une Powell, une autre famille de gens de couleur instruite qui avait monté dans l'échelle sociale – et les mêmes Powell qui, deux générations plus tard, allaient engendrer Colin Powell.

Son oncle Henry était propriétaire. Son grand-père John – le fils de William Ford et de sa concubine africaine – est devenu prédicateur. Pas moins de trois membres de la famille Ford élargie ont obtenu une bourse d'études Rhodes.

Si ma mère avait une dette envers William M. Mac-Millan, les émeutiers de 1937, M. Chance et sa mère, Daisy Ford, alors Daisy avait une dette envers Rufus, Carlos, Charles, Ann, Henry et John.

4.

Ma grand-mère était une femme remarquable. Mais il faut se rappeler que l'ascension régulière entamée par les Ford a débuté par un geste moralement complexe : William Ford avait regardé avec désir mon arrière-arrière-arrière-grand-mère à Alligator Pond, et l'avait achetée.

Les esclaves qui n'étaient pas choisis ainsi avaient une vie malheureuse, qui se terminait prématurément. En Jamaïque, les planteurs trouvaient normal d'extraire l'effort maximal de leurs « propriétés humaines » alors que celles-ci étaient encore jeunes, c'est-à-dire de faire travailler leurs esclaves jusqu'à ce qu'ils s'épuisent ou meurent. Il suffisait alors d'en acheter une autre série au marché. Ils ne se souciaient aucunement de la contradiction philosophique qui consiste à chérir les enfants qu'ils avaient avec une esclave tout en considérant les esclaves comme leurs propriétés.

William Thistlewood, le planteur qui cataloguait ses exploits sexuels, a vécu toute sa vie une relation avec une esclave nommée Phibbah, qu'il adorait, selon tous les témoignages, et qui lui a donné un fils. Mais pour ses esclaves « des champs », c'était un monstre, dont la punition préférée, pour ceux qui tentaient de s'enfuir, était ce qu'il appelait la « dose de Derby ». Le fuyard était battu, et on frottait ses blessures ouvertes de saumure, de jus de citron vert et de poivre rouge. Un autre esclave déféquait dans la bouche du scélérat, qui était alors bâillonné pendant quatre ou cinq heures.

Il n'était pas étonnant, alors, que les classes brunes de peau de la Jamaïque en soient venues à fétichiser leur pâleur. C'était leur grand avantage. On se scrutait mutuellement la teinte de la peau et on jouait au jeu de la couleur d'une façon aussi impitoyable, au bout du compte, que les Blancs.

Le sociologue jamaïcain Fernando Henriques écrit :

> « Si, comme c'est fréquent, les enfants d'une même famille sont de teintes différentes, les plus pâles seront favorisés aux dépens des autres. Dans l'adolescence, et jusqu'au mariage, les enfants les plus foncés seront mis à l'écart lorsqu'on recevra les amis des membres pâles ou plus pâles de la famille. On considère que l'enfant pâle élève la couleur de la famille et que rien ne doit faire obstacle à son succès, c'est-à-dire empêcher un mariage qui élèvera encore davantage le statut de couleur de la famille. Une personne pâle essaiera de rompre les relations sociales qu'il peut avoir avec des parents plus foncés […], les membres plus foncés d'une famille de Nègres encourageront les efforts d'un parent très pâle à se faire passer pour un Blanc. Les pratiques des relations familiales jetaient les bases de la manifestation publique du préjugé envers la couleur. »

Ma famille n'était pas à l'abri de cela. Daisy était particulièrement fière du fait que son mari était plus pâle qu'elle. Mais ce même préjugé se retournait contre elle : « Daisy est gentille, vous savez, disait sa belle-mère, mais elle est trop foncée. »

Un des parents de ma mère (je l'appellerai tante Joan) était bien placée sur l'échelle des couleurs. Elle était « blanche et pâle ». Mais son mari était ce qu'on appelle

en Jamaïque un « Injun » – un homme ayant un teint
foncé et des cheveux noirs, droits et fins –, et leurs filles
étaient de couleur foncée comme leur père.

Un jour, après la mort de son mari, alors qu'elle
prenait le train pour rendre visite à sa fille, elle a
rencontré un homme à la peau pâle qui se trouvait
dans le même wagon. Il lui plaisait. Ce qui est arrivé
par la suite, tante Joan ne l'a raconté qu'à ma mère,
des années plus tard, toute honteuse. Lorsqu'elle est
sortie du train, elle est passée sans s'arrêter devant sa
fille, car elle ne voulait pas qu'un homme aussi dési-
rable, d'une peau si pâle, sache qu'elle avait engendré
une fille à la peau aussi foncée.

Dans les années 1960, ma mère a décrit ses expériences dans un livre intitulé *Brown Face, Big Master*,
« visage brun » faisant référence à elle-même, et « grand
maître », dans le dialecte jamaïcain, à Dieu. Dans un
passage, elle décrit un incident qui s'est déroulé juste
après le mariage de mes parents, alors qu'ils habitaient à
Londres et que mon frère aîné était encore un bébé. Ils
cherchaient un appartement et, après une longue
recherche, mon père en avait trouvé un dans une ban-
lieue de Londres. Le lendemain de leur emménagement,
cependant, la propriétaire les a mis à la porte. « Vous ne
m'avez pas dit que votre femme était jamaïcaine »,
dit-elle à mon père, dans un accès de rage.

Dans son livre, ma mère décrit sa longue lutte afin de
donner un sens à cette humiliation, de réconcilier leur
expérience avec sa foi. Elle a fini par reconnaître qu'elle
ne pouvait se mettre en colère, et que, en tant que Jamaïcaine de couleur dont la famille avait tiré avantage de la
hiérarchie des couleurs de peau depuis des générations,
elle pouvait difficilement reprocher à une autre l'impul-
sion de diviser les gens selon la couleur de leur peau :

« Je me suis tellement plainte à Dieu : "Me voilà, la représentante meurtrie de la race nègre, moi qui appuie sa lutte pour être libérée et être l'égale des Blancs dominateurs !" Et Dieu a ri ; ma prière ne Lui semblait pas sincère. J'ai essayé de nouveau. Puis Dieu a dit : "N'as-tu pas fait la même chose ? Rappelle-toi telle et telle personne, ces gens que tu as trompés, évités ou traités avec moins de considération que d'autres parce qu'ils étaient différents en surface et que tu avais honte d'être identifiée à eux. N'as-tu pas été contente de ne pas avoir une couleur plus foncée ? Reconnaissante de ne pas être noire ?" Ma colère et ma haine envers la propriétaire ont fondu. Je n'étais pas meilleure qu'elle, ni pire d'ailleurs. […] Nous étions toutes les deux coupables du péché de l'amour-propre, de l'orgueil et de l'exclusivité avec laquelle nous écartons certaines personnes de notre vie. »

Il n'est pas si facile d'être aussi honnête à propos de ses propres motivations. Il serait plus simple pour ma mère de décrire son succès comme un triomphe direct sur le statut de victime, tout comme il serait plus simple de considérer Joe Flom comme le plus grand avocat de tous les temps – même si ses triomphes individuels s'entremêlent aussi laborieusement à son origine ethnique, à sa génération, aux détails de l'industrie du vêtement et aux préjugés des cabinets juridiques du centre-ville.

Bill Gates pourrait accepter le titre de génie et s'en tenir là. Il lui faut beaucoup d'humilité pour revenir sur sa vie en disant : « J'ai eu beaucoup de chance. » Et c'est vrai : en 1968, le Cercle des mères de l'école Lakeside lui a acheté un ordinateur. Il est impossible pour un joueur de hockey, ou Bill Joy, ou J. Robert Oppenheimer, ou tout autre prodige, d'ailleurs, de baisser les yeux, de leur perchoir hautain, et de dire en toute sincérité : « J'ai tout fait tout seul. »

De prime abord, les avocats vedettes, les génies des mathématiques et les magnats du logiciel semblent détachés de l'expérience ordinaire. Mais ce n'est pas le cas. Ce sont les produits de l'histoire et de la collectivité, ayant bénéficié d'occasions et de leur héritage. Leur succès n'est ni exceptionnel ni mystérieux : il est enraciné dans une trame d'avantages et d'héritages, certains mérités, d'autres non, certains gagnés, d'autres dus à la chance –, mais tous essentiels à leur destin. Le prodige, en définitive, ne tient pas du tout du prodige.

Mon arrière-arrière-arrière-grand-mère a été achetée à Alligator Pond. Ce geste, à son tour, a donné à son fils, John Ford, le privilège d'une couleur de peau qui lui a évité une vie d'esclavage. La culture de la possibilité que Daisy Ford a adoptée et utilisée si brillamment au nom de ses filles lui a été transmise par les particularités de la structure sociale des Indes occidentales. Et l'éducation de ma mère était le produit des émeutes de 1937 et de la méticulosité de M. Chance. C'étaient des cadeaux de l'histoire à ma famille – et si les ressources de cet épicier, les fruits de ces émeutes, les possibilités de cette culture et les privilèges de cette teinte de peau avaient également été prodigués à d'autres, combien d'autres mèneraient maintenant une vie épanouissante, dans une maison magnifique, au sommet d'une colline ?

SOURCES

Introduction : le mystère Roseto

John G. Bruhn et Stewart Wolf ont publié deux livres sur leur travail à Roseto : *The Roseto Story* (Norman, University of Oklahoma Press, 1979) et *The Power of Clan : The Influence of Human Relationships on Heart Disease* (New Brunswick [New Jersey], Transaction Publishers, 1993). Pour une comparaison entre Roseto Valfortore, en Italie, et Roseto, en Pennsylvanie, voir Carla Bianco, *The Two Rosetos* (Bloomington, Indiana University Press, 1974). Roseto est peut-être la seule des petites villes de Pennsylvanie à avoir attiré autant d'intérêt de la part des chercheurs universitaires.

Chapitre premier : l'effet Matthieu

Les prétentions de Jeb Bush au statut de *self-made-man* sont exposées en détail dans l'ouvrage de S. V. Dáte, *Jeb : America's Next Bush* (New York, Jeremy P. Tarcher / Penguin, 2007), surtout aux pages 80 et 81. Dáte écrit ceci : « Lors de ses deux candidatures au poste de gouverneur, en 1994 et en 1998, Jeb l'a exprimé clairement : non seulement il ne s'excusait pas de ses origines, mais il était fier de sa situation financière, et certain qu'elle était le résultat de son cran et de son éthique professionnelle. "J'ai vraiment travaillé pour ce que j'ai atteint, et j'en suis fier, a-t-il dit au *St. Petersburg Times* en 1993.

Je n'ai aucun sentiment de culpablité, aucun sentiment d'avoir mal agi."

« Cette attitude était en grande partie la même que celle qu'il avait exprimée à l'émission de CNN *Larry King Live*, en 1992 : "En général, je crois qu'[être le fils du président] est un désavantage, a-t-il déclaré. Car on est restreint dans ses possibilités d'action."

« Cette pensée ne peut être qualifiée que de délire. »

Les Broncos de Lethbridge, qui jouaient le jour où Paula et Roger Barnsley ont remarqué pour la première fois l'effet de l'âge relatif, étaient une équipe de hockey junior de la Western Hockey League, de 1974 à 1986. Ils ont remporté le championnat de la WHL en 1982-1983, et trois ans plus tard, ont été ramenés à Swift Current, en Saskatchewan. Voir : http://fr.wikipedia.org/wiki/Broncos_de_Lethbridge.

Pour un aperçu de l'effet de l'âge relatif, voir Jochen Musch et Simon Grondin, « Unequal Competition as an Impediment to Personal Development : A Review of the Relative Age Effect in Sport », publié dans *Developmental Review* 21, n° 2 (2001), p. 147-167.

Roger Barnsley et A. H. Thompson ont publié leur étude sur le Web : http://www.socialproblemindex.ualberta.ca/relage.htm.

Les prophéties autoréalisatrices remontent à la littérature antique de la Grèce et de l'Inde, mais l'expression même a été inventée par Robert K. Merton dans *Social Theory and Social Structure* (New York, Free Press, 1968). Barnsley et son équipe ont étendu leurs activités dans d'autres sports. Voir R. Barnsley, A. H. Thompson et Philippe Legault, « Family Planning : Football Style. The Relative Age Effect in Football », publié dans l'*International Review for the Sociology of Sport* 27, n° 1 (1992), p. 77-88.

Les statistiques de l'effet de l'âge relatif au baseball proviennent de l'article de Greg Spira paru dans le magazine *Slate* : http://www.slate.com/id/2188866/.

A. Dudink, à l'université d'Amsterdam, a montré comment la date limite de recrutement de la Premier League en Angleterre crée la même hiérarchie des âges dans le football que dans le hockey canadien. Voir « Birth Date and Sporting Success », *Nature* 368 (1994), p. 592.

D'ailleurs, en Belgique, la date limite au football était auparavant le 1er août et, à l'époque, presque un quart de leurs meilleurs joueurs étaient nés en août et en septembre. Mais ensuite, la Fédération belge de football est passée au 1er janvier et, bien sûr, après quelques années, il n'y avait presque aucun joueur de football d'élite né en décembre, mais un nombre écrasant étaient nés en janvier. Pour plus d'information, voir Werner F. Helsen, Janet L. Starkes et Jan Van Winckel, « Effects of a Change in Selection Year on Success in Male Football Players », *American Journal of Human Biology* 12, n° 6 (2000), p. 729-735.

Les données de Kelly Bedard et Elizabeth Dhuey proviennent de « The Persistence of Early Childhood Maturity : International Evidence of Long-Run Age Effects », publié dans le *Quarterly Journal of Economics* 121, n° 4 (2006), p. 1437-1472.

Chapitre 2 : la règle des dix mille heures

Une grande part du récit de la vie de Bill Joy provient de l'article d'Andrew Leonard paru dans *Salon*, « BSD Unix : Power to the People, from the Code », 16 mai 2000 : http://archive.salon.com/tech/fsp/2000/05/16/chapter_2_part_one/index.html.

Pour une histoire du centre informatique de l'université du Michigan, voir « A Career Interview with Bernie Galler », professeur honoraire au département d'ingénierie électrique et d'informatique à l'école, *IEEE Annals of the History of Computing* 23, n° 4 (2001), p. 107-112. Ericsson et ses collègues ont publié de nombreux articles formidables sur la règle des dix mille heures, comme celui de K. Anders Ericsson, Ralf Th. Krampe et Clemens Tesch-Römer, « The Role of Deliberate Practice in the Acquisition of Expert Performance », *Psychological Review* 100, n° 3 (1993), p. 363-406.

Daniel J. Levitin parle des dix mille heures nécessaires pour parvenir à la maîtrise dans *This Is Your Brain on Music : The Science of a Human Obsession* (New York, Dutton, 2006), p. 197.

Le développement de Mozart en tant que prodige est exposé dans Michael J. A. Howe, *Genius Explained* (Cambridge, Cambridge University Press, 1999), p. 3.

Harold Schonberg est cité dans l'ouvrage de John R. Hayes, *Thinking and Learning Skills*, vol. 2 : *Research and Open Questions*, dir. Susan F. Chipman, Judith W. Segal et Robert Glaser (Hillsdale [New Jersey], Lawrence Erlbaum Associates, 1985).

Concernant l'exception à la règle en ce qui concerne les échecs, le grand maître Bobby Fischer, voir Neil Charness, Ralf Th. Krampe et Ulrich Mayr dans leur essai « The Role of Practice and Coaching in Entrepreneurial Skill Domains : An International Comparison of Life-Span Chess Sill Acquisition », dans *The Road to Excellence : The Acquisition of Expert Performance in the Arts and Sciences, Sports and Games*, dir. K. Anders Ericsson (Hillsdale [New Jersey], Lawrence Erlbaum Associates, 1996), p. 51-126, surtout p. 73.

Pour plus d'information sur la révolution du temps partagé, voir Stephen Manes et Paul Andrews, *Gates :*

How Microsoft's Mogul Reinvented an Industry – and Made Himself the Richest Man in America (New York, Touchstone, 1994), p. 26.

Philip Norman a écrit une biographie des Beatles, *Shout !* (New York, Fireside, 2003).

Les souvenirs de John Lennon et George Harrison sur les débuts du groupe à Hambourg proviennent de *Hamburg Days* par George Harrison, Astrid Kirchherr et Klaus Voormann (Surrey, Genesis Publications, 1999). La citation est tirée de la p. 122.

Robert W. Weisberg discute des Beatles – et calcule les heures qu'ils ont passées à s'entraîner – dans « Creativity and Knowledge : A Challenge to Theories » dans *Handbook of Creativity*, dir. Robert J. Sternberg (Cambridge, Cambridge University Press, 1999), p. 226-250.

La liste complète des personnes les plus riches de l'histoire se trouve à l'adresse : http://en.wikipedia.org/wiki/Wealthy_historical_figures_2008

La référence à C. Wright Mills, dans la note en bas de page, provient de « The American Business Elite : A Collective Portrait », publié dans le *Journal of Economic History* 5 (décembre 1945), p. 20-44.

Steve Jobs à la poursuite de Bill Hewlett apparaît dans Lee Butcher, *Accidental Millionaire : The Rise and Fall of Steve Jobs at Apple Computer* (New York, Paragon House, 1987).

Chapitre 3 : l'ennui avec les génies (1ʳᵉ partie)

Chapitre 3 : l'ennui avec les génies (1re partie)

L'épisode de *1 vs. 100* mettant en vedette Chris Langan a été diffusé le 25 janvier 2008.

Leta Hollingworth, mentionnée dans la note en bas de page, a publié son compte rendu de « L » dans *Children Above 180 IQ* (New York, World Books, 1942).

Entre autres excellentes sources sur la vie et l'époque de Lewis Terman, mentionnons Henry L. Minton, « Charting Life History : Lewis M. Terman's Study of the Gifted » dans *The Rise of Experimentation in American Psychology*, dir. Jill G. Morawski (New Haven, Yale University Press, 1988) ; Joel N. Shurkin, *Terman's Kids* (New York, Little, Brown, 1992) ; et May Seagoe, *Terman and the Gifted* (Los Altos, Kauffman, 1975). Le passage sur Henry Cowell provient du livre de Seagoe.

L'exposé de Liam Hudson sur les limites des tests de QI se trouve dans *Contrary Imaginations : A Psychological Study of the English Schoolboy* (Middlesex, Penguin Books, 1967). La lecture de Hudson est un délice absolu.

L'étude sur la faculté de droit du Michigan « Michigan's Minority Graduates in Practice : The River Runs Through Law School », rédigée par Richard O. Lempert, David L. Chambers et Terry K. Adams, est parue dans *Law and Social Inquiry* 25, n° 2 (2000).

La réfutation de Terman par Pitirim Sorokin a été publiée dans *Fads and Foibles in Modern Sociology and Related Sciences* (Chicago, Henry Regnery, 1956).

Chapitre 4 : l'ennui avec les génies (2ᵉ partie)

Kai Bird et Martin J. Sherwin, *American Prometheus : The Triumph and Tragedy of J. Robert Oppenheimer* (New York, Knopf, 2005).

Robert Sternberg a beaucoup écrit sur l'intelligence pratique et des sujets similaires. Pour un bon exposé en langage clair, voir *Successful Intelligence : How Practical and Creative Intelligence Determine Success in Life* (New York, Plume, 1997).

Comme on s'en doute, j'ai adoré le livre d'Annette Lareau. Il vaut la peine d'être lu, car je n'ai qu'esquissé

son argumentation à partir de *Unequal Childhoods :
Class, Race, and Family Life* (Berkeley, University of California Press, 2003).

Un autre excellent exposé des difficultés inhérentes au fait de ne se focaliser que sur le QI se trouve dans Stephen J. Ceci, *On Intelligence : A Bioecological Treatise on Intellectual Development* (Cambridge [Massachusetts], Harvard University Press, 1996).

Pour une évaluation modérée mais cruciale de l'étude de Terman, voir « The Vanishing Genius : Lewis Terman and the Stanford Study » de Gretchen Kreuter. Elle a été publiée dans *History of Education Quarterly* 2, n° 1 (mars 1962), p. 6-18.

Chapitre 5 : les trois leçons de Joe Flom

L'histoire de Skadden, Arps et de la culture des acquisitions a été racontée par Lincoln Caplan, *Skadden : Power, Money, and the Rise of a Legal Empire* (New York, Farrar, Straus, and Giroux, 1993).

La notice nécrologique d'Alexander Bickel a paru dans le *New York Times* du 8 novembre 1974. La transcription de son entrevue provient du projet d'histoire orale de l'*American Jewish Committee,* archivé à la bibliothèque publique de New York.

Erwin O. Smigel décrit les vieux cabinets « chaussures blanches » de New York dans *The Wall Street Lawyer : Professional Organisation Man ?* (Bloomington, Indiana University Press, 1969). Leurs critères de recrutement sont décrits à la p. 37.

Louis Auchincloss a écrit plus que quiconque sur les changements survenus dans les cabinets juridiques ultra-conservateurs de Manhattan dans l'après-guerre. La citation provient de son livre *The Scarlet Letters* (New York, Houghton Mifflin, 2003), p. 153.

L'anéantissement économique qu'affrontaient les avocats au pied de l'échelle sociale au cours de la Grande Dépression est exploré dans Jerold S. Auerbach, *Unequal Justice : Lawyers and Social Change in Modern America* (Oxford, Oxford University Press, 1976), p. 159.

On trouvera des statistiques sur les fluctuations du taux de naissance en Amérique au cours du XXe siècle à l'adresse : http://www.infoplease.com/ipa/A0005067.html.

L'impact du « creux démographique » est exploré par Richard A. Easterlin, dans *Birth and Fortune : The Impact of Numbers on Personal Welfare* (Chicago, University of Chicago Press, 1987). La description dithyrambique que H. Scott Gordon fait de la situation des enfants nés dans un creux démographique provient de la p. 4 de son discours présidentiel à la Western Economic Association, lors de l'assemblée annuelle d'Anaheim, en Californie, en juin 1977, « On Being Demographically Lucky : The Optimum Time to Be Born. » Il est cité à la p. 31 de l'ouvrage d'Easterlin.

Pour un exposé qui fait autorité sur la montée des avocats juifs, voir Eli Wald, « The Rise and Fall of the WASP and Jewish Law Firms », *Stanford Law Review* 60, no 6 (2008), p. 1803.

L'histoire des Borgenicht a été racontée par Louis à Harold H. Friedman et publiée sous le titre *The Happiest Man : The Life of Louis Borgenicht* (New York, G. P. Putnam's Sons, 1942).

Pour plus d'information sur les diverses occupations des immigrants en Amérique aux XIXe et XXe siècles, voir l'ouvrage de Thomas Kessner, *The Golden Door : Italian and Jewish Immigrant Mobility in New York City 1880-1915* (New York, Oxford University Press, 1977).

Le livre de Stephen Steinberg, *The Ethnic Myth : Race, Ethnicity, and Class in America* (Boston, Beacon Press,

1982) comprend un brillant chapitre sur les immigrants juifs à New York, auquel je dois beaucoup.

La recherche de Louise Farkas faisait partie de son mémoire de maîtrise au Queens College : Louise Farkas, *Occupational Genealogies of Jews in Eastern Europe and America, 1880-1924* (New York, Queens College Spring Thesis, 1982).

Chapitre 6 : Harlan, Kentucky

Harry M. Caudill a écrit sur le Kentucky, sa beauté et ses problèmes, dans *Night Comes to the Cumberlands : A Biography of a Depressed Area* (Boston, Little, Brown, 1962).

L'effet de l'exploitation minière sur le comté de Harlan est examiné dans « Social Disorganization and Reorganization in Harlan County, Kentucky », par Paul Frederick Cressey in *American Sociological Review* 14, n° 3 (juin 1949), p. 389-394.

La querelle sanglante et compliquée entre les Turner et les Howard est décrite, parmi d'autres, dans le livre merveilleusement divertissant de John Ed Pearce, *Days of Darkness : The Feuds of Eastern Kentucky* (Lexington, University Press of Kentucky, 1994), p. 11.

Les mêmes conflits sont évalués d'un point de vue anthropologique par Keith F. Otterbein dans « Five Feuds : An Analysis of Homicides in Eastern Kentucky in the Late Nineteenth Century », *American Anthropologist* 102, n° 2 (juin 2000), p. 231-243.

L'essai de J. K. Campbell « Honour and the Devil » est paru dans J. G. Peristiany (dir.), *Honour and Shame : The Values of Mediterranean Society* (Chicago, University of Chicago Press, 1966).

L'ascendance *scotch-irish* de l'arrière-pays du Sud américain, de même que le guide phonétique du parler *scotch-irish*, se trouvent dans l'étude monumentale de David Hackett Fischer concernant les débuts de l'histoire américaine, *Albion's Seed : Four British Folkways in America* (Oxford, Oxford University Press, 1989), p. 652.

Le taux d'homicide élevé dans le Sud, et la nature spécifique de ces meurtres, est exposé par John Shelton Reed dans *One South : An Ethnic Approach to Regional Culture* (Baton Rouge, Louisiana State University Press, 1982). Voir, en particulier, le chapitre 11 : « Below the Smith and Wesson Line ».

Pour en savoir davantage sur les causes historiques du tempérament du Sud et de l'expérience sur les insultes menée à l'université du Michigan, voir *Culture of Honor : The Psychology of Violence in the South*, par Richard E. Nisbett et Dov Cohen (Boulder [Colorado], Westview Press, Inc., 1996).

L'étude de Raymond D. Gastil sur la corrélation entre le caractère du Sud et le taux d'homicide aux États-Unis, « Homicide and a Regional Culture of Violence », a été publiée dans *American Sociological Review* 36 (1971), p. 412-427.

Cohen, avec Joseph Vandello, Sylvia Puente et Adrian Rantilla, a travaillé à une autre étude sur la ligne de partage culturelle entre le Nord et le Sud : « "When You Call Me That, Smile !" How Norms for Politeness, Interaction Styles, and Aggression Work Together in Southern Culture », *Social Psychology Quarterly* 62, n° 3 (1999), p. 257-275.

Chapitre 7 : la théorie ethnique des accidents d'avion

Le National Transportation Safety Board, l'agence fédérale qui enquête sur les accidents dans l'aviation civile, a publié un rapport (*Aircraft Accident Report*) sur

l'écrasement du vol 801 de Korean Air : NTSB/
AAR00/01.

La note sur Three Mile Island doit beaucoup à l'ana-
lyse de Charles Perrow dans son ouvrage classique,
Normal Accidents : Living with High Risk Technologies
(New York, Basic Books, 1984).

La statistique des sept erreurs par accident a été calculée par le National Transportation Safety Board dans une
étude sur la sécurité, intitulée « A Review of Flightcrew
Involved Major Accidents of U.S. Air Carriers, 1978
Through 1990 » (Safety Study NTSB/SS9401, 1994).

Le dialogue déchirant et l'analyse de l'écrasement du
vol Avianca 052 se trouvent dans le National Transportation Safety Board Accident Report NTBS/AAR91/04.

L'étude de Ute Fischer et Judith Orasanu sur l'atténuation dans le poste de pilotage, « Cultural Diversity and
Crew Communication », a été présentée au cinquan-
tième International Astronautical Congress à Amsterdam, en octobre 1999. Elle a été publiée par l'American
Institute of Aeronautics and Astronautics.

Le dialogue entre le commandant de bord et le copilote
du vol funeste d'Air Florida est cité dans une seconde
étude de Fischer et Orasanu, « Error-Challenging
Strategies : Their Role in Preventing and Correcting
Errors », produite dans le cadre du quatorzième Triennial
Congress and Human Factors and Ergonomics Society
Fortysecond Annual Meeting de l'International Ergonomics Association, tenu à San Diego, en Californie, en
août 2000.

L'effet inconscient de la nationalité sur le comportement a été formellement calculé par Geert Hofstede et
exposé dans ses grandes lignes dans *Culture's Consequences : Comparing Value, Behaviors, Institutions, and*

Organizations Across Nations (Thousand Oaks [Californie], Sage Publications, 2001). L'étude des usines françaises et allemandes qu'il cite à la p. 102 a été effectuée par Michel Brossard et Marc Maurice, « Existe-t-il un modèle universel des structures d'organisation ? », *Sociologie du travail* 16, n° 4 (1974), p. 482-495.

L'application des dimensions d'Hofstede aux pilotes de ligne a été menée par Robert L. Helmreich et Ashleigh Merritt dans « Culture in the Cockpit : Do Hofstede's Dimensions Replicate ? », *Journal of Cross-Cultural Psychology* 31, n° 3 (mai 2000), p. 283-301.

L'analyse de Robert L. Helmreich de l'écrasement du vol Avianca s'intitule « Anatomy of a System Accident : The Crash of Avianca Flight 052 », *International Journal of Aviation Psychology* 4, n° 3 (1994), p. 265-284.

Le caractère linguistique indirect du parler coréen par comparaison avec l'américain a été observé par Homin Sohn à l'université d'Hawaii dans son article « Intercultural Communication in Cognitive Values : Americans and Koreans », publié dans *Language and Linguistics* 9 (1993), p. 93-136.

Chapitre 8 : rizières et tests de mathématiques

Pour d'autres informations sur l'histoire et les subtilités de la riziculture, voir le livre de Francesca Bray, *The Rice Economies : Technology and Development in Asian Societies* (Berkeley, University of California Press, 1994).

La logique des nombres asiatiques par comparaison avec leurs équivalents occidentaux est exposée par Stanislas Dehaene dans *The Number Sense : How the Mind Creates Mathematics* (Oxford, Oxford University Press, 1997).

Une description de la vie paysanne européenne du XVIIIe siècle se trouve dans Graham Robb, *The Discovery of France* (New York, W. W. Norton, 2007 ; trad. *Une histoire buissonnière de la France*, Paris, Flammarion, 2011 ; « Champs », 2018).

La vie étonnamment tranquille et sans inquiétude des !Kung est détaillée dans le chapitre 4 de *Man the Hunter*, dir. Richard B. Lee et Irven DeVore, avec l'aide de Jill Nash-Mitchell (New York, Aldine, 1968).

L'année de travail des paysans européens a été calculée par Antoine Lavoisier et citée par B. H. Slicher van Bath dans *The Agrarian History of Western Europe, A. D. 500-1850*, trad. Olive Ordish (New York, St. Martin's, 1963).

Activités	Jours	Pourcentage
Labourage et semailles	12	5,8
Récolte des céréales	28	13,6
Fenaison et transport	24	11,7
Battage	130	63,1
Autres tâches	12	5,8
Total	**206**	**100**

Le fatalisme des proverbes des paysans russes est mis en contraste avec l'autosuffisance exprimée dans les proverbes chinois par R. David Arkush dans « If Man Works Hard the Land Will Not Be Lazy : Entrepreneurial Values in North Chinese Peasant Proverbs », *Modern China* 10, n° 4 (octobre 1984), p. 461-479.

La corrélation entre les moyennes nationales des étudiants au TIMSS et leur ténacité à répondre au questionnaire afférent a été évaluée dans « Predictors of National Differences in Mathematics and Science Achievement of Eighth Grade Students : Data from TIMSS for the Six-Nation Educational Research Program », par Erling E. Boe, Henry May, Gema Barkanic et Robert F. Boruch au Center for Research and Evaluation in Social Policy,

Graduate School of Education, University of Pennsylvania, révision du 28 février 2002. Le graphique montrant les résultats est à la p. 9.

Les résultats des tests TIMSS au fil des ans se trouvent sur le site Web du National Center for Education Statistics, http://nces.ed.gov./timss/.

L'étude de Priscilla Blinco s'intitule « Task Persistence in Japanese Elementary Schools » et se trouve dans Edward Beauchamp (dir.), *Windows on Japanese Education* (New York, Greenwood Press, 1991).

Chapitre 9 : le marché de Marita

Un article du *New York Times Magazine* par Paul Tough, « What It Takes to Make a Student » (26 novembre 2006), examine l'impact de la politique gouvernementale « No Child Left Behind », les raisons de l'écart en éducation, et l'effet des *charter schools* (écoles sous contrat) telles que KIPP.

Kenneth M. Gold, *School's In : The History of Summer Education in American Public Schools* (New York, Peter Lang, 2002) est un compte rendu étonnamment fascinant des origines de l'année scolaire américaine.

L'étude de Karl L. Alexander, Doris R. Entwisle et Linda S. Olson sur l'effet des vacances estivales s'intitule « Schools, Achievement, and Inequality : A Seasonal Perspective », publié dans *Education Evaluation and Policy Analysis* 23, n° 2 (été 2001), p. 171-191.

Une grande part des données transnationales provient de l'article de Michael J. Barrett « The Case for More School Days », publié dans *Atlantic Monthly* (novembre 1990), p. 78.

Épilogue : une histoire arrivée en Jamaïque

William M. MacMillan décrit en détail comment ses craintes ont fini par se réaliser dans la préface à la deuxième édition de *Warning from the West Indies : A Tract for Africa and the Empire* (U. K., Penguin Books, 1938).

Les exploits sexuels et les horribles punitions de la classe dirigeante blanche de la Jamaïque sont racontés en détail par Trevor Burnard dans *Mastery, Tyranny, and Desire : Thomas Thistlewood and His Slaves in the Anglo-Jamaican World* (Chapel Hill, University of North Carolina Press, 2004).

La classe de couleur intermédiaire aux Indes orientales, qu'on ne rencontre pas dans le Sud américain, est décrite par Donald L. Horowitz dans « Color Differentiation in the American Systems of Slavery », *Journal of Interdisciplinary History* 3, n° 3 (hiver 1973), p. 509-541.

Les statistiques de la population et de l'emploi parmi les classes de couleurs différentes en Jamaïque dans les années 1950 proviennent de l'essai de Leonard Broom, « The Social Differentiation of Jamaica », *American Sociological Review* 19, n° 2 (avril 1954), p. 115-125.

Les divisions basées sur la couleur au sein des familles sont explorées par Fernando Henriques dans « Colour Values in Jamaican Society », *British Journal of Sociology* 2, n° 2 (juin 1951), p. 115-121.

Les expériences de Joyce Gladwell en tant que femme noire au Royaume-Uni sont tirées de *Brown Face, Big Master* (Londres, Inter Varsity Press, 1969). C'est un livre merveilleux. Je le recommande fortement – mais, comme vous pouvez l'imaginer, j'ai sans doute un préjugé favorable.

REMERCIEMENTS

J'ai le bonheur de dire que ce livre est conforme à sa propre thèse. C'était en grande partie un effort collectif. J'ai été inspiré, comme toujours, semble-t-il, par le travail de Richard Nisbett. La lecture de *Culture of Honor* a provoqué une grande part de la réflexion qui a mené à ce livre. Merci, Pr Nisbett.

Comme toujours, j'ai supplié mes amis d'évaluer les diverses versions du manuscrit. Heureusement, ils ont consenti, et ce livre en est infiniment meilleur. Nombreux remerciements à Jacob Weisberg, Terry Martin, Robert McCrum, Sarah Lyall, Charles Randolph, Tali Farhadian, Zoe Rosenfeld et Bruce Headlam. Stacey Kalish et Sarah Kessler ont fait un travail inestimable de recherche et de vérification. Suzy Hansen a accompli son habituelle magie éditoriale. David Remnick m'a gracieusement accordé un congé de mes tâches au *New Yorker* pour me donner le temps de compléter ce livre. Une fois de plus, merci, David. Comme toujours, Henry Finder, mon éditeur au *New Yorker*, m'a sauvé la mise en me rappelant comment penser. Je travaille depuis si longtemps avec Henry que j'ai maintenant ce que j'aime appeler le « Finder interne », une voix autocorrectrice qui se déclenche dans ma tête et me donne le bénéfice de la sagesse d'Henry, même lorsqu'il n'est pas là. Les deux Finder – l'interne et l'externe – ont été d'une aide inappréciable.

Je suis très reconnaissant d'avoir pu solliciter une fois de plus le don qu'a Bill Phillips à transformer tout ce qu'il touche en or. Merci, Bill. J'espère que nous réussirons une troisième fois en trois livres. Will Goodlad et Stefan McGrath chez Penguin en Angleterre, ainsi que Michael Pietsch et – surtout – Geoff Shandler chez Little, Brown ont entièrement revu ce manuscrit, du début à la fin. Merci aussi au reste de l'équipe chez Little, Brown : Heather Fain, Heather Rizzo et Junie Dahn. Ma concitoyenne du Canada Pamela Marshall est une magicienne des mots. Je ne peux imaginer publier un livre sans elle.

Deux derniers mots d'appréciation. Tina Bennett, mon agente, est avec moi depuis le tout début. Elle est perspicace et réfléchie, encourageante et infailliblement sage, et quand je pense à ce qu'elle a fait pour moi, je me considère aussi chanceux qu'un joueur de hockey né un 1er janvier.

Par-dessus tout, je dois des remerciements à mes parents, Graham et Joyce. Ce livre se rapporte au sens du travail, et j'ai appris de mon père que le travail peut être porteur de sens. Tout ce qu'il fait – des mathématiques universitaires les plus complexes au bêchage du jardin –, il l'entreprend avec joie, détermination et enthousiasme. Dans mes premiers souvenirs de mon père, je le vois travailler à son bureau et je m'aperçois qu'il est heureux. Je ne le savais pas alors, mais c'est l'un des cadeaux les plus précieux qu'un père puisse donner à son enfant. Ma mère, pour sa part, m'a appris à m'exprimer ; elle m'a montré la beauté d'une expression claire et simple. Elle a lu chaque mot de ce livre et essayé de me maintenir dans cet idéal. Ma grand-mère Daisy, à qui ce livre est dédié, a permis à ma mère d'exister. Ma mère a fait de même avec moi.

TABLE

Cet ouvrage a été mis en pages par

N° d'édition : L.01EHQN001022.N001
Dépôt légal : mai 2018
Imprimé en Espagne par Novoprint (Barcelone)